书画家轶事丛抄（增补本）

孙旭升 编著

西泠印社出版社

图书在版编目（CIP）数据

书画家轶事丛抄 ：增补本 / 孙旭升编著. -- 杭州 ：西泠印社出版社，2019.7
ISBN 978-7-5508-2797-4

Ⅰ. ①书… Ⅱ. ①孙… Ⅲ. ①书画家－生平事迹－中国－古代 Ⅳ. ①K825.72

中国版本图书馆CIP数据核字(2019)第153010号

书画家轶事丛抄（增补本）
孙旭升 编著

出品人 江 吟
责任编辑 叶康乐
特邀编辑 解旬灵
责任校对 徐 岫
封面设计 王 欣
责任出版 陈国梁
出版发行 西泠印社出版社
地　　址 杭州市西湖文化广场32号E区5楼
邮　　编 310014
电　　话 0571—87243279
经　　销 全国新华书店
排　　版 杭州真凯图文设计制作有限公司
印　　刷 浙江省邮电印刷股份有限公司
开　　本 889 mm × 1194 mm 1/32
字　　数 340千
印　　张 16.875
印　　数 0001—2000册
书　　号 ISBN 978—7—5508—2797—4
版　　次 2019年7月第1版 2019年7月第1次印刷
定　　价 68.00元

西泠印社出版社发行部联系方式：（0571）87243079

序　言

去年秋天，我接到西泠印社出版社的电话，说《书画家轶事丛抄》已经售罄，打算重新增补出版，征求我的意见。我当然完全同意。所谓增补，顾名思义是要对旧稿进行一次内容上的增加与补充。由于我在撰写另外几部著作的时候，对这方面的资料早已有所准备，所以做起来并不难。不瞒诸位说，我对我的这本小书是较有信心的，到时候即使出版社不出，我自己也会设法重印的。现在出版社既然先有此意，我又何乐而不顺水推舟，促成其事呢？这次新增加的轶事共有五十八篇，分补充和新选两种，计补充的有三十五篇，新选的有二十三篇，我都一一加以译注并插入书中。

我不是一个“多才与艺”的人，不仅写不好字，也不会画画。但是我喜欢书画。唱戏的有所谓“票友”，虽然比不上正式演员，都还能哼上几句；我虽然喜欢书画，却完全是个门外汉，所以不能叫什么友，只能以“义工”自居，在旁边为书画家们干点扫地抹桌的零碎活。譬如译注书画家的轶事就是这样的性质。

世界上有多种语言文字，我孤陋寡闻，总觉得我国的方块汉字是最完美的。从结绳记事开始，它就是一种形象思维，几千年来的发展变化，都没有把她从传统的中国“水墨画”身边拉开过，她们策马同行，就像一对英姿飒爽的孪生姐妹，被人们称作书画艺术，这在别国是没有的。大诗人李白的叔叔李阳冰，不仅会作诗，也是个很出色的书法家。唐代李肇的《国史补》里就补写了这么一件事：

> 绛州有碑，篆字与古文不同，颇为怪异。李阳冰见而寝处其下，数日不能去。验其文是唐初，不载书者姓名，碑上有“碧落”二字，人谓之碧落碑。

这样的怪事在书画家中是屡见不鲜的，足见中国书画艺术的魅力所在。中国的水墨画也是写生的，取材于大自然的山山水水，所以又叫山水画。绘画是以颜色作为工具。中国的水墨画只用了两种颜色：墨汁的“黑”与纸色的“白”。白是借来的，所以实际上只有一种。但是我们从画面上看到的又何止这两种颜色！有时繁花似锦，有时秋山红叶。还有高山流水，草间鸣虫，不仅看得见它们的形状，也听得到它们的声音。明明是一张平面的白纸，经画家的生花妙笔一渲染，竟仿佛有近在眼前又远在天边的感觉。所有这一切，都只不过是一管毛笔而已。最近，我在一首题为《江南忆》的小诗中写到了元代著名画家黄公望：

山平水远出桐江，
柔橹声中过富阳。
富阳是郁达夫的故乡，
黄公望也在那里安过家。
揣摩十年，
一幅《山居图》惊现世界。

揣摩什么？技巧固然首先要考虑的，所谓“工欲善其事，必先利其器”。然而更重要的是如何把自己的观感（心得体会）与外界的美景融合在一起，成为一个整体，分不出何者为主，何者为客。明人李流芳在《西湖卧游题跋·紫阳洞》中说过这样一番话：

——辛亥偕方回访友云居，乃复一至，盖不见十余年，所往来胸中者，竟失之矣。山水胜绝处，每恍惚不自持，强欲捉之，纵之旋去，此味不可与不知痛痒者道也。余画紫阳时，又失紫阳矣。岂独紫阳者，凡山水皆不可画，然皆不可不画也，存其恍惚者而已矣。

恍惚，记忆不清及辨不真切。文中第一个恍惚是：迷于山水绝胜的赏玩而不暇详加揣摩，故有所会心而不得其实。亦犹“好读书不求甚解”。因此一画就失。失者，并不真像或完全像。为了捕捉真实感，这就是许多画家一次次不畏艰险地爬上黄山或别的名山大川的缘故。黄公望寄居在富阳十年(也许还要长些),就是为了捕捉这种真实感，或者说是找到“灵感”。正因为如此，画家、诗人、音乐家等等就常常被一些“不知痛痒者”错认为闲汉、疯子、狂人或“不务正业者”。其实，他们是有苦衷的。艺术的核心是美，美要求真与善；不真不善就是不美。所以画家为了取得这种真与善，就非亲历其境不可。再举黄公望为例。明人李日华在《紫桃轩杂缀》中写道：

> 陈郡丞尝谓余曰：“黄子久终日只在荒山、乱石、丛木、深筱中坐，意态忽忽，人不测其为何。又每往泖中通海处，看急流轰浪，虽风雨骤至，水怪悲诧而不顾。”噫！此大痴之笔，所以沉郁变化几与造化争神奇哉！

幸亏李日华也是个出色的艺术家，所以懂得黄公望的苦衷，否则，不是又要被人们误认为疯子、闲汉了吗？是的，画家的这种苦衷也只有画家自己才能明白。宋佚名《宣和画谱》中有关于卢棱伽的一篇记载：

> 卢棱伽，吴弟子也，画迹似吴，但才力有限。颇能细画，咫尺间山水寥廓，物像精备，经变佛事，是其所长。吴生尝于京师画总持寺三门，大获泉货。棱伽乃窃画庄严寺三门，锐意开张，颇臻其妙。一日，

吴生忽见之，惊叹曰：“此子笔力常时不及我，今乃类我，是子也精爽尽于此矣！”居一月，棱伽果卒。

吴道子不仅了解自己学生作画的功底，还能从画上看出他的精力已经衰竭，真可谓是到了神的地步。反过来说，由于画家的全身心投入，一落笔就不自觉地将自己“倒映”在画中，就像我们跑到水边去一样；所以要不被明眼人看出个究竟来是不可能的。北宋的书法家很多，而以苏轼、黄庭坚最为出名，称为“苏黄”。其实与苏、黄同时代的蔡京、蔡卞乃至章惇的书法也不差。但是后人为什么只提苏、黄而不提他们呢?答案很简单：因为在他们的字里有脏东西，也就是不善。这一点历来的人都是这么说的。譬如清人王士祯在《香祖笔记》中说：

予尝谓诗文书画，皆以人重，苏、黄遗墨，流传至今者，一字兼金；章惇、京、卞，岂不工书，后人粪土视之，一钱不直（值），所谓三代之直道也。永叔有言，古之人率皆能书，独其人之贤者，传遂远，使颜鲁公书虽不工，后世见者必宝之，非独书也。诗文之属，莫不皆然。

为了争夺名利，利欲熏心的人是什么坏事都做得出来的。它的坏处一目了然。名好像是个虚的东西，所谓“蜗角虚名，蝇头微利”。但是它却往往与利纠缠在一起。“名有了，还怕没有利吗？”这是我们常听到的一句话。老子说：“不见可欲，使民心不乱。”名利都能够使心紊乱，心一乱，自然就不能安下心来做事，包括文艺创作。所以老子也看不起名，认为它是修身路上的一块绊脚石。我总认为画家的名利思想要比别的人少一些。因为他们是从事艺术的，是个创造美的人，而美又离不开真与善。但是他们也要吃饭。文艺创作没有工人造器皿那么稳当，所以他们如果没有祖上留下良田百亩或几处商铺，有时候就免不了要挨饿。这时候通常有两条路可走：一是画画卖钱，久而久之，也就变成了一个画工了；二是另谋职业，把画画当作业余爱好来做。几千年来的画家以走这条路为多数，譬如一面做官，一面画画。明人李日华在《紫桃轩杂缀》中就有这样一则云：

> 余昔倅江州摄瑞昌邑，在荒江邃谷之中，逢迎极少，衙退即手杜诗一编，坐后圃亭中作诗人矣。雪中一绝句云：“雪中庭树暗栖鸦，铃索无声吏散衙。独立虚檐人不见，自团残雪咽梅花。”今余解组，日盘桓百树梅中，而苦为杂务所婴，翻忆尔时意味为不易得也。

民国以后，做官的机会少了，就到学校里去教书，南京的傅抱石、上海的丰子恺、杭州的李叔同都是如此。教书是服务社会，但也可以说是为了糊口和浇灌“艺术”，因为不这样做，兴趣爱好就要落空了。到时候把作品拿出去作一次展览，扬扬名是有的，但卖画赚钱恐怕不是他们的目的。清代南京人周璕正好为我们提供了这样的一个佐证：

> 周璕，字昆来，江宁人，善丹青。康熙时，以画龙著名，洗染云雾几至百遍。尝游武昌，以所画张于黄鹤楼，标其价曰银一百两。臬司某登楼见之，赏玩不置，曰："诚须一百两。"昆来即卷而赠之，曰："某非必欲得百金也，聊以觇世眼耳。公能识之，是某之知己也，当为知己赠。"由是遂知名。

如果过早成名，也未必是件好事，无形中会受到读者——名利的挟持，失去了自由发展的机会。何为挟持？不妨借用知堂在《谈文章》一文中的一段话来说明：

> 做文章最容易犯的毛病其一便是作态，犯时文章就坏了。我看有些文章本来并不坏的，他有意思要说，有词句足用，原可好好的写出来，不过这里却有一个难关。文章是个人所写，对手却是多数人，所以这与演说相近，而演说更与做戏相差不远。演说者有话想说服大众，然而也容易反为大众所支配，有一句话或一举动被听众所赏识，常不免无意识的重演，如拍桌说大家应当冲锋，得到鼓掌与喝彩，下面便怒吼

说大家不可不冲锋不能不冲锋，拍桌使玻璃杯都蹦跳了。这样，引导听众的演说与娱乐观众的做戏实在已没有多大区别。我是不懂戏文的，但听人家说好的戏子也并不是这样演法，他有自己的规矩，不肯轻易屈己从人。

文学艺术的成长是与时间成正比例的，非到一定的火候不可，欲速则不达。近来我看徐珂的《清稗类钞》，其中就有这样一则：

阳湖李申耆，名兆洛，少即绝特响学。初应县试，县令陈某以其年最稚，而投卷最先，疑而诘之。李应答如流。令曰："汝即归，不招覆汝矣。通场必无及汝者，招覆非第一不可，汝髫年，初试即盖一邑，非吾之所以期汝也。"遂在厅事书联为赠曰："他日定成名进士，乃翁真有好儿郎。"

这个县官真是个好官，他深谋远虑，敢作敢为，是一个肯负责任的人。但如果没有那副对联，真也会把他误认为是嫉贤妒能、别有用心的。有人也许会说，照你这么说，艺术应该远离金钱，避免市场化，进入拍卖场了。尽管这是个难以阻挡的潮流，但我还是要说，拍卖艺术品实在是对艺术的大不敬。因为艺术品是无价之宝，不管你出多少高价，与她都是不成比例的。画家拿绘画卖钱，只是一时的权宜之计，或者说是不得已而为之。下面的这则轶事正可以说明这件事：

> 李子隆，字兰斋，乾隆初之芷江人。耽笔墨，喜画拐仙，山水，翎毛犹其余事。家故贫，口不言钱。囊空，即洒墨数幅，命小童携之街头卖之。尝自诵唐伯虎诗云："闲来写幅丹青卖，不使人间造孽钱。"

"家故贫，口不言钱"，这不是很矛盾吗？但是这也正是我所说的不得已。人大概都有"野人献曝"的好心肠，自己遇到的好事，看到的美景或吃到的佳肴，总希望别人也能有机会来分享。这也正是文艺家们不分严寒酷暑，乐此不疲地将自己的作品呈献于读者的缘故。英国女作家曼殊斐儿在日记中写道："今日下午，雨后看樱草。我不要什么人跳舞起来，挥着他们的手臂。我只要能感觉到他们也看到就好了。"不妨以此为证。

孙旭升

2019.3.14

旧版序

我很怀念20世纪50年代头几年那段时光，那时无论是大环境还是小环境，都颇为宽松，人与人之间的关系基本上是纯真的。旭升兄和我就是相识于那个时候。1952年，我们同在南京大学就读，都因患有肺病而住入学校专门为肺病学生设立的休养宿舍，一边养病，一边上课。由于我们学的都是文科，也就来往颇多。尽管我们的交往，在当时并无什么特别之处，无非是在一起谈天说地，亮亮自己的憧憬，聊聊各自的随想，偶或写些旧体诗此唱彼和；但当时是我一生中最无忧无虑，也最能畅开心扉、谈吐时不需设防的时期之一，而旭升兄又是一个非常真诚的人，所以这段友情一直珍藏在我的记忆里。1954年秋天，旭升兄毕业离校，我们就中断了联系。由于不说也周知的种种原因，这一中断延续了53年。直到2007年的某一天，他的同班同学周勋初兄转来他的一封信。接到失去联系达半个世纪的同学之来鸿，本来就是一件值得惊喜的事情，但是更令我激动不已的是：他在信的开头称我为“劳五兄”，这是一个连我自己都久已忘怀的别号。之后，我们就恢复了书信和电话联系。几个月后，他又特地从杭州到无锡来看我，上午来，下午走，只逗留了三四个钟头。年事已高的他之所以不顾劳顿来与已届耄耋之年的我见上一面，只是为了实现50多年前我们大家不经意说出的一个愿望，即分别后能再见上一面。对此，我的感激之情，更是不言而喻了。

恢复联系后，旭升兄几乎每一次来信都附有他新发表的文章的复印本。他的两本文集（《我的积木》和《远去的背影》），也都在一出版就送给我一本。当然，我都逐一拜读了。我以为旭升兄的散文已达到相当高的境界：立意高远，笔调优美，内涵深邃，文味隽永。这与他那耿介的品格、精深的学养、敏锐的观察、多年的锤炼有关。《我的积木》中的《我所知道的知堂》和《正是江南好风景》二文，我读之再三，不尽低回。前文第六节“尽在不言中”，以带有情感的笔锋，记述了1966年他第一次会见知堂老人也是最后一次见知堂老人的情景，充分描绘了旭升兄对一位潦倒、负疚、无助、绝望的文学前辈的诚挚哀怜。我想任何人读了之后都不会无动于衷的。《正是江南好风景》一文，因为其中所写的人和事，都是我所熟悉的，个别地方还写到了我，所以读时有一种亲切感，同时也有一丝丝悲凉，这大概是在垂暮之年，偶一瞥见自己青春时代“远去的背影”，容或会浮泛起的一种感情吧。

本月上旬，旭升兄又寄来了他的新作《书画家故事丛抄》的打印稿。此书从大量典籍中摘录出上百位从魏晋到清末民初书画家的轶事趣闻，并加上注释和今译，是一本可读性很强而又颇有启示意义的编著。旭升兄所选取的书画家，绝大多数志行高洁，超凡脱俗，不慕名利，酷爱艺术。了解他们的特立独行，确如旭升兄在寄稿时所附的信中所说，可以荡涤心胸、净化灵魂。加上编著者旁征博引的注释和相当传神的今译，我深信此书一定会受到读者欢迎。我期待着它的早日出版。

这几年，旭升兄不止一次要我为他的著作写序，我都因自知浅薄而未敢应承。这次他又提出同样的要求，甚至说我可以只谈友谊，不及其他。我思索再三，觉得再推却就不大近情理了，更何况确实应该写点东西记叙我们之间纯真的友谊，留作他日之念，因而就勉力写下了这篇四不像的短文，幸知我者谅之。

吴世民

2010-12-31

目 录

张　芝

张芝（？—192），字伯英。东汉敦煌酒泉（今属甘肃省）人。后徙家弘农华阴（今陕西华阴）。其幼勤学好古，明经修身，与弟昶并善草书，兼能隶、行、飞白。书学杜操（一作度）、崔瑗之法，脱去旧习，省减章草点画波磔，变章草之字字区分之法，创为“今草”。字之体势，一笔而成，偶有不连而气脉畅达，及其连者，隔行不断，世称“一笔书”。世人称其为“草圣”。

池水尽黑①

张奂长子芝，字伯英，好草书，学崔、杜法②。家之布帛，必书而后练。临池学书，池水为之尽黑。

①池水尽黑：选自明张岱《夜航船》。本条事见《后汉书·张奂传》注。②崔、杜：崔，崔瓘；杜，杜操。

张奂的长子芝，字伯英，喜欢写草体字，学习崔瓘、杜操的技法。家里的布帛，定要先写字再练染。他就着池水学习书法，使得池水完全变成黑色。

卫瓘、索靖

卫瓘（220—291），字伯玉。西晋河东安邑（今山西夏县北）人。工草书，出于张芝（伯英）而参酌父觊（字伯儒，鸟篆隶草，无所不善）之法，与索靖并称“二妙”。索靖（239—303），字幼安。西晋敦煌人。张芝姊之孙。累世官宦。历任尚书郎、征西司马、酒泉太守，封安乐亭侯。人称索征西，卒谥庄。擅章草，传张芝草法而变其形迹。前人评为“精熟至极，索不及张；妙有余姿，张不及索”。

伯英筋肉①

晋卫瓘、索靖俱善书，时谓瓘得伯英之筋，靖得伯英之肉。

①伯英筋肉：选自明张岱《夜航船》。本条见《晋书·卫瓘传》。

西晋的卫瓘与索靖都写得一手好字。当时人的评论是：卫瓘学到了张芝的“筋骨”，索靖学到了张芝的“体态”。

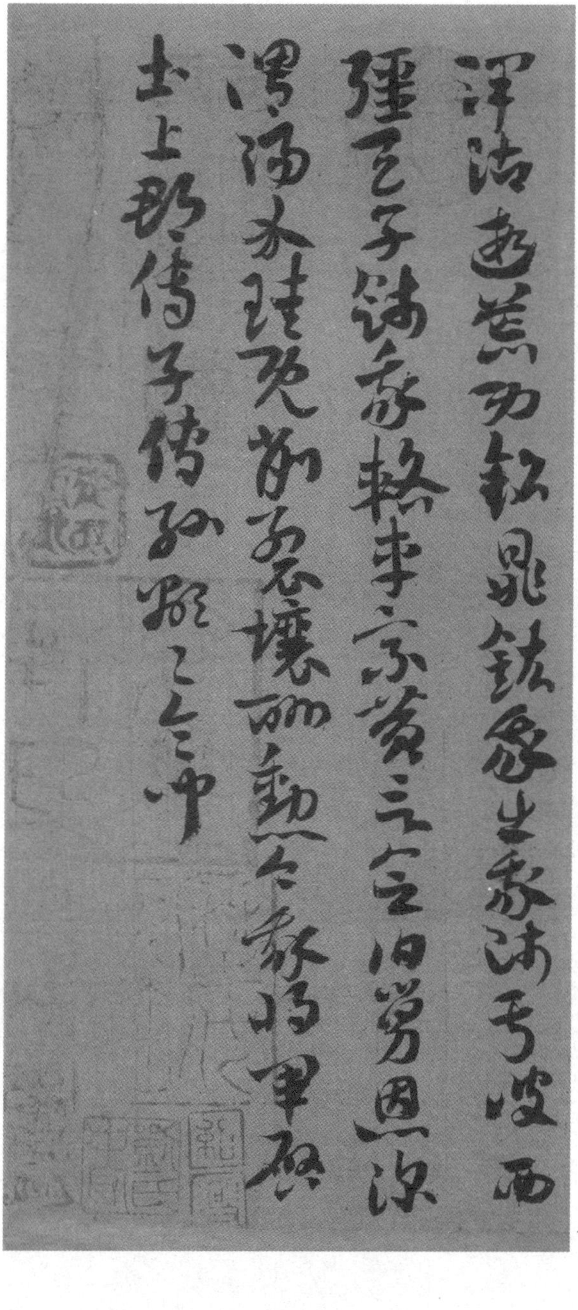

索靖《出师颂》

庾　翼

庾翼，字稚恭。东晋颍川鄢陵（今河南禹泉）人。庾良弟。初为太尉陶侃参军，累迁南蛮校尉，领南郡太守。其书法少时与王羲之齐名。

家鸡野鹜[①]

晋庾翼少时，书与右军齐名，学者多宗右军。庾不忿，与都人书云："小儿辈乃厌家鸡，反爱野鹜，皆学逸少书。"

①家鸡野鹜：选自明张岱《夜航船》。《晋中兴书》"野鹜"作"野雉"。今谓人厌妻室喜外遇者，亦多以厌家鸡爱野鹜为喻。

晋人庾翼年轻时，书法与王羲之同样出名，但学书法的人都推崇王羲之。庾翼并不生气，只在致京都友人的信中说："后生们不爱家鸡爱野鹜，难怪都学习逸少的书法。"

卫夫人

卫夫人（272—349），姓卫，名铄，字茂漪。晋河东安邑（今山西夏县北）人。世称卫夫人，汝阴太守李矩之妻，故亦称李夫人。她生长于书法之家，相传是卫恒的侄女，一说是卫瓘女，卫恒堂妹。卫瓘、卫恒、卫宣、卫庭四世善书，各体皆能。在此良好书法启蒙教育环境之熏陶下，耳濡目染，心追手摹，苦练临池之功，为以后精研书法、师法钟繇奠定了基础。她的书学师承传授，世有二说：一说“初，蔡邕得书法于嵩山，以授崔寔及其女琰……恒从妹卫夫人亲受于蔡琰。卫与王世为中表，故羲之父旷得之，旷以授羲之，羲之传其子献之及王濛之子修，故诸王世传家法”（元郑杓《衍极》刘有定《注》）。另一说“书自蔡中郎邕，字伯喈，于嵩山石室中得八角垂芒之秘，遂为书家授受之祖。后传崔瑗子玉，韦诞仲将，及其女琰文姬。姬传钟繇元常……繇传庾征西翼、卫夫人李氏及其犹子会。卫夫人传晋右将军王羲之逸少”（明解缙《春雨杂述·书学传授》）。两说尽管有异同，但可以肯定的是，她继承了前人书法的宝贵遗产，深得蔡、钟古隶笔法，参以卫氏家学之精髓，融会贯通而传之后世，世称“书圣”的大书法家王羲之就是她的学生。她的学书理论主要表现在传世的《笔阵图》中。《笔阵图》以其简练的笔触、概括的文辞，对纸、笔、墨、砚的选择，执笔的部位以及传统书学理论的法则，作了深入浅出的阐述。文中所举横、点、撇、戈、竖、捺、环七种笔法，为后世“永字八法”的雏形。其立论之精辟、见解之独特，发前人之未发，使后学引申触类，堪称中国古代书论之经典著作。这奠定了她在中国书学史上的特殊地位，实是承前启后的一代师表。

见书流涕①

王羲之十岁善书，十二，见前代《笔说》于其父枕中，窃而读之。父曰：“尔何来窃吾所秘？”不盈期月，书便大进。卫夫人见之，语太常王荣曰：“此儿必见用笔诀，近见其书，便有老成之法。”因流涕曰：“此子必蔽吾名。”

①见书流涕：选自明张岱《夜航船》。

王羲之十岁时就善于书法，十二岁，从他父亲的枕头中发现了前朝人写的《笔说》一书，偷走并阅读了这本书。他父亲说："你为什么要偷我藏着的书？"过不了多久，王羲之的书法大有进步。卫夫人看了他的书法，便对太常王荣说："这孩子一定是看到了运笔秘诀了，近来我看他的书法，就很有老练成熟的规范。"因而流着眼泪说："这孩子在书法界的名气必定会盖过我！"

韦　诞

韦诞（179—253），字仲将。三国魏京兆（今陕西西安）人。善辞章，尤工书法。太和中，诞为武都太守以能书留补侍中，魏代宝器铭题，皆诞所书。又善制笔，撰《笔经》。魏明帝时建造凌云殿，令其题匾额，因高危而惧，写完后头发皆白，因此告诫子孙不要学习书法。

登梯安榜[①]

韦诞能书。魏明帝起殿，欲安榜[②]，使诞登梯书之。既下，头鬓皓然，因敕儿孙勿复学书。

①登梯安榜：选自明张岱《夜航船》。②安榜：装上匾额。

韦诞擅长书法。魏明帝新造宫殿，想要挂个匾，就叫韦诞爬上梯子去书写。下来后，两鬓头发全白了。因此告诫子孙，不要再学书法。

王羲之

王羲之（303—361），字逸少。晋琅琊（今山东临沂）人，王旷之子。初为秘书郎，征西将军庾亮引为参军，累迁长史。后拜宁远将军、江州刺史。复授护军将军，迁右军将军，会稽内使。因与扬州刺史王述不和，称病离郡，放情山水，弋钓自娱。以寿终。世称王右军。他早年向卫夫人学书，后改变初学，草书学张芝，正书学钟繇，并博采众美，精研体势，推陈出新，一变汉、魏以来的质朴书风，成为妍美流利的新体。他的书法备精诸体，尤擅正书和行、草书，字势雄强多变化，为历代学书者所崇尚，称其书作“飘若浮云，矫若惊龙”，影响极大，被后人称为“书圣”。

爱鹅[1]

山阴有一道士养好鹅[2]，羲之往观焉，意甚悦，因求市之。道士云："为写《道德经》[3]，当举群相赠耳。"羲之欣然写毕，笼鹅而归，甚以为乐，其任率如此。

①爱鹅：选自《晋书·王羲之传》。题目为译者所加。②山阴：县名。原属浙江省绍兴府，即今绍兴市。③《道德经》：即《老子》，相传为春秋战国时李耳所著，长五千余字。

山阴县有个道士养着一群鹅，鹅只只又大又肥。王羲之到那里看了，喜欢得不得了，要求买下这群鹅。道士说："替我抄写一本《道德经》，我把鹅全部送给你。"王羲之乐意接受这个条件，把《道德经》抄写完毕，然后把鹅装在笼子里，高高兴兴地带回家去。他的行动常常这样适性任情。

为老姥题扇[1]

尝在蕺山[2]，见一老姥，持六角竹扇卖之，羲之书其扇各为五字。姥初有愠色[3]。因为姥曰："但言是右军书，以求百钱邪。"姥如其言，人竞买之。他日，姥又持扇来，羲之笑而不答。

①为老妪题扇：选自《晋书·王羲之传》。题目为译者所加。②蕺山：山名。在今浙江省绍兴市东北。山上多蕺菜，故名。蕺，又名鱼腥草。③愠色：恼怒的脸色。

王羲之曾经住在蕺山，遇见一位老太太，拿着一些六角形的竹扇在叫卖。王羲之替她在扇子上各写了五个字。开始老太太点恼怒的样子。王羲之就对她说："你只要说这是王右军写的，能卖一百个铜钱呢。"老太太按照王羲之的话去做，果然人人都抢着买这些扇子。过了些日子，老太太又拿着些扇子来找王羲之题字，王羲之笑笑没有应允她。

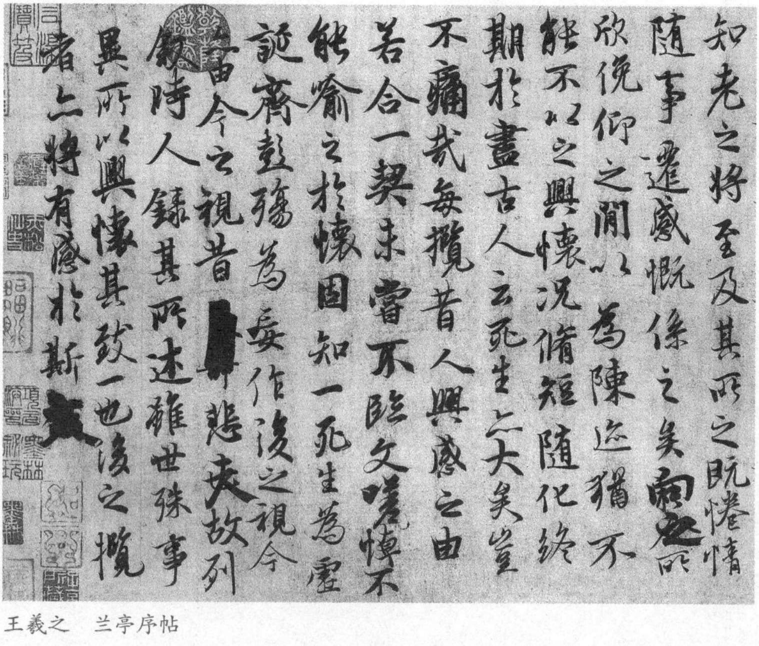

王羲之　兰亭序帖

兰亭真本[1]

王右军写《兰亭记》，韶媚遒劲，谓有神助。后再书数十余帧，俱不及初本。右军传于徽之，徽之传七世孙智永[2]，智永传弟子辨才，辨才被御史萧翼赚入库内，殉葬昭陵[3]。

①兰亭真本：即著名的《兰亭集序》。选自明张岱《夜航船》。题目为译者所加。②智永：南朝陈代永欣寺僧，号永禅师，为王羲之后裔，善书。③昭陵：唐太宗李世民墓。在陕西醴泉县东北九嵕（zōng）山。

王右军书写的《兰亭记》，既秀美又刚劲，有人说像是在天神帮助下写成的。后来他再写了几十幅，都不及开头写的那一幅好。右军将此初本传给儿子徽之，徽之传到第七世孙智永和尚，智永和尚传给弟子辨才。辨才为御史萧翼所骗，致使这初本落入皇宫，做了唐太宗的殉葬品。

大王真迹[1]

太宗酷好书法，有大王真迹三千六百纸[2]，率以一丈二尺为一轴，宝惜者独《兰亭》为最，置于座侧，朝夕观览。尝一日附耳语高宗曰："吾千秋万岁后[3]，与吾《兰亭》将去也。”及奉讳之日[4]，用玉匣贮之，藏于昭陵。

①大王真迹：选自唐李绰《尚书故实》。题目为译者所加。②大王：王羲之。羲之的两个儿子也都擅长书法，故称羲之为大王。③千秋万岁：千年万年，形容岁月长久，也用来祝人长寿。④奉讳：指居丧。

唐太宗非常爱好书法，藏着王羲之的真迹三千六百张，大多以一丈二尺卷成一轴，其中以《兰亭》为最宝贵爱惜，放在座位旁边，一天到晚不停地看着。有一天，他贴着耳朵对唐高宗李治说：“我百年以后，就把我同《兰亭》放在一起。”等到发丧那一天，高宗就把《兰亭》用玉匣子装了，埋在昭陵中。

宗　炳

宗炳（375—443），南朝宋南阳涅阳人。字少文。善弹琴，工书法、绘画。隐居不仕，好游山水。曾筑室庐山，与释惠远等十八人结白莲社。又尝西涉荆巫，南登衡岳。后因病还江陵，叹息着说：既老且病，怕不能遍游名山了，只好卧以游之。于是他就把游历过的山水都画在墙壁上，坐卧对着它。并且说：“抚琴动操，欲令众山皆响。”著有《画山水序》，为我国早期绘画理论之一。

卧游[1]

宗少文好山水，所至皆图之，以张于室。谓人曰："抚琴动操，欲令众山皆响。"

①卧游：选自明曹臣《舌华录》。题目为译者所加。

宗少文喜欢游山玩水，每到一处都画成图画，并把它挂在室内。他对人说："抚琴拨动琴弦，要让那些山都发出声音来。"

王徽之

王徽之（？—386），字子猷。晋琅邪（今山东临沂）人。王羲之之子，王献之之兄。曾任大司马桓温、车骑将军桓冲参军，黄门侍郎。为人卓异不羁，下引的"雪夜访戴"即其一例。弟献之死，徽之因奔丧背疾溃裂而死。其书法承家学，习王羲之，有得王羲之书"势"之说。长于行、草，《宣和书谱》云："在羲、献间，特未可以甲乙论云。"唐张怀瓘在《书估》中，列其书法为第四等，与羊欣、孔琳之等同列。传有《新月帖》，为唐人钩摹本，笔法多变，挥洒自如，抑昂得势，线条流畅，富有节奏感。传世书迹另有《得信帖》。

王子猷雪夜访戴①

王子猷居山阴，夜大雪，眠觉空室，命酌酒，四望皎然。因起彷徨，咏左思《招隐》诗，忽忆戴安道②。时戴在剡，即便夜乘小船就之，经宿方至，造门不前。人问其故，王曰："吾本乘兴而来，兴尽而返，何必见戴。"

①王子猷雪夜访戴：选自明曹臣《舌华录》。题目为译者所加。
②戴安道：戴逵，书画家、音乐家，隐居不仕。

王子猷住在山阴，有一天夜里下很大的雪，一觉醒来，房间里空空荡荡，招呼拿酒来喝，望望四周，一片白茫茫的。于是站起来踏步，吟左思的《招隐赋》，忽然想到了老朋友戴安道。当时戴隐居在嵊县，他就连夜坐小船前去拜访，经过一夜时间才到了那里，快到门前又停止前进。别人问他为什么不进去，他说："我本来是趁着一时的兴致来的，现在兴致没了就转身回去，又何必再见安道？"

智 永

智永，生卒年不详。隋僧，俗姓王，名法极。晋王羲之七世孙，王徽之之后。居山阴永欣寺，人称“永禅师”。善书法，各体皆备，精于楷、草，名重当时，流誉后世。早年就立志习书，于所居起楼，誓曰：“书不成不下此楼！”于是登楼不下四十余年，临楷书《千字文》八百余本，江东各寺均施一本。（见清朝冯武撰《书法正传》中记载。）所用退笔凡五大簏，每簏一石余，作铭埋入地中，称退笔冢。其书传家法之神，得右军之韵，且远采张芝之风，遂使翰墨取法高古，汇众家之长，朴茂厚重，骨健筋强，秀润圆劲，八面俱备。宋苏轼在《东坡题跋》中论其书“骨气深稳，体兼众妙，精能之至，反造疏淡。如观陶彭泽诗，初若散缓不收，反复不已，乃识其奇趣”。清何绍基在《东洲草堂金石跋》中称其所书《千字文》说：“笔笔从空中落，从空中住，虽屋漏痕犹不足喻之。”据唐李阳冰所撰《翰林禁经》载，其曾总结历代所传“永字八法”传授于虞世南。传世书迹有《常待帖》《参军帖》《春雨帖》《临王羲之言谦帖》《正草千字文》等。

铁户限[①]

智永，右军七世孙，精于书法。人来觅书，并请题额者如市[②]，所居户限为穿，乃用铁叶裹之，人号“铁户限”。

①铁户限：选自明张岱《夜航船》。铁户限，俗称“铁门槛”。

②题额：写匾额。

智永，是王右军的第七代子孙，精通书法。人们来有要求写字的，还有要求写匾额的，家里就像闹市一样，门槛都被踏烂了，只得用铁皮把它包起来，被人称为“铁门槛”。

顾恺之

顾恺之（346—407），东晋无锡（今江苏无锡）人。字长康，小字虎头。一说虎头是官名。他博学有才干，担任过桓温与殷仲堪的参军。工书，善画，精诗赋，时有“才绝、书绝、痴绝”之称。深为谢安所器重，称其“苍生以来，未之有”。明董其昌《戏鸿堂帖目》中有其所书《女史箴》小楷真迹十二行。《画禅室随笔》一书曾评论其书风说："虎头与恒灵宝论书，夜分不寐。所书《女史箴》，风神俊朗，欲与《感甄赋》抗衡。"其画人重在传神，强调"以形写神"，这种画法与画论，对中国绘画艺术影响很大。

数年不点目睛[①]

顾长康画人，或数年不点目睛。人问其故，顾曰："四体妍蚩，本无关于妙处；传神写照[②]，正在阿堵中[③]。"

①数年不点目睛：选自南朝宋刘义庆《世说新语》。题目为译者所加。②传神：描绘人或物，给人生动逼真的感觉。③阿堵：六朝人口语，意思是"这"或"这个"。

顾长康画人物，有的几年不画眼珠。有人问他这是为什么？他说："手脚的长相，本来与整幅画的好坏无关，画像要给人以生动逼真的感觉，正是在这个眼乌珠上面。"

点睛便语[①]

顾虎头为人画扇，作嵇、阮而都不点睛[②]。主问之，顾答曰："那可点睛，点睛便语。"

①点睛便语：选自《太平御览》。题目为译者所加。②嵇、阮：即嵇康、阮籍，均为“竹林七贤”中人。嵇、阮生于政治高压的年代，言论不自由。顾恺之这样说，含有讽刺的意味。

顾恺之替人画扇面，画的是嵇康、阮籍两人物，但是都不画眼珠。那人问他，他说：“那里可以画眼珠，画上眼珠不就会说话了吗？”

画绝·才绝·痴绝[①]

曾以一厨画暂寄桓玄，皆其妙迹所珍秘者，封题之。玄开其后取之，诳言不开。恺之不疑是窃去，直云：“画妙通神，变化飞去，犹人之登仙也。”故人称恺之三绝[②]：画绝、才绝、痴绝。

①画绝·才绝·痴绝：选自唐张彦元《历代名画记》。题目为译者所加。②绝：独一无二。

顾恺之曾经把一橱的画暂时寄放在桓玄那里，都是些极其美妙而不肯公开的作品，橱外面还贴上封条写上字。桓玄从后面把橱打开，拿了那些画去，却撒谎说不曾打开过。顾恺之并不怀疑是被人偷去，只是说：“好的画与神灵相沟通，变化了飞去，就像人的成仙一样。”所以，人们称顾恺之为“三绝”：画好到绝点，才高到绝点，人痴到绝点。

颊上三毛[①]

顾长康画裴叔则[②]，颊上三毛，神采愈俊。画殷荆州像[③]，荆州目眇，顾乃明点瞳子，飞白拂其上[④]，如轻云之蔽，殷贵其妙。

①颊上三毛：选自明张岱《夜航船》。②裴叔则：裴楷，字叔则。③殷荆州：即殷仲堪。④飞白：汉字书体的一种，笔画露白，似枯笔所写。

顾恺之替裴楷画像，脸颊上添了三根胡子，更觉得神采奕奕。替殷仲堪画像时，因为殷仲堪瞎了一只眼睛，就把眼珠画得特别明亮，然后用枯笔露白的方法在它上面掠过，就像一抹微云遮蔽似的，殷仲堪十分满意。

顾恺之《洛神赋图》

戴 逵

戴逵（？—395），字安道。东晋谯国人，后移居会稽剡县（今浙江嵊州）。“少博学，好谈论，善属文，能鼓琴，工书画，其余巧艺，靡不毕综。”晋孝武帝（司马曜）屡次要他做官，他都推辞不就。武陵王司马晞听说他弹得一手好琴，叫人来请他。他当着使者的面，把琴摔破说：“戴安道不为王门伶人！”他十余岁时，在瓦棺寺作画，王长史看到说：“此童非徒能画，亦终当致名，恨吾老，不见以盛时耳！”又善铸佛像及雕刻，曾为山阴灵宝寺造丈六无量佛木像及菩萨像，三年乃成。信奉佛教，但反对因果报应说，著《释疑论》。

就范宣学[①]

戴安道就范宣学，视范所为，范读书亦读书，范抄书亦抄书。唯独好画，范以为无用，不宜劳思于此。戴乃画《南都赋》图[②]，范看毕咨嗟，甚以为有益，始重画。

①就范宣学：选自南朝宋刘义庆《世说新语》。题目为译者所加。范宣：字宣子，陈留人，生卒年不详。少尚隐遁，博综群书，尤善三礼，好画。②《南都赋》：为汉张衡所作。南都，即南阳郡。

戴安道跟范宣学习，一举一动模仿范宣，范读书他也读书，范抄书他也抄书。只有酷爱绘画与范宣不同；范认为画画没有出息，不应该劳神费心在这上头。戴于是根据张衡《南都赋》的内容画了一幅图画，范看了后赞叹不已，认为很有价值，从此就重视起绘画来。

戴　颙

戴颙（378—441），字仲若。南朝宋谯郡铚（今属安徽宿县）人。东晋画家戴逵的次子。他继承父亲及哥哥勃的技艺，也擅长鼓琴和书画，尤其是画佛像超过了前辈画家。唐张彦远说：佛教艺术从汉明帝派人到印度取回释迦像在南宫清凉台及显节陵上，“以形制古朴，未足瞻敬”。晋明帝和卫协都善画佛像，但“未尽其妙”。一直到了戴氏父子，才“范金赋彩，动有楷模”，开始了后来曹（仲达）张（僧繇）吴（道玄）周（昉）“璎珞天衣，创意各异”的道路。戴颙的作品，文献中无所记载。

精思[①]

勃弟颙，字仲英，巧思迹逵之流。一门隐遁，高风振于晋、宋。传父之琴书丹青，凡所征辟，并不起。宋太子铸丈六金像于瓦棺寺[②]，像成而恨面瘦，工人不能理，乃迎颙问之。曰：“非面瘦，乃臂胛肥。”既铝减臂胛[③]，像乃相称，时人服其精思。

①精思：选自唐张彦元《历代名画记》。题目为译者所加。②金像：即佛像。因为佛像都用黄金涂饰。③铝：通“鑢”。铝减，即削减。

戴勃的弟弟戴颙，字仲英，灵巧追踪父亲戴逵的遗风。一家门隐居不仕，其高雅的名声流传于晋、宋两代。颙继承了父亲弹琴、书法以及绘画的传统，每次朝廷要选拔他做官，他都没有应承。宋太子刘义符在瓦棺寺浇铸了一座一丈六尺高的铜佛像，总觉得面部瘦小而引以为憾，工人想不出处理的办法，就把戴颙接来请教。颙说：“不是面部瘦小，而是手臂肩膀太肥大了。”经过削减肩膀、手臂以后，佛像才显得匀称得体，大家都佩服戴颙人聪明，肯动脑筋。

陶宏景

陶宏景（452—536），字明。丹阳秣陵（今江苏南京）人。幼年喜好道术，年长读书万卷，对阴阳五行、占风算雨、地理、医术无所不通。又善吟诗、弈棋，工草隶各体书法，擅长绘画。在南齐时曾做官，入梁，隐居于茅山，屡次征聘，不肯出山，国家有大事，派人去山中与他商议，时人称他为“山中宰相”。

性爱山水①

陶宏景性爱山水，每经涧谷，必坐卧其间，吟咏盘桓②，不能自已③，谓门人曰：“吾见朱门广厦④，虽识其华乐，而无欲往之心。望高岩，瞰大泽，知此难立止，自恒欲就之。又爱松风，庭院皆植松，每闻响，欣然为乐。”

①性爱山水：选自明郑瑄《昨非庵日纂》。题目为译者所加。②盘桓：逗留不进貌。③不能自已：自己无法克制。已，停止。④朱门：红漆的大门。

陶宏景生来喜欢游山玩水，每次经过山谷溪涧，定要在那里坐上一会，吟吟诗不肯立即离开，自己也没法控制。他对学生们说："我看见高门大户的人家，知道他们荣华富贵，却没有想要去接近的意思。望望高的石壁，看看大的湖泊，虽然知道没法到达，自己却常想到那里去。我还喜欢吹吹松风，所以院子里种满了松树，每次听到风吹松树的声音，心里就感到愉快。"

颜之推

颜之推（约531—591），北齐学者、文学家。字介，琅邪临沂（今山东临沂）人。世代精通《周礼》《左传》之学。他早传家业，博览群书，有才辩，工尺牍。初仕梁，后入周，为御史上士。隋开皇中，太子召为学士，以疾终。主要著作有《颜氏家训》二十篇。

此艺不须过精[①]

真草书迹[②]，微须留意。江南谚云："尺牍书疏，千里面目也。"承晋、宋余俗，相与事之，故无顿狼狈者[③]。吾幼承门业，加性爱重，所见书法亦多，而玩习功夫颇至，遂不能佳者，良由无分故也。然而此艺不须过精。夫巧者劳而智者忧，常为人所役使，更觉为累。韦仲将遗戒深有意也[4]。

①此艺不须过精：选自北齐颜之推《颜氏家训》。题目为译者所加。②真草：即真书与草书。真书即隶书。今谓之楷书。草书即草隶。始创于汉初，当时通行者为草隶。汉魏间之草书称章草，各字不连绵；以后去章草的波磔（zhé）、圆转用笔，遂成今草体。③无顿狼狈：即不会遇到狼狈。狼狈，兽名。唐段成式《酉阳杂俎》十六《广动植·毛》："式言：狼狈是两物，狈前足绝短，每行常驾两狼，失狼则不能动，故世言事乖者称狼狈。"比喻为难窘迫。④韦仲将：即韦诞，详见前《登梯安榜》注。

楷书与草书，都要少许学一点。江南有句俗语："信札来往，地隔千里，字就像见到人的颜面。"承袭晋宋两代的余风，人都学习书法，所以都能临时应付一下。我从小受家业的影响，再加生性爱好，见到的书法作品又多，下的功夫也很深，终于因为天分不高，成绩就不佳。其实书法这种技艺也不必过于耽溺，所谓能者多劳，聪明人多忧，经常被人使唤差遣，更觉得是件苦事。韦仲将曾告诫子孙不要学书法，是很有道理的。

张僧繇

张僧繇，南朝梁画家。吴县（今江苏吴县）人，一作吴兴（今属浙江）人。天监间

（502—518）为武陵王国侍郎，直秘阁，知画事，历任右军将军、吴兴太守。善画山水人物肖像。梁武帝迷信佛教，崇饰佛寺，多命僧繇画壁。兼善画龙，成语画龙点睛”，就出自他“画龙点睛，破壁飞去”的神话。梁姚最对张僧繇的评价是“善图塔庙，超越群工，价等（姚）昙度。朝衣野服，古今不失；奇形异貌，殊方夷夏，皆参其妙”。唐代诸评画家于姚氏此论多致不满，如李嗣真即云：“顾陆已往，郁为冠冕，盛称后叶，独有僧繇。今之学者，望其尘躅，如周、孔焉，何寺塔之云乎？”

点即腾骧而去[①]

尝于金陵安乐寺画四龙，不点目睛，谓“点即腾骧而去”。人以谓诞，固请点之。因为落墨，才及二龙，果雷电破壁，徐视画，已失之矣，独二龙未点睛者在焉。

①点即腾骧而去：选自《宣和画谱》。题目为译者所加。

僧繇曾经在金陵安乐寺墙壁上画了四条龙，却不画眼珠，说画上眼珠，它们就要腾空飞走。人们以为他的话荒唐，坚决请他画上去。僧繇握笔着墨，刚画了两条龙的眼珠，果然雷电交加，墙壁破裂，仔细一看，两条龙已经不见，只有那不曾画眼珠的两条龙还在。

赖此无恙[①]

方梁武帝以诸王居外[②]，每想见其面目，即遣僧繇乘传写之以归，对之如见其人。江陵天皇寺有柏堂[③]，僧繇画卢舍那及孔子像[④]，明帝见之，怪以孔子参佛氏，以问僧繇。僧繇对曰："他日赖此无恙耳[⑤]。"

①赖此无恙：选自《宣和画谱》。题目为译者所加。②梁武帝：即萧衍（464—549）。③江陵：现湖北江陵县。④卢舍那：指报身佛。⑤五代后周裁并寺院时，这天皇寺就因为有孔子的像，才得以保存。

每当梁武帝（萧衍）因为几个亲王分封在外地，想要见他们一面的时候，就派僧繇坐着驿站的专车去画了他们的肖像回来，梁武帝面对这些肖像，就仿佛见了他们本人一样。江陵天皇寺有座柏堂，僧繇在那里画了卢舍那以及孔夫子的像，齐明帝（萧道鸾）见了那画像，感到拿孔子配上佛菩萨十分奇怪，就问僧繇。僧繇回答说："将来卢舍那就要靠孔夫子才不至于被毁掉呢。"

《醉道图》[①]

僧繇曾作《醉僧图》传于世，长沙僧怀素有诗云："人人送酒不曾沽，终日松间酒一壶；草圣欲成狂便发[②]，真堪画入《醉僧图》。”然道士每以此嘲僧，群僧于是聚镪数十万，求立本作《醉道图》[③]，并传于代。

①《醉道图》：选自宋郭若虚《图画见闻志》。题目为译者所加。②草圣：古代对草书有高度成就者的称呼。怀素就是一个以写草书闻名的人。③立本：阎立本，详见下面《名下无虚士》注。

僧繇曾经画了一幅《醉僧图》，现在还留在世上，长沙和尚怀素曾为它写过一首诗：“人人送酒不曾沽，终日松间酒一壶；草圣欲成狂便发，真堪画入《醉僧图》。”然而道士常常拿这幅画讥笑和尚，和尚们因此凑集了几十万串铜钱，请求阎立本画了一幅《醉道图》，针锋相对，讥笑道士。这两幅画都流传于世。

画鹰逐鸽[①]

润州兴国寺[②]，苦鸠鸽栖梁上污秽佛像。张僧繇乃就东壁上画一鹰，西壁上画一鹞[③]，皆侧首向檐外，自是鸠鸽不敢复来。

①画鹰逐鸽：选自明张岱《夜航船》。②润州：即今江苏省镇江市。③鹞：鹞子，似鹰而较小。

润州的兴国寺，佛像常被栖息在梁上的斑鸠和鹁鸽的尿屎弄脏，和尚一点办法都没有。张僧繇就在东面的墙壁上画了一只老鹰，在西面的墙壁上画了一只鹞子，它们都歪着头看着屋檐外面。从此以后，斑鸠和鹁鸽就不敢再来了。

褚遂良

褚遂良（596—659），字登善。唐钱塘（今浙江杭州）人。封河南郡公，故人称“褚河南”。隋大业末，为薛举通事舍人，后入秦王府。太宗时任起居郎，累官至中书令。遂良博涉文史，工隶楷。为“初唐四家”之一。少学虞世南，后祖述王羲之，真书颇得其媚趣。

字以人重①

书法擅绝技者，每因品重，非其人只贻玷耳。故曹操书法虽美不传，褚仆射、颜鲁公、柳少师则家藏寸纸，珍若尺璧②，不专以字重也。

①字以人重：选自明张岱《夜航船》。②尺璧：直径一尺的玉璧，言其大而可贵。

书法出众的人，每每是由于品格高尚而驰名；如若品格低下，只能给人留下污浊的印象。所以曹操的字虽然写得好却无

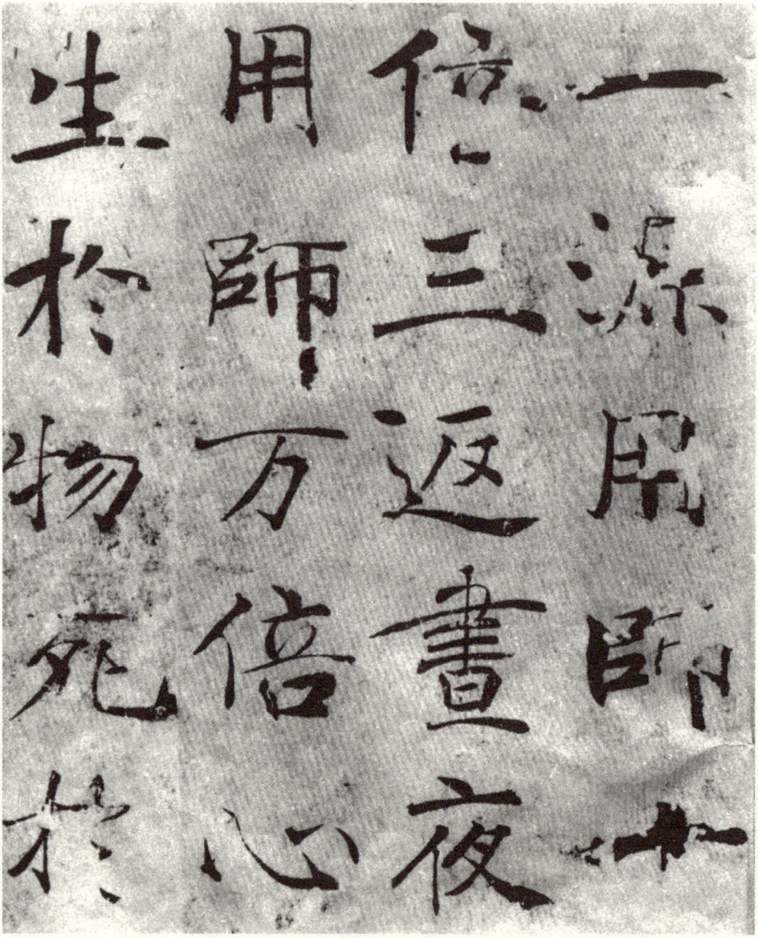

褚遂良《阴符经》

法流传，褚遂良、颜真卿、柳公权，即使家里藏着他们的寸纸只字，也会被看得像玉璧一样珍贵，这不是因为字写得好才加以看重的。

下笔遒劲[①]

贞观六年正月八日，命整理御府古今工书钟、王等真迹，得一千五百一十卷。至十年，太宗尝谓侍中魏徵曰："虞世南死后，无人可与论书。"徵曰："褚遂良下笔遒（qiú）劲，甚得王逸少体。"太宗即日召令侍书[②]。尝以金帛购求王羲之书迹，天下争赍[③]（jī）古书诣阙以献，当时莫能辨其真伪。遂良备论所出，一无舛（chuǎn）误。

①下笔遒劲：选自唐张彦远《法书要录》。题目为译者所加。②侍书：官名。一作侍书御史。③赍：怀着。

贞观六年正月初八，唐太宗命令整理皇宫仓库里的古今善于书法的钟繇、王羲之等人的真迹，共有一千五百一十卷。到了贞观十年，太宗曾对侍中魏徵说："虞世南死后，就没有人可以与我谈论书法了。"魏徵说："褚遂良落笔刚劲有力，很有王羲之书法的样子。"太宗当天就叫遂良做侍书。朝廷曾经用金钱收购王羲之的书法作品，全国的人都争着拿了王羲之的墨迹往宫里送，当时无人能够辨别它们的真假。遂良完完全全能够说出它们的来龙去脉，一点都没有错误。

欧阳询

欧阳询（557—641），唐潭州临湘（今湖南长沙）人。仕隋为太常博士。入唐官至弘文馆学士。善书，初学王羲之，而险劲过之，结构严整，笔锋劲遒。八体尽能。因曾为太子率更令，故世称其书为率更体。

驻马观碑[1]

欧阳率更行见古碑，是索靖所书[2]，驻马观之，良久而去。数百步复还，下马伫立，疲倦则席地坐观，因宿其下，三日乃去。

①驻马观碑：选自明张岱《夜航船》。②索靖（244—303）：字幼安，西晋敦煌人。张芝姊之孙。擅草书，传张芝草法而变其形迹。前人评为“精熟至极，索不及张；妙有余姿，张不及索”。

欧阳询看见路边有一块古代的石碑，是晋代人索靖书写的，停下马来观看，好久才离开。走了几百步，又转身回来，下了马站着看，疲倦了就坐在地上看，夜里就宿在碑旁，看了三天才离开。

《兰亭》[1]

《兰亭》者，武德四年欧阳询就越访求得之，始入秦王府[2]。麻道嵩奉教拓两本，一送辨才，一王自收，嵩私拓一本。于时天下草创，秦王虽亲总戎[3]，《兰亭》不离肘腋[4]。及即位，学之不倦。至贞观二十三年，褚遂良请入昭陵[5]。后但得其摹本耳[6]。

①《兰亭》：选自宋钱易《南部新书》。易为吴越废王钱倧之子，仕宋为翰林学士。②秦王：李世民。③总戎：统管军事，统帅军队。④肘腋：胳膊肘与胳肢窝。喻切近之处。⑤褚遂良（596—658）：唐河南阳翟人，自其先世官徙钱塘。字登善。隋大业末为薛举通事舍人，后入秦王府。太宗时任起居郎，累官至中书令。直言敢谏，受太宗遗诏辅政。以谏高宗废皇后王氏，为武后所恶，贬爱州刺史，忧忿而死。遂良博涉文史，工隶楷。少学虞世南，后祖述王羲之，真书颇得其媚趣。太宗博购羲之故帖，皆由遂良鉴定真伪。昭陵：陵墓名。唐太宗李世民墓。⑥摹本：即“临摹本”。照书画原本模仿制作。与“拓本”相对。

《兰亭》真迹这份墨宝，武德四年是由欧阳询从越州永钦寺辨才和尚那里找到的，这才进了唐太宗李世民府中。麻道嵩奉命拓了两本，一本送给辨才，一本唐太宗自己收藏，道嵩私底下也拓了一本。当时全国刚刚平定，唐太宗虽然已经军权独揽，这份《兰亭》墨宝却不离身边。等到做了皇帝，学习就从不感到厌倦。到了贞观二十三年唐太宗去世，褚遂良就把它埋在墓中。后来只有摹本流传。

书名远播海外[①]

唐欧阳询字信本，博览今古，官至银青光禄大夫，率更令。书则八体尽能，笔力劲险。高丽爱其书[②]，遣使请焉。神尧叹曰[③]："不意询之书名远播夷狄！"贞观十五年卒，年八十五。询飞白、隶、行草入妙，大篆、章草入能。

①书名远播海外：选自唐张彦远《书法要录》。题目为译者所加。②高丽：古国名。后为卫氏朝鲜所并。③神尧：对唐太宗李世民的尊称。夷狄：旧时对周边少数民族的蔑称。

唐朝的欧阳询，表字信本，读遍古今的书籍，官做到银青光禄大夫，率更令。八样书体样样都能写，笔势遒劲奇特。高丽国喜欢他的书法，派专人前来请求。太宗皇帝慨叹说："想不到询的书名远远地传到外国！"贞观十五年去世，享年八十有五。询的飞白、隶、行草妙不可言，大篆、章草也称得上是能手。

一时之绝[①]

太宗尝宴近臣，令嘲谑以为乐。长孙无忌先嘲欧阳询曰："耸膊（bó）成山字，埋肩不出头。谁家麟阁上[②]，画此一猕（xiǎn）猴。"询应声答曰："索头连背暖，漫裆畏肚寒。只由心溷溷（hùn）[③]，所以面团团。"太宗敛容曰："汝岂不畏皇后闻耶？"无忌，后之弟也。询为人瘦小特甚，寝陋而聪悟绝伦[④]，读书数行俱下，博览古今，精究《苍》《雅》[⑤]。初学王羲之书，渐变其体，笔力险劲，为一时之绝。

①一时之绝：选自唐刘肃《大唐新语》。题目为译者所加。②麟阁：为麒麟阁的省称。汉阁名。在未央宫内。汉武帝时所建，一说萧何造。汉宣帝甘露三年，画功臣霍光、张世安等十一人图像于阁。③溷溷：混浊。④寝陋：丑陋。⑤《苍》《雅》：即《三苍》《尔雅》等文字训诂的书。也作"仓雅"。《苍》，苍颉篇，古字书名。《汉书·艺文志》："汉兴，闾里书师合《苍颉》《爰历》《博学》三篇，断六十字以为一章，凡五十五章，并为《苍颉篇》。"

唐太宗曾经宴请身边的大臣，叫他们彼此开开玩笑放松一下。长孙无忌首先嘲笑欧阳询说："耸膊成山字，埋肩不出头。谁家麟阁上，画此一猕猴。"询听了后立即回答道："索头连背暖，漫裆畏肚寒。只由心溷溷，所以面团团。"太宗沉下脸说："你难道不怕皇后听到吗？"无忌是皇后的弟弟。询生得特别瘦小，丑陋但是聪明透顶，读书一目数行，看遍古今书籍，精通《苍》《雅》。开始学习王羲之的书法，渐渐变换字体，笔触遒劲奇特，达到当时的最高峰。

虞世南

虞世南（558—638），字伯施。唐越州余姚人。在隋官秘书郎，十年不徙，入唐，官至秘书监。太宗称其德行、忠直、博学、文辞、书翰，五绝兼具。善书，师沙门智永，妙得其体。偏工行草，而晚年正楷与欧阳询齐名，并称欧虞。卒谥文懿。

笔头盈瓮[1]

虞监草行，本师于释智永[2]。尝楼上学书，业成方下，其所弃笔头至盈瓮。

①笔头盈瓮：选自唐刘餗《隋唐嘉话》。题目为译者所加。

②智永：隋书法家。晋王羲之后裔。善书，笔力纵横，真草兼备，初立志书札，于所居起楼，誓曰："书不成不下此楼！"求书者众，门限为之穿，不得不用铁以加固，人号为铁门限。所用退笔贮有数瓮，

作铭埋入土内，称退笔冢。曾作《心成颂》以示字法，又作《真草千字文》传于世。

虞世南的草书行书，原是向和尚智永学的。虞世南曾经在楼上学习书法，学成后才下楼来，他所用坏的笔头多到满满的一缸。

论儒学[①]

虞伯施手帖论儒学，不使一日失业，恐子弟坠其家声，且戒之使其不息也。观《北堂书钞》[②]，大见功力深至，非积学之久不能尽此。子纂虽识书学，而文业衰矣。故知虞氏九世文名，为儒林所叹，可以为难也。方隋时，伯施以文学推选任秘书郎，来护儿以武略任将帅[③]。至唐，来氏有恒、济，反以文显；而虞氏子昶以下不能世其业，而为入仗宿卫[④]。故陆元方戏曰："来护儿儿把笔，虞世南男带刀。"故曰虽在父兄，不能移子弟[⑤]，理固然也。

①论儒学：选自宋董逌《广川书跋》。题目为译者所加。②《北堂书钞》：类书名。唐虞世南辑。原书一百七十三卷。为世南任秘书郎时所撰。北堂是秘书省的后堂，故名。③来护儿（？—618）：隋江都人。字崇善。幼而卓诡，好立奇节。开皇初授大都督。平陈，以功进位上开府。镇泉、建、瀛三州，以善政闻。炀帝时，官骁卫大将军。大业末年，三度从攻高丽。参与平定杨玄感乱。江都兵变时为宇文化及所杀。④仗：刀戟等兵器的总名。宿卫：在宫中值宿，担任警

卫。⑤移：改变。

虞世南亲手写了一份论儒学，不能让一天的光阴浪费掉；他怕子弟会毁掉虞家的声望，就告诫他们要不停地努力奋斗。看他在《北堂书钞》中所写，的确功力很深，不是一般浅学的人所能做到的。儿子纂虽然也懂得书学，但是文学修养已经大不如前。所以虞氏九代的文名，受到儒者们的慨叹，这是很难的事。在隋朝时，虞世南因为文学出众被任命为秘书郎，来护儿因为战功卓著被任命为将帅。到了唐朝，来氏有子弟恒、济，反而在文名上为世人所瞩目；而虞家在子昶以下就不能守住这份家业，只好在皇宫里拿着武器站门岗。所以陆元方开玩笑说："来护儿儿把笔，虞世南男带刀。"所以说：即使是父子，也改变不了子弟的状况，说得一点都不错。

阎立本

阎立本（601—673），唐万年（今属陕西）人。立德之弟。显庆年间，代立德为工部尚书，以总章元年（668）拜右相，封博陵县男，咸亨元年（670），任职中书令。既辅政，无宰相器，时姜恪以战功擢（zhuó）左相，故时人有"左相宣威沙漠，右相驰誉丹青"之嘲。他的绘画技艺，和他哥哥立德同时继承他父亲阎毗的传统，而学习郑（法士）杨（契丹）展（子虔）的笔法。他曾和立德合作绘画《职贡图》《卤簿图》等。在当时画坛上他们弟兄齐名并驾，所谓“大安（立德）博陵（立本），难兄难弟”，又“二阎同在上品”。但到后来他的声名和影响都比较大，这可能是他对于绘画艺术的笃好和努力的缘故。

名下无虚士[①]

唐阎立本至荆州，观张僧繇旧迹，曰：“定虚得名耳。”明日又往，曰：“犹是近代佳手。”明日往，曰：“名下无虚士。”坐卧其下，十余日不能去。

①名下无虚士：选自宋郭若虚《图画见闻志》。题目为译者所加。

唐代阎立本到了荆州，观看张僧繇留下的壁画，说：“一定是徒有虚名罢了。”第二天又去看，说：“还算是个近代好手。”第三天又去看，说：“名不虚传。”休息、睡卧都在壁画前，十多天都舍不得离开。

吴道子

吴道子（约680—759），名道玄。唐阳翟

（今河南禹县）人。出身孤贫，具绘画天才，“年未弱冠”即“穷丹青之妙”。开元中召入供奉，为内教博士。先向张旭、贺知章学书法，不成功，就改学绘画，山水自成一家；人物、鬼神、鸟兽、草木、台阁，尤其出色。曾画地狱变相图，京都的屠夫渔翁受了劝诫，都改换了职业。世称“画圣”。

好酒使气[①]

吴道玄，阳翟人。好酒使气，每欲挥毫，必须酣饮。学书于张长史旭、贺监知章，学书不成，因工画。曾事逍遥公韦嗣立为小吏。因写蜀道山水，始创山水之体，自为一家。其书迹似薛少保[②]，亦甚便利[③]。初任衮（gūn）州瑕丘县尉。初名道子，玄宗召入禁中，改名道玄，因授内教博士，非有诏不得画。张怀瓘云：“吴生之画，下笔有神，是张僧繇（yáo）后身也。”可谓知言。官至宁王友。开元中，将军裴旻（mín）善舞剑，道玄观旻舞剑，见出没神怪，既毕，挥毫益进。

①好酒使气：选自《历代名画记》。题目为译者所加。②薛少保（649—713）：名稷，字嗣通，唐蒲州汾阴（今山西万荣县）人。景龙末年昭文馆学士，官至太子少保、礼部尚书，睿宗时封晋国公。他的外祖父魏徵，家藏许多法书名画，薛稷有机会观摩学习，在“锐精临仿”的努力下，他的书法和绘画都有高度成就。当时流行“买褚得薛，不失其节”之说，说明薛稷字体是深得褚遂良笔法。他善画人

物、树石、鸟兽，而画鹤更有专长，所谓“言鹤必称稷”。相传他作画线条十分劲健，可以追从阎立本。他曾游览新安郡，遇到李白，请他写西安寺匾额，并画《西方佛像》，“笔力潇洒，风致逸秀，曹（不兴）、张（僧繇）之匹也”。③便利：敏捷。

吴道子，河南阳翟人。爱喝酒赌气，每次想要画画，必定把酒喝个够。曾向张旭、贺知章学习书法，没有学成，因此就在绘画上下功夫。曾经在韦嗣立那里当过小官。由于画三峡蜀道的风景，开创了山水画的方法，在艺坛上独树一帜。他的书法像薛稷，也很敏捷。最初担任衮州瑕丘县县尉。本名道子，玄宗召入宫中，改名为道玄，任命他为内教博士，没有皇帝命令不许擅自作画。张怀瓘说：“吴某的画，落笔神奇，是张僧繇投胎的。”这话很有见地。官做到宁王友。开元年间，将军裴旻善于舞剑，道玄观看裴旻舞剑，看出其中神出鬼没的样子。观过舞剑后，吴道子作起画来也就更为出色。

《天宫图》[①]

开元中，将军裴旻居丧[②]，诣吴道子，请于东都天宫寺画神鬼数壁，以资冥助。道子答曰：“吾画笔久废，若将军有意，为吾缠结舞剑一曲，庶因猛励以通幽冥。”旻于是脱去缞服，着常时装束，走马如飞，左旋右转，掷剑入云，高数十丈，若电光下射，旻引手执鞘承之，剑透室而入[③]。观者数千人，无不惊栗。道子于是援毫图壁，飒然风起，为天下之壮观。道子平生绘事得意，无出于此。

吴道子《八十七神仙卷》

①《天宫图》：选自宋郭若虚《图画见闻志》。题目为译者所加。②裴旻：唐人，善剑舞，与李白诗歌、张旭草书称为“三绝”。③室：此处指刀剑鞘。

唐玄宗开元年间，将军裴旻替母亲守孝，来到画家吴道子那里，请他在洛阳天宫寺壁上画神鬼图，超度去世的母亲。吴道子说：“我长久没有作画，如果将军愿意，就请穿上军装，替我舞一趟剑，我就可凭了这一股猛劲来跟阴曹地府沟通。”

裴旻就脱下了麻布孝服，像平时那样装束起来，跨上马背拍马飞奔，向高空甩出宝剑，高到几十丈，像闪电灼亮地射向下方，跟着举起剑鞘承接，那宝剑正好插在鞘套子里面。观众几千人，没有一个不吓得直打哆嗦。吴道子就拿起笔在壁上画画，摆动袖子刮起一阵阵风，宏伟的天宫图真是天下少有的奇观。吴道子一生画画要说称心如意，没有比得上这一次的。

嘉陵江水[①]

天宝中[②]，玄宗忽思蜀道嘉陵江水，遂假吴生驿驷，令往写貌。及回日，问其状。奏曰：“臣无粉本，并记在心。”乃宣令大同殿图之。嘉陵江水，三百余里，一日而毕。时有李思训[③]，山水擅名，亦宣于大同殿图之，累月方毕。玄宗云：“李思训数月功，吴道玄一日之迹，皆极其妙。”

①嘉陵江水：选自《中国历代画家人名大辞典》。题目为译者所

加。②天宝：唐玄宗李隆基的年号（742—756）。③李思训：详见后文“李思训”条。

天宝年间，唐玄宗忽然想念四川嘉陵江上的风景，就许可吴道子使用驿站的车马，叫他前去把那里的风景画了来。等吴道子回来，玄宗问他画得怎么样？吴道子说：“我没有画本，全部都记在心上。”玄宗就叫他画在大同殿上。嘉陵江全程三百余里，吴道子只用了一天时间就画好了。当时有个叫李思训的人，以擅长山水出名，玄宗也叫他在大同殿上作画，他画了几个月才画完。玄宗说：“李思训几个月的工夫，吴道子只用了一天时间，但都作出了世上极妙的佳作。”

卢棱伽

卢棱（楞）伽（生卒年不详），唐长安（今陕西西安）人。他是吴道玄亲传弟子。画迹和吴氏相似，但才力所限，气魄笔力较差，但颇能细画，“咫尺间山水寥廓，物像精备，经变佛事，是其所长。”唐玄宗逃到四川时，他从河南到四川。乾元初，他在成都大圣慈寺画了六幅《行道高僧像》，颜真卿题字，时称“二绝”。乾宁元年（894），蜀先主王建在寺东廊建三学院，不敢损坏他的壁画，将一堵移院门南，另一堵移门北及观音堂后，另他曾在西北廊下画《马鸣提婆像》。

卢稜伽[1]

卢稜伽，吴弟子也，画迹似吴，但才力有限。颇能细画，咫尺间山水寥廓，物像精备，经变佛事[2]，是其所长。吴生尝于京师画总持寺三门[3]，大获泉货。稜伽乃窃画庄严寺三门，锐意开张[4]，颇臻其妙。一日，吴生忽见之，惊叹曰："此子笔力常时不及我，今乃类我，是子也，精爽尽于此矣！"居一月，稜伽果卒。

①卢稜伽：选自《宣和画谱》。②经变：经文与变文。变文，唐代俗文学之一种。源于佛教的宣扬教义，即俗讲。由散文与韵文交杂组成，以敷陈故事为主，多取材于佛经，后来又扩大包括历史故事、民间传说等。③三门：寺院大门。后泛指寺院。《释氏要览·住处》："凡寺院有开三门者，只有一门亦呼为三门者何也？《佛地论》云：大宫殿，三解脱门——谓空门、无相门、无作门。"④锐意：专心一意。开张：开阔，展开。

卢稜伽，是吴道子的学生，画也像吴道子，只是才力差了点。但他很擅长工笔画，小小的篇幅却能画出大场面来，景物人像色色齐整，经文变文中的佛教故事，是他的专长。吴道子曾经在长安画总持寺的寺门，得到很大一笔钱。稜伽就偷偷地画了庄严寺的寺门，专心致志大挥手笔，达到了很高的境界。有一天，吴道子忽然看到了这幅画，惊讶地叹惜道：

“这小子的笔力平时不及我，如今却很像我，一定是这小子用尽了全身的精力了！”过了一个月，棱伽真的去世了。

萧　翼

萧翼（生卒年不详），南朝梁元帝曾孙，本名世翼。负才艺，多权谋。唐太宗时为监察御史，后授员外郎。

骗取兰亭真迹[①]

辨才，唐僧，姓袁氏，居越州永钦寺。初，王羲之兰亭真迹，藏于七代孙智永所。智永传辨才。辨才凿梁贮之，保惜甚至。太宗求之不得，召辨才面问数四，固以亡失对。帝令萧翼充使诡取。翼改服称山东书生，携二王杂帖数通[②]，赴越州，径造辨才院，一见亲密，留宿，设缸面酒[③]，各探韵赋诗。经旬朔[④]，谈论翰墨，出所携帖示之。辨才云此未佳，因言藏有兰亭，于梁上出视之。翼伺其出径取之，乘驿归报。太宗授翼员外郎，赐辨才物三千段，谷三千石。辨才惊惋，岁余卒。

①骗取兰亭真迹：选自《中国人名大辞典》。题目为译者所加。

②二王杂帖：王羲之与其子献之所写的字迹。帖，古代未有纸，写字用竹木或布帛。写在布帛上的叫帖，写在竹木上的叫简。后称名人书

法。③缸面酒：初熟的酒。④旬朔：十天或半个月。

辨才，唐朝的和尚，俗姓袁，住在越州（今绍兴市）永钦寺。当初，王羲之的兰亭真迹，藏在七代孙智永那里，智永传给辨才，辨才把栋梁凿空，将兰亭真迹藏在里面，保管爱惜到十分。唐太宗到处找这真迹找不到，向辨才当面问过好几次，辨才始终拿丢失来回答。唐太宗派萧翼去骗取。萧翼改装换服，自称是山东的一个读书人，拿了几件二王的杂帖，赶赴越州，直接找到辨才的寺院，二人一见如故；辨才留他在寺里住宿，还拿出刚酿成的酒来喝，按韵赋诗。过了十天半个月，二人谈到书法的事，萧翼拿出带来的字帖给辨才看，辨才说这些帖未必好，还说藏有兰亭真迹，从梁上取出来给萧翼看。萧翼趁辨才外出时把兰亭真迹偷了，坐上驿车直奔京都而去。唐太宗不仅给萧翼加官，封为员外郎，还赐给辨才布帛三千匹，谷物三千石。辨才又是吃惊，又是悔恨，过了一年多就死了。

王　维

王维（699—761），字摩诘。河东蒲州（今山西运城），祖籍山西祁县。开元初，举进士，官至尚书右丞，故又称王右丞。工草隶，善诗画。其山水画，为画家南宗之祖。

画可医病[1]

唐王维，字摩诘，别墅在辋川，常画《辋川图》，山谷盘郁，云水飞连，意在尘外，怪生笔端。秦太虚[2]云："予病，高符仲携《辋川图》示予曰：'阅此可愈病。'予喜甚，恍然若与摩诘同入辋川，数日病愈。"

①画可医病：选自明张岱《夜航船》。题目为译者所加。②秦太虚：即宋代词人秦观，字少游，一字太虚。

唐代的王维，表字摩诘，有别墅在辋川地方；他曾经画过一幅《辋川图》，山谷幽深，云雾与山水环绕，意象在现实之外，奇境却产生在笔下。秦观说："有一次我生病，高符仲拿了《辋川图》来给我看，他说：'看这幅图可以治病。'我很高兴，仿佛像是跟摩诘一同到了辋川，几天后病就好了。"

雪中芭蕉[1]

王维《雪中芭蕉图》，或谓其情意寓于物，不拘四时。僧惠洪有"雪里芭蕉失寒暑"，皆以芭蕉非雪中物。朱新仲《杂记》云："岭外如曲江冬大雪，芭蕉自若，红蕉方开花。"知前辈虽画史亦不苟如此。想惠洪未到岭外故也。陆安甫《蕞残录》云："郭都督近在广西，亲见雪中芭蕉，雪后亦不坏也。"噫，读天下书未遍，不得妄下雌黄[2]，观此益信。

①雪中芭蕉：选自明俞允《山樵暇语》。题目为译者所加。②雌黄：矿物名。晶体，橙黄色。可制颜料。古人以黄纸书字，有误，则以雌黄涂之。因称改易文字为雌黄。但这里作评论讲。《晋书·任昉传》刘孝标《广绝交论》："近世有乐安任昉……雌黄出其唇吻，朱紫由其月旦。"

王维有一幅《雪中芭蕉图》，有人说他是寓情于物，不拘时令。和尚惠洪有诗云"雪里芭蕉失寒暑"，都以为芭蕉不是雪中该有的。朱新仲《杂记》说："广东的气候像曲江一样，冬天大雪，芭蕉安然无恙，红蕉还刚刚开花。"由此可知，前人即使是画师也毫不马虎。我想惠洪是没有到过广东才那样说的吧。陆安甫《蕞残录》说："郭都督（鋐）最近在广西，亲眼看到雪中芭蕉，雪后也不冻死。"噫！天下的书没有读遍，就不能随便评论，此言我从此更相信了。

《马上吟诗图》[1]

王维，字摩诘，官至尚书右丞，家于蓝田辋（wǎng）川。兄弟并以科名文学冠绝当时，故时称"朝廷左相笔[2]，天下右丞诗"也。其画山水松石，踪似吴生，而风致标格特出。今京都千福寺西塔院有掩障一合[3]，画青枫树一图。又尝写诗人襄阳孟浩然《马上吟诗图》，见传于世。复画《辋川

王维
《诗意图》

图》，山谷郁郁盘盘，云水飞动，意出尘外，怪生笔端。尝自题诗云："当世谬词客，前身应画师。"其自负也如此。慈恩寺东院与毕庶子、郑广文各画一小壁，时号三绝。故庾右丞宅有壁画山水兼题记，亦当时之妙。山水松石，并居妙上品。

①《马上吟诗图》：选自唐朱景文《唐朝名画录》。题目为译者所加。②左相：指王缙，王维弟。《海录碎事》："唐宰相王缙好与人作碑志。有送润毫者，误扣右丞王维门，维曰：'大作家在那边。'"③掩障：门帘，屏风之类。一合：犹一扇。

王维，字摩诘，官做到尚书右丞，家在蓝田辋川。兄弟都凭科考在文学上博得很高的荣誉，所以当时有句话说"朝廷左相笔，天下右丞诗"。他画山水松石，笔迹很像吴道子，可是风姿格调特别。现在京都千福寺西面的塔院里有一扇屏幛，画的是青色的枫树。另外，还有一幅是描写诗人襄阳孟浩然的《马上吟诗图》，现在流传在世上。又画《辋川图》，山谷郁郁葱葱，曲折回环，云在飞，水在流，意想不到的境界都从他的笔底下画了出来。曾经为自己的诗题过字："当世谬词客，前身应画师。"他是这样地看重自己。王维在慈恩寺东院与毕宏、郑虔分别画过一幅小壁画，当时称为三绝。从前庾右丞住宅的墙壁上有一幅山水和题记，也是当时的杰作。山水松石，都称得上是上品。

《黄梅出山图》一[1]

王仲至爱摩诘《黄梅出山图》[2]。《笔谈》以为黄梅、曹溪二像，气韵神捡，各如其为人。读二人事迹，还观所画，乃知其妙。余在广陵时，有余氏女子名韫珠，刺绣工绝，为西樵作须菩提像[3]，既又为先尚书府君作弥勒像，皆入神妙；又为余作神女、洛神、浣纱、杜兰香四图[4]，妙入毫厘，盖与画家同一关捩[5]。今有以土塑木雕为人作小照者，往往逼真，亦绝技也。

①《黄梅出山图》：选自清王士祯《香祖笔记》。题目为译者所加。②黄梅：指唐高僧禅宗五祖弘忍。（602—675），唐代僧人，佛教禅宗称为东土第五祖，蕲州黄梅县人。俗姓周，七岁遇四祖道信禅师，遂出家，尽传其法。咸亨二年，传法于六祖慧能。上元二年卒。谥大满禅师。因居于黄梅，故称。《中国古今地名大辞典》："黄梅山，即黄蟒山。在湖北黄梅县西北四十里。《隋书·地理志》：'黄梅县有黄梅山。'或谓唐时禅宗五祖弘忍居此。后人因称五祖为黄梅。然五祖所居初在县西南之东禅寺，后入县东北之冯茂山结庵，实未居此山。盖五祖为黄梅人，因称曰黄梅，而非以此山称也。"③西樵：即王士禄（1626—1673），清山东新城人，字子底，号西樵。工诗，与弟士祜、士祯号"三王"。须菩提：佛十大弟子之一。意译为善吉、善观、善业。④浣纱：指西施。杜兰香：神话中的仙女名。唐李商隐《李义山诗集》三《重过圣女祠》："萼绿华来无定所，杜兰香去未

移时。”⑤关捩：机关，机轴。

王仲至喜欢王维的《黄梅出山图》。《梦溪笔谈》认为黄梅、曹溪两幅画像，神情肃穆，各个都像他们的为人。读了二人的事迹，回过来再看图画，就知道二图的妙处。我在扬州时，有一个姓余的女子名叫韫珠，刺绣十分巧妙，替西樵绣过须菩提像，后来又替先父尚书公绣过弥勒像，都是惟妙惟肖的；还替我绣了神女、洛神、浣纱、杜兰香四幅像，巧妙到不差分毫，大概同画家是同一种手段。现在有用泥土木头雕塑人像的，常常十分逼真，也是一种绝技呀。

《黄梅出山图》二[①]

王仲至阅吾家画，最爱王维画《黄梅出山图》。盖其所图黄梅、曹溪二人，气韵神检皆如其为人。读二人事迹，还观所画，可以想见其人。

①《黄梅出山图》：选自宋沈括《梦溪笔谈》。题目为译者所加。曹溪：禅宗别号。以六祖慧能在曹溪宝林寺演法而名。

王仲至看我家的画，最喜欢王维画的《黄梅出山图》。因为王维所画的弘忍、慧能二人，气质神态都同他们的为人一样。读二人的传记，再回过来看看这幅画，就像见到他们的人。

李思训

李思训（651—716），唐宗室，字建。开元初，官武卫大将军，封彭国公。善画山水树石，笔致遒劲，金碧辉映，自成家法。其子昭道也以山水著名。思训以官称大李将军，昭道又因父而称小李将军。

画鱼[①]

唐李思训画一鱼甫完，方欲点染藻荇[②]，有客叩门，出看，寻失去画鱼。使人觅之，乃风吹入池，拾起视之，鱼竟失去，止剩空纸。后思训画大同殿壁，明皇谕之曰："卿所画壁，常夜闻水声，真入神之手。"

①画鱼：选自明张岱《夜航船》。②藻荇：水草名。

李思训画一条鱼刚画完，正想添上一些蕴草之类的东西，忽然有客人敲门，跑出去看，回转身却不见了那张画。叫人去找寻，却被风吹进了池塘，拾起来一看，鱼没有了，只剩了一张空白的纸。后来李思训在大同殿画壁画，明皇对他说：“你画的壁画，常在夜里发出波浪的声音，真是超凡入圣的大手笔！”

大李将军[①]

李思训，宗室也，即林甫之伯父。早以艺称于当时。一家五人，并善丹青，（思训弟思诲、思诲子林甫、林甫弟昭道、林甫侄涛）世咸重之。书画称一时之妙。官至左武卫大将军，封彭城公。开元六年，赠秦州都督。其画山水树石，笔格遒劲，湍濑潺湲，云霞缥缈，时睹神仙之事，窅（yǎo）然岩岭之幽[②]。时人谓之大李将军也。

①大李将军：选自《宣和画谱》。题目为译者所加。②窅然：深远貌。

李思训，与皇帝同族，也就是宰相李林甫的伯父。早年由于艺术高超著名。一家有五个人都擅长绘画（思训弟思诲、思诲子林甫、林甫弟昭道、林甫侄涛），被世人看重。书画在当时都是一等的。官做到左武卫大将军，封彭城公。开元六年，赐号秦州都督。他画山水树石，笔势刚强有力，溪涧水流潺湲，天上云霞缥缈，有时还看到神仙的事，以及深远的高山石岭。当时人称他为大李将军。

贺知章

贺知章（659—744），字秀真。唐越州永兴（今浙江萧山）人。少以文辞知名。证圣初，举进士，官正银青光禄大夫兼正授秘书监。性放旷，善谈笑，醉后属词，动成卷轴。又善草隶书。晚年自号四明狂客。天宝初请为道士，敕赐镜湖，后终于其地。世以知章曾任秘书监亦称为贺监。

善草隶书[①]

贺知章性放旷，善谈笑，当时贤达咸倾慕。陆象先即知章姑子也，知章特相亲善。象先谓人曰："贺兄言论调态，真可谓风流之士。"晚年纵诞，无复规检，自号四明狂客。醉后属词，动成篇卷。文不加点[②]，咸有可观。又善草隶书，好事者共传宝之。请为道士归乡，舍宅为观，上许之，仍拜子为会稽郡司马，御制诗以行。

①善草隶书：选自宋李昉《太平广记》。题目为译者所加。②文不加点：写文章不加涂改。形容文思敏捷，下笔成章。

贺知章性格开朗豁达，喜欢说说笑笑，当时的贤士大夫都很羡慕。陆象先是知章姑母的儿子，知章对他特别亲近友好。象先对人说："表哥的说话姿态，真算得上是个风流倜傥的人。"晚年更加放荡不羁，丝毫不知道检点约束，自称四明狂客。酒醉后写文章，往往一写就是一大篇。不加涂改，都能写得很好。还擅长草书隶书，爱好艺术的人都把它当作宝贝收藏起来。他请求作为道士告老还乡，把住宅改成道观，皇帝不仅同意他的要求，还任命他的儿子为会稽郡司马，并且写了首诗送行。

白巾①

叶林石《避暑录话》谓："李思训画《明皇幸蜀图》，尝见其摹本②。方广不满二尺，而山川云物，车马人畜，草木禽鸟，无一不具。岭谷间民，皆冠白巾。以蜀人为诸葛孔明服，山居深远者，后遂不除。"余在关中时，其民人依制宜戴缨笠，而皆冠白巾，虽遇吉筵亦不易。大抵雍梁之俗③，自古然也。

①白巾：选自清钮琇《觚剩》。钮琇，字玉樵，江苏吴江人。康熙十一年（1672）拔贡生，历知河南项城县、陕西白水县，兼摄沈邱、蒲城事，后终广东高明县。宰高明时，成《觚剩》一书，记明末清初杂事。②摹本：临写、影写或石刻的翻刻本。③雍梁：皆古代大州名。今陕西、甘肃一带。

叶石林《避暑录话》说："曾见过李思训所画《明皇幸蜀图》的临摹本。方广不到二尺，而山川云物，车马人畜，草木禽鸟，无所不有。山谷中的居民，都戴着白头巾。因为蜀国人为诸葛孔明戴孝，后来住在深山里的人都不脱下来了。"我在关中（陕西）时，那里的老百姓照规矩应戴有帽缨的竹笠，却是都戴白头巾，即使参加喜宴也不改变这种打扮。大概雍梁旧地的风俗，自古以来就是这样的。

韦　陟

韦陟（697—761），唐韦安石子，字殷卿。幼时即风格方整，善文辞。十岁授朝散大夫，累迁礼吏二部尚书，袭封郇国公。陟鉴裁精审，铨综公平。风采门品，有台辅风，为李林甫、杨国忠所挤，竟不得相位。仍被贬谪，因拘疾卒。谥忠孝。性好奢靡，厨中饮食，香味错杂，人入其中，多饱饫而归。时人语曰："人欲不饭筋骨舒，夤缘须入郇公厨。"

五云佳体[①]

唐韦陟封郇公，善草书，使侍妾掌五彩笺，裁答授意，陟惟署名。人谓所书"陟"字，若五朵云，号"郇公五云体"。

①五云佳体：选自明张岱《夜航船》。事见《新唐书·韦陟传》。

唐代韦陟封郇国公，擅长草书，用五彩笺写的信，都是在他的授意下，由侍妾代笔的，他只签上名就是。别人说他所签的“陟”字，好像五朵云的样子，称为“郇公五云体”。

李隆基

李隆基（685—763），即唐玄宗，谥号“明”，俗称“唐明皇”，张彦远说他善书画，张退公《墨竹记》认为“墨竹”的画法是他起始的。

善八分书[①]

玄宗善八分书，凡命将相，皆先以御札书其名，置案上。会太子入侍，上举金瓯覆其名，以告之曰：“此宰相名也，汝庸知其谁耶？射中，赐尔卮（zhī）酒[②]。”肃宗拜而称曰：“非崔琳、卢从愿乎？”上曰：“然。”因举瓯以示之，乃赐卮酒。是时，琳与从愿皆有宰相望，玄宗将倚为相者数矣，终以宗族繁盛，附托者众，卒不用。

①善八分书：选自唐李德裕《次柳氏旧闻》。题目为译者所加。

八分：汉字书体名。也称分书。字体似隶而体势多波磔。相传为秦时上谷人王次重所造。关于八分，历来有很多不同的解释：或以为其二分似隶八分似篆，故称八分。或以为似汉隶的波磔，向左右分开，像八字分背，故称八分。②卮：酒器，容量四升。

唐玄宗擅长写八分书，凡是任命将军或宰相，都是预先拿一张纸把名字写在上头，放在桌子上。遇到太子来看望他时，就用金盆把纸头盖起来，并对太子说："这是要任命的宰相的名字，你能不能知道他是谁？猜对了，就赏你一壶酒。"太子肃宗就说："不是崔琳、卢从愿吗？"玄宗说："是的。"随即打开金盆给他看，就赏他一壶酒。在当时，崔、卢二人都是众望所归可以当宰相的，玄宗早就想把他俩放在身边帮他处理国事，但因为宗族中人数太多势力太大，依附请托的人又多，所以到底不能任用。

韦无忝

韦无忝，唐长安（今陕西西安）人，生卒年不详玄宗时官侍郎左武卫大将军。他画走兽、鹰鹘十分精妙。开元、天宝年间，外国进献狮子，他画得十分逼真。相传以后在"兽苑"中把他所画的图展开时，百兽见之皆惊惧。他虽以画走兽著名，但也工于人物画。

韦无忝[1]

韦无忝侍郎，京兆人也，明皇时以画鞍马、异兽独擅其名。时人号称“韦画四足，无不妙也”。开元、天宝中，外国曾献狮子，既画毕，酷似其状。后狮子放归本国，惟画者在焉。凡展图观览，百兽见之皆惊惧。又明王射猎，一箭中两野猪，诏于玄武门写之[2]。传在人间，皆妙之极也。——《异兽图》后流落于人间，往往见之。今京都寺观之内，或有画处，凡攻马兽者，皆称妙极。

①韦无忝：选自唐朱景玄《唐朝名画录》。②玄武门：宫门名。汉在南宫，唐代在太极宫之北。

韦无忝侍郎，京都长安人，唐明皇时以画鞍马、异兽特别有名。当时人说“韦无忝画四只脚的野兽，没有不好的”。开元、天宝年间，外国曾经进献狮子，等到画了，十分相像。后来狮子回归本国，只有这张图画留在那里。只要打开这张图画来看，百兽见了都十分害怕。有一次唐明皇打猎，一箭射中了两只野猪，就叫韦无忝在玄武门画出来。流传在民间的，都说是最好也没有了。——《异兽图》后来流落到宫外，人们也常常能见到它。如今在京城里的寺庙和道观中，只要有韦无忝的画，那些专门画鞍马异兽的人，都称赞为极品。

郑 虔

郑虔，字弱齐。郑州荥阳（今属河南）人。生卒年不详。天宝初为协律郎，尝以当世事著书八十余篇，有人告以私撰国史罪，虔仓皇焚之，坐是谪官十年，玄宗爱其才，特置广文馆，授为博士。与李白、杜甫友善，称为郑广文。后迁为著作郎。工画山水，好书，尝自写其诗并画以献，玄宗大署其尾曰："郑虔三绝。"

柿叶学书①

郑虔好书，常苦无纸，遂于慈恩寺贮柿叶数屋②，逐日取以学书，岁久乃尽。

①柿叶学书：选自明张岱《夜航船》。②慈恩寺：古迹名。旧寺在陕西长安东南曲江北，宋时已毁，仅存雁塔。柿叶：宋苏颂《本草图经》："世传柿有七绝：一多寿，二多阴，三无鸟雀，四无虫蠹，五霜叶可玩，六嘉实，七落叶肥滑可以临书也。"

郑虔喜欢书法，常为无纸感到苦恼，于是就在慈恩寺里贮存了几屋子的柿叶，每天拿来练习书法，好久才用完。

宦途屯蹇[1]

郑虔亦工山水，名亚于（王）维，劝善坊吏部尚书王方庆宅院有虔山水之迹，为时所重。虔工书画，又工诗，故有“三绝”之目。而宦途屯蹇，终于台州司户焉[2]。

①宦途屯蹇：选自唐封演《封氏闻见记》。题目为译者所加。屯蹇：《易》屯卦和蹇卦并称。屯、蹇都是艰难困苦之意，后称挫折、不顺利为屯蹇。安禄山兵临长安，郑虔和张通、王维三个画家都来不及逃避。后他们以降敌嫌疑而被拘禁在宣阳里（杨国忠旧宅）。宰相崔员命他们画了好些壁画然后释放，郑虔被贬为台州司户参军。②司户：唐代官名。汉魏以下有户曹，主管民户，为郡之佐吏。

郑虔也擅长画山水，名声次于王维，劝善坊吏部尚书王方庆的住宅中有郑虔画的山水壁画，受到世人的青睐。郑虔善于书法绘画，还善于写诗，所以曾被唐玄宗称为“三绝”。但是在为官的道路上，他却艰难困苦，最后在浙江台州司户任上死去。

徐　浩

徐浩（703—782），字季海。唐越州会稽（今浙江绍兴）人。肃宗时授中书舍人，四方诏令多出其手。其祖师道昱益州九陇县尉、赠吏部侍郎，父峤之为银青光禄大夫、洛州刺史，都是当时著名书法家。受家庭熏陶，在少年时代就精于书法，善书八体而楷书为最。苏轼称其书法“徐家父子亦秀绝，字外出力中藏棱”。

怒猊渴骥①

唐徐浩书《张九龄告身》②，多渴笔，谓枯无墨也，在书家为难。世状其法如怒猊决石③，渴骥奔泉。

①怒猊渴骥：选自明张岱《夜航船》。本条见《新唐书》。②告身：委任官职的文凭。③猊：狮子。决：也作抉，跑踢之意。

唐代徐浩写《张九龄告身》，多用枯干的笔写，看似枯干无墨，在书法家却是一桩难事。世人评论其技法像“怒猊抉石，渴骥奔泉”。

戴　嵩

戴嵩，唐代画家。韩滉镇守浙西，嵩为巡官。师滉，擅画田家、川原之景。写山泽水牛尤为著名，与韩幹画马并称“韩马戴牛”。

戴嵩牛①

戴嵩善画牛。画牛之饮水，则水中见影。画牧童牵牛，则牛瞳中有牧童影。

①戴嵩牛：选自明张岱《夜航船》。

戴嵩擅长画牛。画饮水的牛，水里有着牛的倒影。画牧童牵着的牛，牛的眼珠中有着牧童的影子。

怀　素

怀素（725—785），字藏真，俗姓钱。

玄奘弟子。唐长沙（今湖南长沙）人。性灵豁畅，狂放不羁，草书绝妙，为世所珍，与张旭并称“颠张狂素”。曾漆一盘、板一块，以水代墨于上临书，书之再三，盘、板皆穿，经长期精研勤学，秃笔成堆，埋于山下，名“笔冢”。好饮酒，一日九醉，酒酣兴发，于寺壁里墙、衣裳、器皿，无不书之。时人谓之“醉僧”“醉素”。

绿天庵[1]

怀素喜学书，种芭蕉数万株，取其叶以代纸，号其所曰“绿天庵”。

①绿天庵：选自明张岱《夜航船》。本条事又见《清异录》。绿天庵，在今湖南零陵县东门外；又为怀素之号。

怀素喜欢学习书法，种芭蕉数万棵，拿它的叶子当纸用，因此把住所叫作“绿天庵”。

夏云随风[1]

怀素观夏云随风，顿悟笔意。翟院深见浮云在空，宛若奇峰绝壁，可为画范。夫云在天边，人接于目，则一悟笔意，一

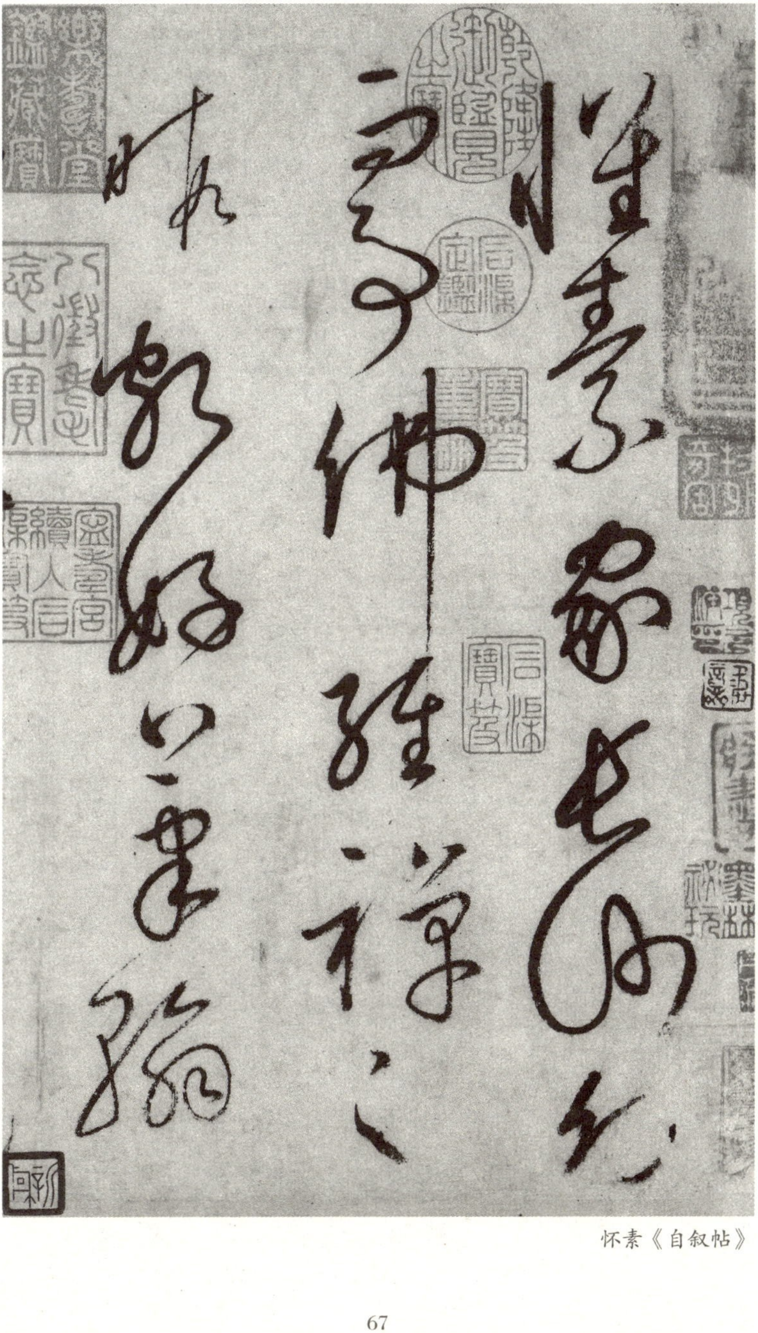

怀素《自叙帖》

为画范。眼前景致，人都不解。领取会心，岂在远耶？

①夏云随风：选自清金埴《不下带编》。题目为译者所加。

怀素看到夏云随风飘动，就立即领会到写字运笔的道理。翟院深（宋人）看见天空的云彩，就觉得宛似奇峰绝壁，以为可以作为画谱。云远在天边，人见了它，有的悟出笔意，有的当作画谱。近在眼前的景致，人都不能理解。心领神会的关键，难道就在于距离远吗？！

张　旭

张旭，字伯高。生卒年不详唐吴（今江苏苏州）人。初为常熟尉，后任左率府长史。人称张长史。骜放不修，嗜酒，与李白、贺知章、李适之、李琎、崔宗之、苏晋、焦遂为“酒中八仙”。精书法，草书绝妙，有“草圣”之称，为后世学草书之楷模。时称“张颠”，与怀素并称“颠张狂素”。

张旭[①]

张长史释褐为苏州常熟尉[②]，上后旬日，有老父过状，判

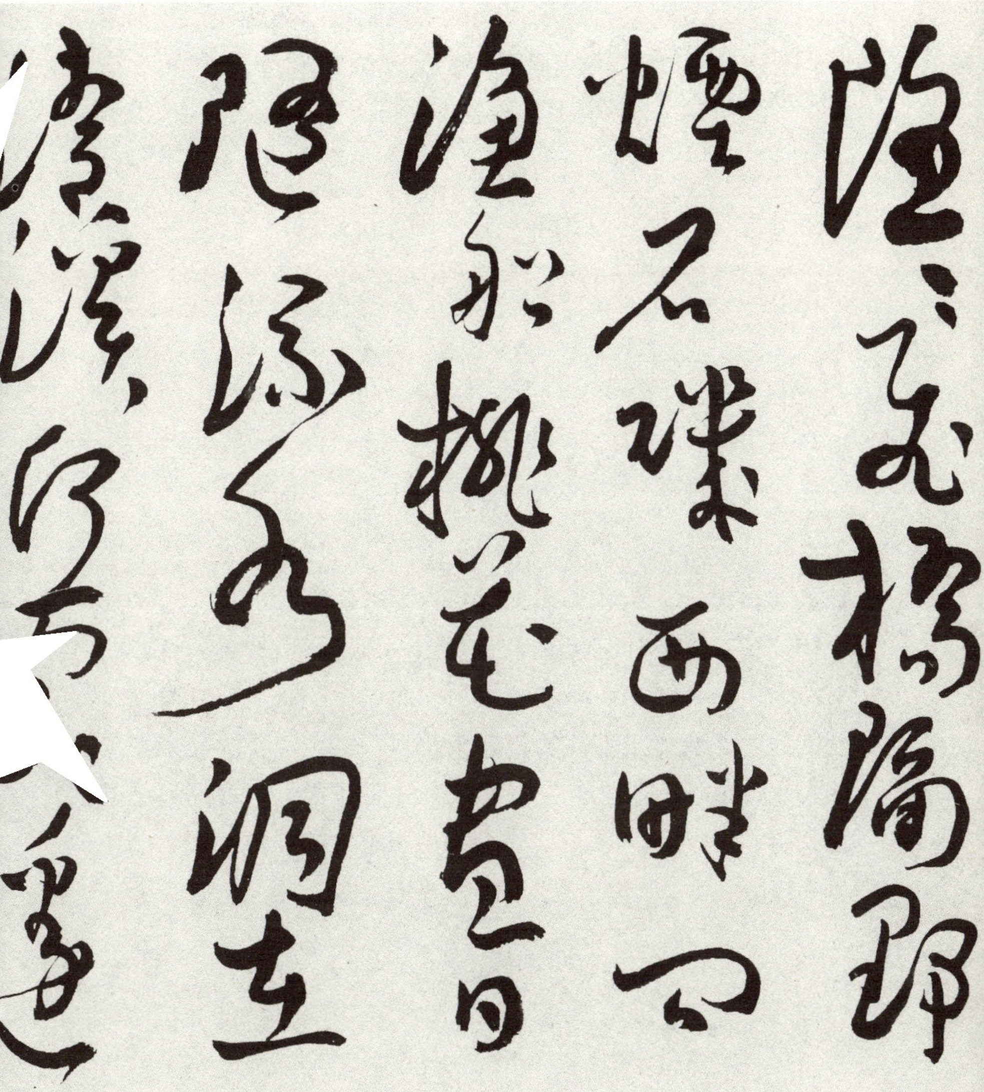

张旭《桃花溪》

去，不数日复至，乃怒而责曰："敢以闲事屡扰公门！"老父曰："某实非论事，但观少公笔迹奇妙[③]，贵为箧笥之珍耳。"长史异之，因诘其何得爱书。答曰："先父爱书，兼有著述。"长史取视之，曰："信天下工书者也。"自是备得笔法之妙，冠于一时。

①张旭：选自唐张固《幽闲鼓吹》。②长史：官名。张旭后任长史。释褐：谓脱去布衣，换着官服。即做官之意。③少公：县尉的别称。

张旭升官后，担任苏州府属常熟县尉，上任后十天，有一个老头儿来告状，判决后走了。不到几天他又来了，张旭就恼火斥责道："胆敢拿无关紧要的事来扰乱公门！"老头儿说："我实在并非有什么事要禀告，只是想看看少公奇妙的书法，可当作珍品收藏在竹筒箱中而已。"张旭感到奇怪，就问他怎么会爱上书法的。老头儿回答道："我的父亲很喜欢书法，他还有著作。"张旭拿来一看，说："真的是个书法家呀！"从此之后，他完全掌握了书法的要诀，成了书法界的权威。

草圣章贤[①]

唐张旭善草书，饮酒大醉，呼叫狂走，或以发濡墨而书，人称之草圣。崔瑗善章草[②]，人称之章贤。

①草圣章贤：选自明张岱《夜航船》。本条见《新唐书》。②崔瑗：字子玉。崔骃子。东汉涿郡安平人。章草：为流行于东汉的一种草书。相传为汉黄门令史游所作。解散隶体，而保留隶书的波磔，字不连写，可以用于章奏，故称章草。

唐代的张旭善于作草书，酒喝得酩酊大醉，狂奔乱叫，有时竟拿头发蘸了墨汁写字，人们称他为“草圣”。崔瑗擅长作“章草”，人们称他为“章贤”。

杨惠之

杨惠之，唐吴郡（今苏州）人。生卒年不详。玄宗时他和吴道玄同时学梁张僧繇的笔法，“号为画友，巧艺兼著”。后吴道玄画名显著，惠之就“焚笔弃砚”，努力钻研雕塑，终于把僧繇绘画的风格运用到雕塑方面，因而在艺术界获得和吴道玄并驾齐驱的地位。当时人说：“道子画，惠之塑，夺得僧繇神笔路。”

藏拙与争奇[①]

杨惠之与吴道子同师，道子画成名，乃转而为塑。（惠子以塑像著于唐。）张南本与孙位共学[②]，位画水得誉，乃转而画火。二人不但藏拙[3]，且可争奇。凡为文者，必能与人争奇，则自开生面，方为哲匠、生龙[4]。

①藏拙与争奇：选自清金埴《不下带编》。题目为译者所加。②张南本：原籍不详。唐僖宗中和间居四川成都。他初和孙位学画山水，两人技法不相上下，后南本“以为同能不如独胜”，就转而研究画火，成为画火专家。相传他曾在成都金华寺大殿上画《八明王像》壁画，有一远来和尚，到大殿行礼拜佛，抬头看到满殿的火光，就几乎吓倒在地。他还画《辟支佛像》，也是全身火焰围绕，使人看了惊心动魄。孙位：唐会稽（今浙江绍兴）人，后改名遇。僖宗因黄巢起义而逃避到四川，孙位也从长安去四川。他为人旷达疏放，喜和“幽人雅士”以及僧道们往来，虽好饮酒但未尝沉醉。孙位不仅善画水，更长于画鬼神、人物。僖宗光启年间，他曾在四川的应天寺、昭觉寺画《龙水》《墨竹》《松石》和《天王像》等壁画。据宋黄休复说，《龙水》是“龙拏水汹千状万态，势欲飞动”，松竹是“笔精墨妙，雄壮气象”，而两寺天王部众是“人鬼相杂，矛戟鼓吹，纵横驰突，交加戛击，欲有声响。鹰犬之类，皆三五笔而成，弓弦斧柄之属，并掇笔而描，如从绳而正矣。”③藏拙：掩己拙劣，不以示人。④生龙：犹“生龙活虎”。

杨惠之与吴道子同是一个师父，道子学画出了名，惠之就转而学习雕塑（惠之以塑像著称于唐代）。张南本与孙位同时学习画水，孙位学水出了名，张南本就转而学习画火。杨张二人不仅能够藏拙，还能发挥各自的优势。凡是从事文艺的人，必定要与人争奇斗胜，别开生面，这样才能成为贤哲巨匠、活灵活现。

侍女尤佳[1]

慧聚寺有毗沙门天王像[2]，形模如生，乃唐杨惠之所作。惠之初学画，见吴道子艺甚高，遂更为塑工，亦能名天下。徐稚山侍郎以此像得塑中三昧[3]，尝纪其事，谓其旁二侍女尤佳，且戒后人不可妄加涂饰。近为一俗工修治，遂失初意。

①侍女尤佳：选自宋龚明之《中吴纪闻》。题目为译者所加。②毗沙门：即北方天王毗沙门（多闻主）。天王：即四天王。佛经称帝释的外将，住须弥山四边，各护一方，因此也叫护世四天王。即东方天王多罗咤（治国主）、南方天王毗琉璃（增长主）、西方天王毗留博叉（杂语主）、北方天王毗沙门（多闻主）。③三昧：奥妙，诀窍。

慧聚寺里有毗沙门天王像，形状跟活的一样，是唐朝的杨惠之塑造。惠之先是学习绘画，看到吴道子技术高超，就改学雕塑，也能名扬四海。徐稚山认为这座塑像能够达到雕塑的最高境界，曾记录了这件事，说它旁边的两个侍女塑得更好，而且告诫后人不可随便加以涂抹。近来遭到一个粗俗工人的修理，就失去了原来的样子。

韩　幹

韩幹，唐蓝田（今陕西蓝田）人。少年时家境穷苦，在酒店里做小伙计。这时，王维住在蓝田辋川，韩幹时常送酒给他。一次，韩幹到王家收酒账，等了许久，觉着无聊，就用碎石块在地上刻画些人马来消遣。王维看见了，认为韩幹具有绘画天才，就每年供给他铜钱两万，叫他专心学习绘画。十多年后，韩幹果然成了擅长人物、鞍马、神像、佛像的著名画家。

画马[①]

唐明皇令韩幹观御府所藏画马，幹曰："不必观也，陛下厩马万匹，皆臣之师。"李伯时工画马，曹辅为太仆卿，大仆廨舍国马皆在焉，伯时每过之，必终日纵观，至不暇与客语。大概画马者，必先有全马在胸中。若能积精储神，赏其神俊，久久则胸中有全马矣，信意落笔，自然超妙，所谓用意不分乃凝于神者也。山谷诗云："李侯画骨亦画肉，笔下马生如破竹。""生"字下得最妙，盖胸中有全马，故由笔端而生，初非想像模画也。东坡《文与可竹记》云："竹之始生，一寸之萌耳，而节叶具焉。自蜩腹蛇蚹以至于剑拔十寻者，生而有之也。今画者节节而为之，叶叶而累之，岂复有竹乎！故画竹必先得成竹于胸中，执笔熟视，乃见其所欲画者，急起从之，振笔直遂，以追其所见，如兔起鹘落②，少纵则逝矣。”坡公善于画竹者也，故其论精确如此。

①画马：选自宋罗大经《鹤林玉露》。②兔起鹘落：如兔的跃起，如鹘的冲下，极言行动敏捷。也用以比喻书画家用笔的矫健敏捷。

唐明皇叫韩幹看皇家所藏的画马图，幹说：“不必看，陛下马厩中的马有上万匹，都是我的老师。”李伯时善于画马，曹辅任太仆卿，太仆官衙马厩中公家的马都关在那里，伯时每次从那里经过，都要长时间地逗留观看，甚至没有时间理会身边的友人。大概画马的人，必须先有整匹马在心里。如果

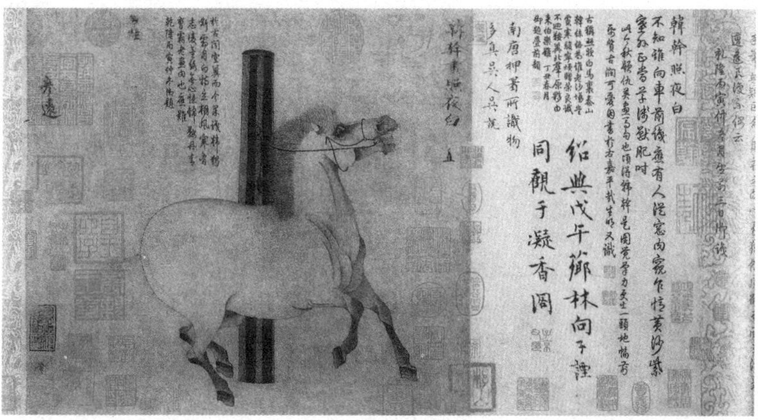

韩幹《夜照白图》

能聚精会神，观赏到它的精神风采，久而久之，心中就会留下整匹马的形象，如此信手落笔，自然格外美妙，所谓注意力集中，才能专心致志。山谷有诗云："李侯画骨亦画肉，笔下马生如破竹。""生"字用得最好，因为心中有"全马"，所以能由笔端而生，本来不是凭想象描画出来的。东坡在《文与可竹记》中说："竹刚长出来时，只有寸把长一个芽头，却已经有了竹节竹叶。从蝉腹蛇跗那样的小东西到剑拔弩张的十丈长的巨竹，都是天生而成的呀。如今的画家一节节地画，一叶叶地加上去，难道还像是竹吗？所以画竹必须先有整株竹在脑子里，执笔凝注，就会看见所要想画的（竹），这时要赶快跟上去，拿起笔就画，像兔起鹘落那样迅速将所想见的勾勒下来。否则，灵感会稍纵即逝的！"东坡先生是善于画竹的人，所以他的议论就这样精确。

画地为人马[①]

道政坊宝应寺。韩幹，蓝田人。少时常为贳（shì）酒家送酒[②]，王右丞兄弟未遇，每一贳酒漫游，幹常征债于王家。戏画地为人马，右丞精于丹青，奇其意趣，乃岁与钱二万，令学画十余年。今寺中释梵天女[③]，悉齐公妓小小等写真也[④]。寺有韩幹画下生帧弥勒，衣紫袈裟，右边仰面菩萨及二师子，犹入神[⑤]。

①画地为人马：选自唐段成式《酉阳杂俎》。题目为译者所加。②贳：赊欠。③释：僧曰释，佛教亦称释教。梵天：佛经有梵众天，

为梵民所居；大梵天，为梵王所居。统称梵天。④齐公：齐映，唐皎弟，一作暎。善画山水。雅正好学。举进士，中博学鸿词，补河南府参军事。德宗幸奉天，授御史中丞。贞元中累官中书侍郎。封河间县男。与崔造、刘滋并辅政。后被劾坐贬。历桂管、江西观察使。卒谥忠。⑤犹：通“尤”。

道政坊有个宝应寺。韩幹，陕西蓝田人。少年时常替卖酒家送酒，王维兄弟未发达时，每次出游都来贳酒，韩幹到王家讨债。喜欢在地上画画人物和马。王维精通绘画，对韩幹那么喜欢绘画感到奇怪，就每年给他铜钱两万，叫他学画十多年。现在寺里有佛教梵天女的画像，都是齐映家的家妓小小等的写真。寺里有韩幹画的一幅弥勒佛，穿着紫色的袈裟，右边仰着头的菩萨和两只狮子，尤其出神入化。

李　至

李至，唐代人。生平不详。

画牛隐见[①]

唐太宗时，李至献画牛，昼则啮草栏外，夜则归卧栏中，莫晓其故。僧赞宁曰：“此幻药所画。倭国有蚌泪[②]，和色著物，昼见夜隐。沃焦山有石[③]，磨色染物，昼隐夜见。”

①画牛隐见：选自明张岱《夜航船》。②蚌泪：蚌内分泌的液体。传说以大蚌含胎结珠未就如泪者，沥取和色，用以作画，欲日见者于日中画，欲夜见者于月下画。③沃焦山：即岷山，见《华阳国志》。

唐太宗时，李至献上一幅画牛图，白天看牛在栏外吃草，夜里看牛在栏内躺着，不明白这是什么道理。和尚赞宁说："这是用一种奇怪的药水画成。日本国有一种蚌泪，调成颜色画成图画，白天显现，夜里隐没。沃焦山有一种石头，磨了粉调成颜色，白天隐没，夜里显现。"

张志和

张志和（732—774），字子同，初名龟龄。唐婺州（今浙江金华）人。年十六擢明经，肃宗时待诏翰林，授左金吾卫录事参军。曾被贬为南浦尉，赦还后不复仕，隐居江湖，自称烟波钓徒。著《玄真子》，也以此自号。善歌词，能书画、击鼓、吹笛。与颜真卿、陆羽等友善。

烟波子[1]

张志和或号曰烟波子，常渔钓于洞庭湖。初，颜鲁公典吴兴[2]，知其高节，以《渔歌》五首赠之。张乃为卷轴，随句赋象，人物、舟船、鸟兽、烟波、风月，皆依其文，曲尽其妙，为世之雅律[3]，深得其态。

①烟波子：选自唐朱景文《唐朝名画录》。题目为译者所加。②典：掌管。③雅律：高雅的榜样。

张志和或者叫烟波子，时常在太湖里钓鱼。当初，颜鲁公真卿任吴兴太守，知道志和为人高尚有节操，就把五首《渔歌子》词送给他。志和就把它画成图画，根据词句配上图像，有人物、舟船、鸟兽、烟波、风月，都按照原文，婉转曲折地画出了它们的好处，被世人看作高雅的榜样，极大地受到尊重。

陈　闳

陈闳（宏），唐会稽（今浙江绍兴）人。他是当时马专家曹霸的弟子，玄宗时为御前供奉。玄宗祭祀泰山回京时经过潞州金桥，看到

“数十里旗旌严洁，羽卫整饬”，十分得意，就命陈闳和吴道玄、韦无忝把当时的情景描写下来。这幅三位著名画家合作的《金桥图》，当时人称为“三绝”。画中主题人物玄宗骑着爱马“照夜白”的形象，就是由陈闳担任的。

传写兼工人物、鞍马[①]

陈闳，会稽人，为永王府长史。传写兼工人物、鞍马，其得意处，辈流见之，莫不敛衽（rèn）。开元中，明王召入供奉，每令写御容，妙绝当时。又尝于太清宫写肃宗，不惟龙颜凤姿[③]，日角月宇之状逼真，而笔力英逸，真与闫立本并驰争先。故一时人多从其学。韩幹亦以画马进，明皇怪其无闳笔法，使令师之。其器重故可知也。今御府所藏十有七。

①传写兼工人物、鞍马：选自《宣和画谱》。题目为译者所加。②敛衽：整饬衣襟，表示敬意。③龙颜凤姿：与下句“日角月宇”相同，都是过去描写帝王长相高贵的套语，无非是说他长得与众不同而已。

陈闳，浙江会稽人，任永王府长史。画肖像同时也画人物、鞍马，他画得最称心的，同行见了，没有不表示佩服的。开元年间，唐明皇召他进宫为官，常叫他为自己画像，都十分满意。还曾经在太清宫替肃宗画像，不仅龙颜凤姿、日角月宇的形状逼真，而且笔力优异洒脱，真可以与闫立本并驾齐驱。所以当时人都跟着他学。韩幹也以画马向皇上进献，唐明皇责怪他没有陈闳的笔法，就叫他去向陈闳学习。他受到的器重可想而知。如今他的画十有七八收藏在皇宫的仓库里。

薛　涛

薛涛（768—832），字洪度。唐长安（今陕西西安）人。本良家女，随父郧宦蜀。父卒后，因家贫而入乐籍。熟谙音律，工诗词。韦皋镇蜀，召其侍酒赋诗，称女校书，出入幕府，经十一镇，皆以能诗受知。与其唱和者有元稹、白居易、杜牧等，皆当世诗人名士。晚年居成都浣花溪，着女冠服。太和中卒，段文昌为撰墓志，题曰“四川校书薛洪度之墓”。

薛涛笺[①]

薛涛本长安良家女。父郧（yún），因官寓蜀而卒。母孀，养涛及笄（jī）[②]，以诗闻外，又能扫眉涂粉，与士族不侔。客有窃与之宴语。时韦中令皋镇蜀，召令侍酒赋诗，僚佐多士为之改观。期（jī）岁[③]，中令议以校书郎奏请之[④]，护军曰[⑤]：“不可。”遂止。涛出入幕府，自皋至李德裕，凡历事十一镇，皆以诗受知。其间与涛唱和者，元稹、白居易、牛僧孺、令狐楚、裴度、严绶、张籍、杜牧、刘禹锡、吴武陵、张祜，余皆名士，记者凡二十人，竞有酬和。涛侨止百花潭，躬撰深红小彩笺，裁书供吟，献酬贤杰，时谓之“薛涛笺”。晚岁居碧鸡坊，创吟诗楼，偃息于上⑥。后段文昌再镇成都⑦，太和岁涛卒，年七十三，文昌为撰墓志。

①薛涛笺：选自明陈耀文《天中记》。题目为译者所加。②及笄：以簪结发如成人相当于男子之冠礼。古代女子已许婚者十五而笄，二十而嫁；未许婚者，二十则笄。古代女子一般十五岁许婚，结发上笄簪，故称女子年满十五为及笄。笄，古代束发用的簪子。③期岁：一年。④中令：中书令省称。⑤护军：官名。⑥偃息：退隐安卧。⑦段文昌（773—835）：字墨卿，一字景初，其先为齐州临淄人，世居荆州。疏爽任义节。韦皋荐之为校书郎，拜监察御史，迁祠部郎中加知制诰。穆宗时，拜中书郎平章事。后授四川节度使，同中书门下平章事，治尚宽静。著有文集三十卷、《诏诰》二十卷、《食经》五十卷。

薛涛原是长安清白人家的女儿。父亲薛郧到四川做官死在那里。母亲守寡，把薛涛养到十五岁。因为能够写诗被外人所知，又喜欢梳妆打扮，与读书人家的子女不同。有人想跟她接近说悄悄话。当时韦皋镇守四川，就叫薛涛来陪酒写诗，手下的属员都对她改变了看法。一年后，韦皋想以校书郎的名义向朝廷申报，护军说：“这不妥当。”这事就作罢。薛涛常出入于幕府，从韦皋到李德裕，一共经过十一个长官，都因为她能写诗受到尊重。其中与薛涛唱和的有元稹、白居易、牛僧孺、令狐楚、裴度、严绶、张籍、杜牧、刘禹锡、吴武陵、张祜，其他还有别的知名人士，记得一共有二十人，都争着要与她唱和。薛涛侨居在百花潭，亲手制作了深红色的小笺，用来吟诗书字，赠送给那些名士长官，当时人称它为“薛涛笺”。晚年住在碧鸡坊，建造了吟诗楼，退隐后安住在上头。后来段文昌再次镇守成都，太和年间薛涛去世，享年七十三岁，文昌还为她写了墓志铭。

薛涛作字[①]

（薛涛）作字无女子气，笔力峻激。其行书妙处，颇得王羲之法，少加以学，亦卫夫人之流也[②]。每喜写己所作诗语，亦工，思致俊逸[③]，法书警句[④]，因而得名。

①薛涛作字：选自《宣和书谱》。题目为译者所加。②卫夫人（272—349）：晋河东安邑人。即卫铄，字茂猗，卫恒的侄女，汝阴太守李矩之妻，世称卫夫人。工书，隶书尤善，师钟繇。王羲之少时，曾从之学书。③俊逸：俊美洒脱，不同凡俗。④法书：指名家的书法，或对别人书法的美称。

（薛涛）写字无女子气，笔力严峻激越。她写行书的好处，颇有王羲之的笔法，如果再加以努力，也是卫夫人一类人物。常喜欢写自己所作的诗词，颇为工整，思想情趣俊美洒脱，不同凡俗。书法警句，非常出名。

钟离权

钟离权，号和谷子，一号真阳子，又号云房先生。唐咸阳人。生而奇异，美髯俊目，身长八尺余。遇老人授仙诀。又遇华阳真人、上仙王玄甫，传道入崆峒山。后仙去。（按钟离权与吕洞宾同时，尝自称天下都散汉钟离权。见《宣和画谱》。）

钟离草书①

淳熙十一年，溧阳仓斗子坐盗官米黥配②，而籍其家，得草书二轴，题云“庚申岁书”，其名权花押，正如一剑之状，盖钟离翁也。词云：“露滴兰芽玉满畦，闲抛象屐到峰西。但令心似莲花净，何必身将槁木齐。古堑细香红树老，半峰残雪白猿啼。虽然不是桃源洞，春至桃花亦满蹊。”李粹白跋曰：“字画放逸，有翔龙舞凤之势，脱去寻常蹊径，飘然神仙风度也。”真本藏建康府治军资库。一作唐僧贯休诗，见《弘秀集》。

①钟离草书：选自明焦竑《焦氏笔乘》。题目为译者所加。焦

竑（1540—1620）：字弱侯，又字从吾，号澹园，亦称漪园，原籍山东日照，祖上在明初以军功封副千户，隶籍南京旗手卫，遂世为南人。焦竑自幼敏慧好学，做诸生时文章和学问就出了名。二十四岁中举，四十九岁中了状元，任翰林院修撰，迁升东宫讲读官。主要著作有《澹园集》《国朝献征录》《国史经籍志》《玉堂丛语》《焦氏笔乘》等。②斗子：管仓库的吏役。

淳熙十一年（1184），溧阳仓库保管员盗窃官米遭到流放，抄家时找到草书两幅，写着“庚申岁书”四个字，用草书签署的“权”字，就像一把宝剑的样子，当是钟离翁之作。诗云：“露滴兰芽玉满畦，闲抛象屐到峰西。但令心似莲花净，何必身将槁木齐。古堑细香红树老，半峰残雪白猿啼。虽然不是桃源洞，春至桃花亦满蹊。”李粹白在《跋》中说：“字画放逸，有翔龙舞凤之势，脱去寻常蹊径，飘然神仙风度也。”真本藏在建康（今南京市）府治军资仓库中。又有人以为这是唐朝和尚贯休的诗，见《弘秀集》。

董　源

董源，字叔达。钟陵（今南京）人。南唐中主时，任职北苑副使。他和李成、范宽被称为“照耀古今，百世师法”的典型画家。董源除了擅长山水画以外，还擅长画龙以及牛虎等。如画牛、虎等动物是“肌肉丰混，毛毳轻浮，具足精神，脱略凡格”。画龙是“降升自如，出蛰离洞，戏珠吟月，而自有喜怒变态之状，使人可以遐想”。董源对于中国绘画的另一突出贡献是“光”的表现。相传南唐中主有一次坐在碧落宫里，召当时的宰相冯延巳前来议论政务，冯氏来到宫门口，徘徊迟疑，不敢走进，说是有一位穿青红锦袍的宫娥，正当着宫门站立。中主叫人查看，却是八尺琉璃屏上，董源画的古代美人夷光的肖像。这可以说明董源是如何善于运用光影来构成具有立体感的真实动人的人物形象。

董源与巨然[①]

江南中主时，有北苑使董源善画，尤工秋岚远景，多写江南真山，不为奇峭之笔。其后建业僧巨然祖述源法，皆臻妙理。大抵源及巨然画，其用笔甚草草，近视之几不类物象，远观则景物粲然，幽情远思，如睹异境。如源画《落照图》，村落杳然深远，悉是晚景，远峰之顶，宛有返照之色，此妙处也。

①董源与巨然：选自明焦竑《焦氏笔乘》。题目为译者所加。

南唐中主李璟时，有北苑使董源善于作画，尤其擅长画秋山远景，多画江南的真山，不爱用奇特的笔法。后来有建业（今南京）僧巨然继承他的画法，都达到高超的地步。大概董源和巨然的画，用笔都很粗糙，近看时几乎不像景物，远看时才发现它们的美妙，幽情遐想，使人如入奇境。如董源画的《落照图》，村落昏暗深远，全是傍晚的景色，远处的山巅上却似有落日的余晖，这就是它的美妙之处。

周　昉

周昉，唐长安（今陕西西安）人。字仲朗，一作字景元，为宣州长史。能写文章，善于画道释人物、仕女，“衣裳劲简，彩色柔丽”，被称作神品。为人谦虚谨慎，所以作画能兼取各家之长。特别擅长描画贵族妇女生活。他所画的妇女都是“秾丽丰肥”。这固然是由于他本身是贵公子，经常见到的“贵而美者”来作为他描写的对象。更主要的是与社会风气、群众审美观点有关。如董逌所解释：“此固唐世所好，尝见诸说，太真妃丰肌秀骨，今见于画亦肌胜过骨；昔韩公（韩愈）言‘曲眉丰颊’，便知唐人所尚以丰肌为美。”

虚心①

唐周昉善属文，穷丹青之妙，多游卿相间，贵公子也。兄皓，善骑射，随哥舒翰征吐蕃[2]，收石堡城，以功为执金吾[3]。德宗建章明寺，召皓云："闻卿弟善画，欲使之画章明寺壁，卿特为言之。"又经数月再召之，昉乃就事。落成之际，都人士庶观者以万数，其间鉴别之士，有称其善者，或指其瑕者，昉随日改定。月余是非语绝，无不叹其神妙。

①虚心：选自宋郭若虚《图画见闻志》。题目为译者所加。②哥舒翰：唐突骑施酋长哥舒部之裔，世居安西。初为王忠嗣部将。因战功封西平郡王。安禄山起兵，起用为元帅，出战不利，遂降禄山，不久被杀。③执金吾：官名。金吾为两端涂金的铜棒。此官执之以示权威。

唐代的周昉善于写文章，又深得绘画的奥妙；他结交的大部分是当时的王公大臣，自己也是个出身高贵的公子。他的哥哥名皓，擅长骑马射箭，跟着大将军哥舒翰征讨吐蕃，收复石堡城，因为作战有功，在宫廷里担任执金吾的官职。德宗皇帝建造章明寺，召唤周皓来说："听说你的弟弟很会画画，我想要他给章明寺画壁画，你替我对他说说。"过了几个月再来召唤，昉才答应去画。章明寺落成那天，京城里的官员百姓都来参观，成千上万。其中具有鉴别能力的人，有的说画得好的，有的指出它的缺点，昉逐日加以修改。一个多月以后，就再听不到指摘的话，无人不赞叹画得高超美妙。

二画皆似，后画者为佳[①]

郭汾阳婿赵纵侍郎[②]，尝令韩幹写真[③]，众称其善。后复请昉写之。二者皆有能名。汾阳尝以二画张于坐侧，未能定其优劣。一日赵夫人归宁，汾阳问曰："此画谁也？"云："赵郎也。"复问："何者最似？"云："二画皆似，后画者为佳。盖前画者空得赵郎状貌，后画者兼得赵郎情性笑言之姿尔。"后画者乃昉也。汾阳喜曰："今日乃决二子之胜负。"于是令送锦彩数百匹以酬之。

①二画皆似，后画者为佳：选自宋郭若虚《图画见闻志》。题目为译者所加。②郭汾阳：即郭子仪。唐代名将，后封为汾阳郡王。③韩幹：唐玄宗时画家，以画马闻名。

郭子仪的女婿赵纵侍郎，曾经叫韩幹画了一幅肖像，大家都说画得很好。后来又请周昉画了一幅。韩幹与周昉在当时都是有名的画家。郭子仪拿两幅画挂在座位旁边，不知道谁的技巧高明。有一天，他的女儿赵夫人回娘家来，郭子仪问她："这两幅画画的是谁？"说："赵郎呀。"又问："哪一幅画得像？"说："两幅都像，不过后一幅更好。因为前一幅只画出了赵郎的形状外表，后一幅还同时画出了赵郎的性格和音容笑貌。"所谓后一幅，就是周昉画的。郭子仪高兴地说："今天才评出二个画家的胜负来。"于是就吩咐家人送彩缎几

周昉《仕女图》

百匹给周昉，算是对他的酬劳。

画仕女[1]

仕女之工，在于得其闺阁之态[2]。唐周昉、张萱，五代杜霄、周文矩，下及苏汉臣辈，皆得其妙，不在施朱傅粉、镂金佩玉以为工[3]。

①画仕女：选自明张岱《夜航船》。仕女，画家画的美人。②闺阁之态：指有才情、富贵人家的女子的姿态。③镂金：精工制作的金银首饰。

美女画要画得好，在于把闺阁女子的才情姿态画出来。唐朝的周昉、张萱，五代的杜霄、周文矩，以及后来的苏汉臣这些人，都能得到其中的奥妙，而不是施朱傅粉、镂金佩玉就好。

杨契丹

杨契丹，隋代人，乡贯不详。官至上仪同（一作参军），善画佛像、人物故实。评论家说“其六法颇该，殊丰骨气，山东体制，允属伊人”。他的卷轴作品，在唐代流传的有《隋朝正会》《幸洛阳》《贵戚游宴》《杂佛变》及《豆庐宁像》等。又曾在长安宝刹寺画有《佛涅槃变》和《维摩变》等佛教故事的壁画。

是吾画本[①]

昔田（僧亮）、杨（契丹）与郑法士同于京师光明寺画小塔，郑图东壁、北壁，田图西壁、南壁，杨画外边四面，是称“三绝”。杨以簟蔽画处，郑窃视之，谓杨曰：“卿画终不可学，何劳障蔽。”杨特托以婚姻，有对门之好[②]。又求杨画本，杨引郑至朝堂，指宫阙衣冠车马曰：“此是吾画本也[③]。”由是郑深叹服。

①是吾画本：选自唐张彦元《历代名画记》。题目为译者所加。②对门之好：犹门当户对，十分相配。③此是吾画本也：这句话是说，我并没有画谱，只是取法于实物罢了。

从前，田僧亮、杨契丹与郑法士一起在长安光明寺为小塔作壁画，郑画塔内东面、北面两堵墙壁，田画西面、南面两堵墙壁，杨画塔外面四堵墙壁，当时被人称为“三绝”。杨在作画时用竹席把画处遮盖起来，郑偷偷地观看，对杨说：“老兄的画终归是别人学不来的，何必费心遮遮盖盖。”杨因此同郑缔结子女婚姻，成了很要好的亲戚。另外，郑法士要求看杨契丹的画谱，杨把他带到皇宫里，指着宫阙、衣冠、车马说：“这就是我的画谱啊！”从此以后，郑对杨非常佩服。

黄　筌

黄筌（？—965），字要叔。五代前蜀成都人。自幼具有绘画天才，十七岁被蜀主王衍（？—926）任为翰林待诏，后蜀孟昶时任检校少府监，赐紫金鱼袋。唐末天复间（901—904），花鸟画家刁光胤避难到四川，黄筌拜他为师，学花鸟竹石。以后又学滕昌祐花竹，李昇的山水竹树，孙位的龙水、松石、墨竹，薛稷的鹤，集诸家之善，无不精妙。所作花鸟画，与江南布衣徐熙齐名，并称“黄徐”。

画钟馗①

昔吴道子画钟馗，衣蓝衫，鞹一足，眇一目，腰笏巾首而蓬发，以左手捉鬼，以右手抉其鬼目。笔迹遒劲，实绘事之绝格也。有得之以献蜀主者，蜀主甚爱重之，常挂卧内。一日召黄筌，令观之，筌一见称其绝手。蜀主因谓筌曰：“此钟馗若用拇指掐其目，则愈见有力，试为我改之。”筌遂请归私室，数日看之不足，乃别张绢素画一钟馗，以拇指掐其鬼目。翌日并吴本一时献上，蜀主问曰：“向止令卿改，胡为别画？”筌曰：“吴道子所画钟馗，一身之力，气色眼貌，俱在第二指，不在拇指，以故不敢辄改也。臣今所画，虽不逮古人，然一身之力，并在拇指，是敢别画耳。”蜀主嗟赏之，仍以锦帛鋈器[②]，旌其别识。

①画钟馗：选自宋郭若虚《图画见闻志》。题目为译者所加。②鋈器：涂以金银的器具。

从前吴道子画钟馗像，钟馗穿蓝色衣衫，一只脚穿皮靴，一只眼睛眯着，腰里插朝笏，头上裹巾帕，头发蓬松；他用左手抓鬼，右手掐鬼的眼珠。笔势强健有力，的确是绘画中的杰作。有人得到这幅画，拿去奉献给蜀主，蜀主非常喜欢、珍重这幅画，常常把它挂在寝室里。有一天，蜀主召见黄筌，让他看吴道子的这幅钟馗像，黄筌一见称赞了不得。蜀主就对黄筌说：“这个钟馗如果用大拇指掐鬼的眼珠，就显得更加有力，你替我改一下。”黄筌要求把画拿回家去，看了几天都看不够，于是就准备白绢另外画了一个钟馗，用大拇指掐鬼的眼珠。第二天，黄筌把自己画的同吴道子画的钟馗像一起献给蜀主。蜀主问他：“前些日子我只叫你改动一下，为什么要另外画一幅？”筌说：“吴道子画的钟馗，全身的力量，还有神情眼色，都集中在食指上，不在大拇指，所以不敢乱改动。我现在画的，虽然比不上吴道子，只是全身的力量都集中在大拇指上，所以敢另外画一幅。”蜀主听了黄筌的话，不禁赞叹，仍旧赏赐给他绸缎、银器，表扬他有这种高明的见解。

李阳冰

李阳冰，字少温，一作仲温。唐赵郡（今河北赵州）人。李白从叔，宝应元年为当涂令，白晚年依冰阳以终。白没，编白诗并为作序。后为将作少监。擅长篆书，笔致清峻，学秦李斯而能独创一格，有碑刻《恬亭铭》等。刊定《说文》三十卷，已佚。

碧落碑[①]

绛（jiàng）州有碑[②]，篆字与古文不同，颇为怪异。李阳冰见而寝处其下[③]，数日不能去。验其文是唐初，不载书者姓名，碑上有“碧落”二字，人谓之碧落碑。

①碧落碑：选自唐李肇《国史补》。题目为译者所加。②绛州：州名。春秋为晋地。今属山西省。③寝处：犹坐卧。

绛州地方有块石碑，篆体字写得与古文不同，非常奇怪。李阳冰见了就坐卧在它下面，好几天不想离开。考察它的内容大概是初唐人所为，不具书写人的姓名，碑上有“碧落”两个字，所以人们就称它为碧落碑。

连璧之美①

方时颜真卿以书名世，真卿书碑，必得阳冰题其额②，欲以擅连璧之美③，盖其篆法妙天下如此。

①连璧之美：选自《宣和书谱》。题目为译者所加。连璧：两玉璧并联。常以喻并美的事物或人。②额：悬于门屏之上的牌匾。③擅：占有。

当时，颜真卿的书法非常出名，真卿写碑文，一定要由李阳冰来题额，这样才能达到完美无缺。这就可以看出李阳冰的篆字在当时是怎样的著名了。

柳公权

柳公权（778—865），字诚悬。唐代京兆华原（今属陕西）人。元和初进士，官至太子太师。擅长楷书，结体劲媚，法度谨严。世称“颜筋柳骨”。穆宗曾问笔法，答道：“心正则笔正。”所书碑刻，传世有《送梨帖跋》《玄秘塔》《金刚经》《神策军碑》。

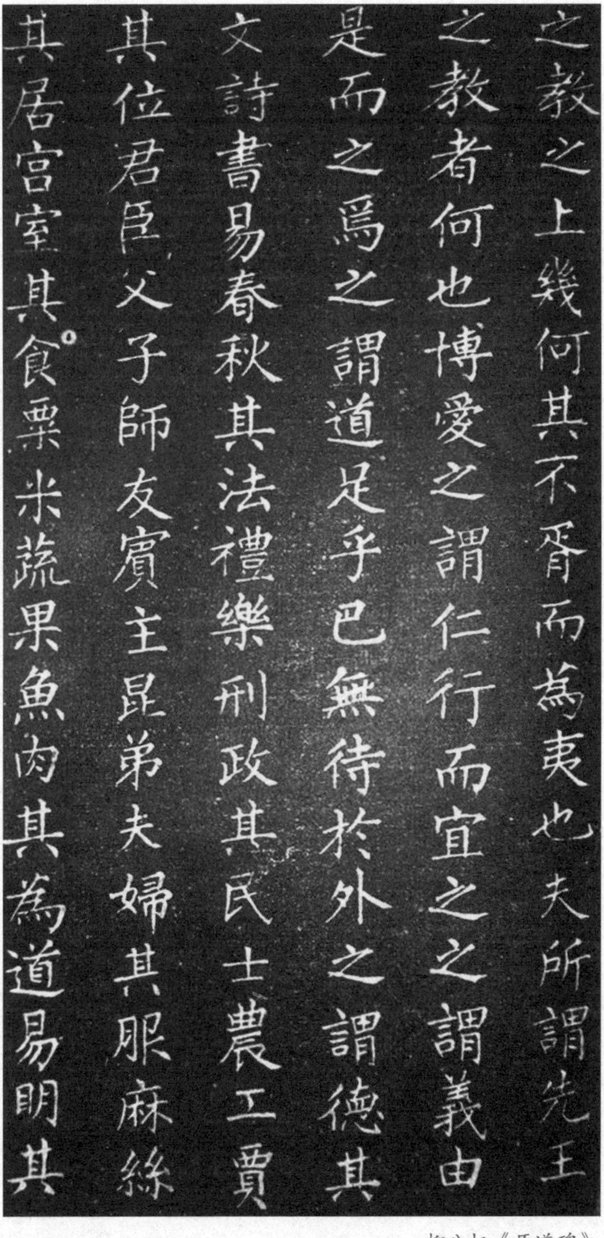

之教之上幾何其不胥而爲夷也夫所謂先王
之教者何也博愛之謂仁行而宜之之謂義由
是而之焉之謂道足乎已無待於外之謂德其
文詩書易春秋其法禮樂刑政其民士農工賈
其位君臣父子師友賓主昆弟夫婦其服麻絲
其居宮室其食粟米蔬果魚肉其爲道易明其

柳公权《原道碑》

不能治生[1]

唐柳公权名节、文行著在简策。志耽书学，不能治生，为勋戚家碑版问遗[2]，岁时钜万，多为主藏者海鸥、龙安所窃。别贮酒器杯盂一笥，缄縢如故，其器皆亡，讯海鸥，乃曰："不测其亡。"公权哂曰："银杯羽化耳。"不复更言。所宝惟笔砚图书，自扃鐍之。

①不能治生：选自宋郭若虚《图画见闻志》。题目为译者所加。

②问遗：亲友相馈赠。

唐代柳公权的名声节操和文章行事都明明白白记载在史书中。他一心一意只爱好书法，对料理生活可谓一窍不通；他替王公贵戚写碑文所得的报酬，每年不知道有多少，大部分被收管财物的仆人海鸥、龙安偷了去。另外，他收藏着酒杯、钵盂一箱子，外面封闭得好好的，里面却是空无一物，问问海鸥，海鸥答道："不知道怎么遗失了。"柳公权笑笑说："银杯都羽化成仙了。"就不再提这件事了。他所珍爱的只有笔砚书画，这些由他亲自上闩加锁。

萧　悦

萧悦，兰陵（今山东苍山县兰陵镇）人，穆宗时为协律郎，人称“萧协律”，画竹专家，当时推为第一。他生活困难，但对自己作品十分爱惜，不肯轻易给人。白居易做杭州太守时，很推重他的艺术和人品，称赞说：“悦之竹举世无伦，颇自秘重，有终岁求其一竿一枝不得者。”后白氏获得悦画竹一幅，上画十五竿竹子，就高兴地作诗答谢说：“植物之中竹难写，古今虽画无似者，萧郎下笔独逼真，丹青以来惟一人！”又说：“举头忽见不似画，低耳静听疑有声。”可说称誉备至。

萧悦[①]

萧悦，不知何许人也。时官为协律郎，人皆以官称其名，谓之“萧协律”。唯喜画竹，深得竹之生意[②]，名擅当世。白居易诗名擅当世，一经题品者，价增数倍，题悦画竹诗云：“举头忽见不似画，低耳静听疑有声。”其被推称如此，悦之画可想见矣。今御府所藏五。

①萧悦：选自《宣和画谱》。②生意：生机。

萧悦，不知道是哪里人。当时做着协律郎的官，人们都拿官名称他，叫做“萧协律”。特别喜欢画竹，很能画出竹枝生机勃勃的样子，名满全国。白居易的诗在当时是最有名的，一旦被他题字赏识，价值增加几倍，题萧悦的画竹诗说：“举头忽见不似画，低耳静听疑有声。”被这样推荐称赞着，萧悦的画是可想而知了。现在有五件收藏在皇宫的仓库里。

李灵省

李灵省，唐宪宗时人，好喝酒也爱画山水，高兴时才肯动笔，否则就是王公贵人也不能勉强。他画山水树木十分精练，寥寥几笔，就把云外高峰、江边岛屿画了出来，宋梁楷和牧溪的“减笔画”可能是受他影响。

李灵省①

李灵省落托不拘检②，长爱画山水。每图一障③，非其所欲，不即强为也。但以酒生思，傲然自得，不知王公之尊重。若画山水、竹树，皆一点抹，便得其象，物势皆出自然。或为峰岭云际，或为岛屿江边，得非常之体，符造化之功④，不拘于品格，自得其趣尔。

①李灵省：选自唐朱景玄《唐朝名画录》。②落托：放浪不羁。同“落拓”。拘检：拘束，检束。③障：通“幛”。题有文字、画有图书的整幅绸布。④造化：指自然的创造化育。

李灵省放荡不羁，常喜欢画山水。每次如屏风之类，如果不是自己喜欢的人，就无法勉强他画。他只用酒摧生灵感，一副高傲得意的样子，根本不把王公贵族放在眼里。假如画山水、竹树，都随便点抹一下，就画出了形象，姿势都很自然。有时画山岭云层，有时画海岛江岸，都能画得非常出色，符合自然生成的模样，不斤斤计较于什么品质什么风格，自得其乐而已。

贯　休

贯休（823—913），五代时僧。俗姓姜，名休，字德隐。善诗，兼工书画。书法人称姜体；善画佛像，以罗汉为最著名。在吴越时为钱镠所重，后入蜀，又为王建所礼遇，赐予禅月大师。曾有诗句云：“一瓶一钵垂垂老，万水千山得得来。”人称“得得和尚”。有诗集《禅月集》二十五卷。

贯休《十六罗汉图·诺距罗》

禅月大师[①]

万寿寺有禅月阁，禅月者，唐僧贯休也。生于婺之兰溪，自祝发为僧，遍参名德[②]，又善作诗文，有《西岳集》行于世。性好图画古佛，尝自梦得十五罗汉梵相[③]，既而尚缺其一，未能就，梦中复有告之曰："师之相乃是。"遂如所告，因照水以足之，今其画尚传。既至吴，寓迹万寿甚久，后入蜀死，葬于成都。平生行业，具载《白莲塔铭》。

①禅月大师：选自宋龚明之《中吴纪闻》。②名德：德高望重。佛教对有重望的僧人也称名德。③梵相：印度僧人的面貌。罗汉原本是十六个，后来加降龙、伏虎，才成十八，后来只知有十八，而忘了原是十六。

苏州万寿寺有禅月阁，禅月是什么人呢？就是唐代和尚贯休。贯休出生在金华兰溪，自从出家当和尚，到处拜谒高僧，又喜欢吟诗作文，有《西岳集》流传人间。又爱好画古佛，曾经在梦中见到了十五个梵天罗汉的本来相貌样子，画成觉得还缺一个才成十六之数；梦中有人告诉他说："师父的相貌就是呀！"根据这样一说，他就以水为镜画出来足数。现在他画的罗汉像还流传着。到苏州后，他在万寿寺住了好长一段时间，后来去了四川才死，葬在成都。一生事迹成就，都记载在《白莲塔铭》中。

贯休入蜀[1]

僧贯休，婺州兰溪人，钱镠自称吴越国王，休以诗投献，内有“满堂花醉三千客，一剑霜寒十四州”之句。镠谕改为四十州，乃可相见。曰：“州亦难添，诗亦难改，闲云孤鹤，何天而不可飞？”遂去而入蜀。

①贯休入蜀：选自明曹臣《舌华录》。题目为译者所加。

和尚贯休，金华兰溪人。钱镠在杭州自称吴越国王，贯休拿了诗去拜见他，诗中有“满堂花醉三千客，一剑霜寒十四州”这样两句。镠传下话来，说如果能将十四州改为四十州，就能相见。休说：“州亦难添，诗亦难改，闲云孤鹤，何天而不可飞？”就离开杭州去了四川。

画罗汉[1]

天复年入蜀，王蜀先主赐“紫衣师”号，师之诗名高节，宇国咸知。善草书、图画，时人比诸怀素[2]。师阎立本画罗汉十六帧，庞眉大目者，朵颐隆鼻者，倚松石者，坐山水者，胡貌梵相，曲尽其态。或问之，云：“休自梦中所睹尔。”

①画罗汉：选自宋黄休复《益州名画录》。题目为译者所加。②怀素：唐代僧人，玄奘弟子。字藏真，俗姓钱，长沙（今湖南长沙）人，迁居京兆。相传其种芭蕉万余株，以蕉叶代纸写字。因名所居曰绿天庵。勤学苦练，秃笔成冢。以“狂草”出名，继承张旭笔法，自谓得草书三昧，世称“颠张狂素”。其字帖现成者有《自叙》《苦笋》《千字文》等。

五代前蜀天复年间，贯休来到四川，蜀主王建赐给他“紫衣师”的称号。他的诗名以及高尚的节操，宇内人人都知道。他擅长草字、图画，当时人把他比作怀素。他曾经学习阎立本画了《罗汉》十六幅，有阔眉毛大眼睛的，有大下巴高鼻梁的，有斜倚着松树、岩石的，有坐在山边水畔的，印度僧人的状貌都细致地表达出来。有人问他，他说：“我是从睡梦中看到的。”

李后主（煜）

李后主（煜）（937—978），字重光，号钟隐。继李璟后做了南唐最后的十五年国主，通称为李后主。《中国历代画家人名辞典》引郑振铎《中国古代绘画概述》的话说：“‘在五代的五十多年里（907—959），中原动荡不定，唐代灿烂的文化蹂躏殆尽。画家们不是避地于四川，就是跑到江南去’，李煜酷爱美术，本身又是画家，他曾设立画院和翰林待诏的官职，来鼓励绘画艺术和网罗人才。在他的画院里，集中了很多最好的画家。至于他本人所画的林石、飞鸟、花竹，都有‘远过常流，高出意外’的成就。他也精于书法，学唐柳公权能十得八九，用笔波磔有力，颤动有致的形状，真是‘遒劲如寒松霜竹’，叫作‘金错刀’。相传他画墨竹，自根到顶，虽极细的地方，也一一勾勒，叫作‘铁钩锁’。他自称是从柳公权的书法里参悟出来的。”

合作画[①]

南唐李后主有与周文矩合作《重屏图》[②]，见《清河书画舫》。关仝画山水入妙[③]，然于人物非工，每有得意者，必使胡翼主人物[④]，见《德隅斋画品》。此皆后世画人合作之始也。

①合作画：选自清梁章钜《浪迹丛谈》。②周文矩：五代南唐句容（今南京句容）人，李煜（后主）任为翰林待诏。他是南唐著名的人物画家，仕女画法继承周昉作风。③关仝：又称关穜、关童，五代梁陕西长安人。与荆浩、董源、巨然并称为“五代四大山水画家”。④胡翼：五代梁安定（今陕西延安）人，字鹏云。善画道释人物，画车马楼台更为专长。

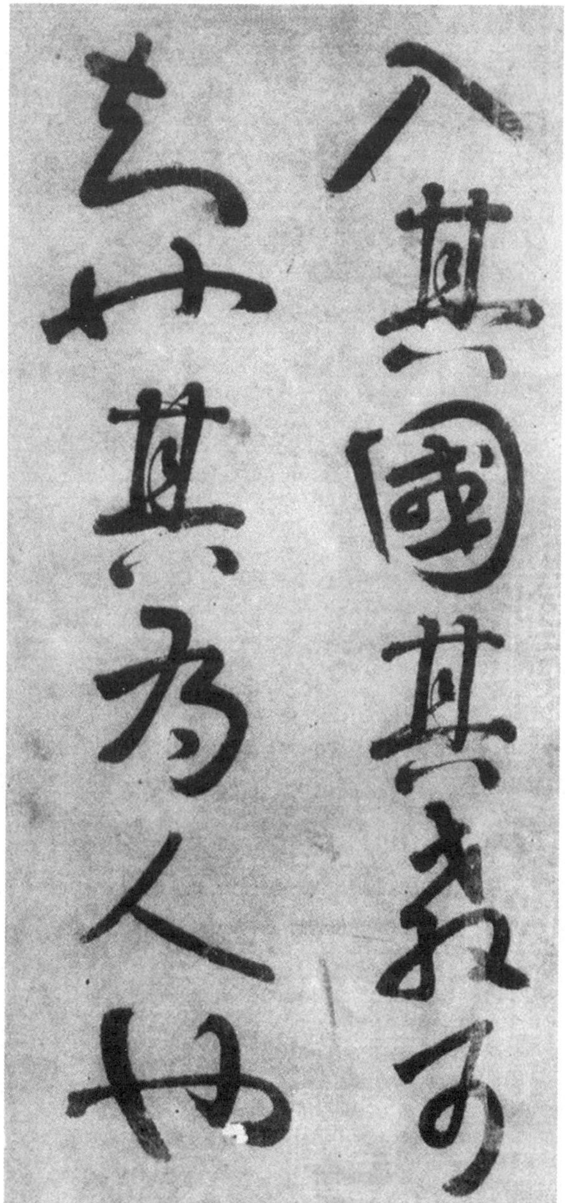

李煜《孔子论诗教》

南唐李后主有一幅与周文矩合作的《重屏图》，事见《清河书画舫》。关仝的山水画达到高超境界，但是画人物不是他的专长，所以每次遇到有得意之作时，就一定请胡翼来帮忙添上人物，事见《德隅斋画品》。此二例可说是开后世画家合作之先河。

徐　熙

徐熙，五代南唐金陵（今南京）人。先代都在南唐做官，但他的个性却“志节高迈，放达不羁”，专心研求绘事，喜好描绘花鸟、昆虫、树木，经常游览山林园圃，观察体会自然，并进行实地写生，虽“蔬菜茎苗，亦入图画”。郭若虚称赞他是“学穷造化”“意出古今”，大概是指徐熙创造性的表现技法说的。这时西蜀方面继承唐代边鸾、唐末滕昌祐、赵昌等花鸟画家传统的黄筌，正以宫廷画师的身份领导着画坛。黄筌的画法是“钩勒填彩，旨趣浓艳”，也就是先用纤细的线条勾出轮廓，然后填以浓重的色彩。这和徐熙重墨轻彩恰巧相反。“黄家富贵，徐熙野逸”，概括地说明了两派给予人们的印象是“春兰秋菊，各擅重名，下笔成珍，挥毫可范”，树立了后来宋代花鸟画的两大类型。到了北宋初年，这两派画法的创造者都聚集至宋都开封，因而引起激烈斗争。这一斗争的开端是：徐熙把作品送到画院，在品定画格时，黄筌就批评他“粗恶不入格”，使徐熙不能进入画院。而徐熙也发表了“落笔之际，未尝以傅色晕淡细碎为功”，来讥讽黄家勾勒艳丽的画法。结果，由于黄居宷（黄筌之子）主持画院，把他们的画法“悬为程式”，迫使徐熙的孙子徐崇嗣等不得不变为用色彩替代墨来作骨干，形成所谓“没骨法”，从而取得“院品”的资格。

爱写徐熙没骨花[1]

宋初收江南、西蜀，徐熙、黄筌父子皆入京师。筌画花卉，但以轻色染成，不见墨迹，谓之写生。熙以墨笔画之，殊草草，略施丹粉，而神气生动。筌恶其轧己，言其不入格，罢之。熙之子乃效诸黄之格，更不用墨，直以粉色图之，谓之没骨图。画花鸟者今有此两种，如近日姑苏王武，熙派也；昆陵恽寿平、金陵王概，筌派也。二派并行，不可相非，唯观其神气何如耳。概字安节，诗人方文盦山之婿，与兄蓍字宓草皆以工花鸟擅名，诗亦不凡。蓍初名尸，概初名丐，后改今名。亡友汪钝翁赠吴人文点与也诗云：“君家道韫擅才华[2]，爱写徐熙没骨花。”谓赵凡夫子妇文俶、衡山之孙女也[3]。然沈存中谓没骨花乃熙之子，非熙也。

①爱写徐熙没骨花：选自清王士祯《香祖笔记》。题目为译者所加。②道韫：谢道韫，谢安侄女，晋王凝之妻。聪识有才辩。安曾问："毛诗何句最佳？"道韫称："吉甫作颂，穆如清风。"安谓有雅人深致。又值天雪，安曰："白雪纷纷何所似？"安兄子朗曰："撒盐空中差可拟。"道韫曰："未若柳絮因风起。"③文俶（1594—1634），明江苏长洲（今苏州）人，从简之女，吴县赵灵均之妻，字端谷。为人聪明，喜好文艺。文氏自文徵明以画成家后，累代相传，她幼年时接受家庭熏染，擅长绘画人物、树石、花鸟、草虫。她画花卉是"苞萼鲜泽，树条荏苒，深得迎风浥露之态"。而画苍松怪石，笔力又非常劲健。世称道韫为才女。此处以之比文俶。

宋代初年，收复江南、西蜀，徐熙、黄筌父子都集中到开封。筌画花卉，只用淡色渲染而成，看不到有用墨的痕迹，称之为"写生"。熙却用墨笔勾成，草草几笔，稍微用点彩色，却传神生动。筌讨厌熙是在排挤自己，说熙画不够格，予以否定。熙的儿子却仿效黄筌父子的画法，更不用墨，简直是全用粉色来画，称为没骨图。画花鸟的人，如今有这样两派，例如近来苏州的王武，是属于熙派；丹徒的恽寿平、南京的王概，是属于筌派。两派并存，不能彼此相轻，只能看画得是否传神罢了。概字安节，诗人方文（字嵞山）的女婿，与兄蓍（字宓草），都以善于画花鸟出名，诗也写得很好。蓍初名尸，概初名丐，后来改成现在的名字。已故好友汪钝翁赠吴人文点（字与也）诗云："君家道韫擅才华，爱写徐熙没骨花。"是说赵凡夫的媳妇文俶，亦即衡山的孙女呀。不过沈存中说没骨花是指徐熙的儿子，不是徐熙本人。

萧　贲

萧贲，梁兰陵（今江苏常州西北）人。字文奂，齐竟陵王子良之孙，入梁官湘东王法曹参军。好学有文才，善书能画。后坐事入狱，饿死狱中。

扇上图山水[①]

《南史》：萧贲，竟陵王子良之孙。善书画，常于扇上为图山水，咫尺之内，便觉万里为遥。矜慎不传，自娱而已。

①扇上图山水：选自明张岱《夜航船》。

《南史》记载：萧贲，是竟陵王子良的孙子，擅长书法绘画，常在扇上画山水，尺把宽的扇面上，却有千万里一样的感觉。只是给自己欣赏，不肯外传。

荀　勖

荀勖，晋颍川颍阴（今河南许昌）人，字公曾，在魏为大将军掾掾，入晋，武帝（司马炎）时（265—290）官侍中，封济北侯。幼时聪敏，十几岁就能作文。在艺术方面也有高度成就；书法学习他的外祖父大书法家钟繇的笔意，绘画以卫协为师，专精于人物。

太傅形象①

钟会是荀济北从舅，二人情好不协。荀有宝剑，可直百万，常在母钟夫人许。会善书，学荀手迹，作书与母取剑，仍窃去不还。荀勖知是钟而无由得也，思所以报之。后钟兄弟以千万起一宅，始成，甚精丽，未得移住。荀极善画，乃潜往画钟门堂，作太傅形象，衣冠状貌如平生。二钟入门②，便大感恸，宅遂空废。

①太傅形象：选自南朝宋刘义庆《世说新语》。题目为译者所加。太傅，指钟繇，魏朝太傅，是钟会的父亲。②二钟：指钟毓、钟会。

钟会是济北公荀勖的堂舅父，二人感情不和。荀勖有一把宝剑，价值百万，经常放在他母亲钟夫人那里。钟会擅长书法，就模仿荀勖的笔迹，写了一封信给他母亲要宝剑，就这样骗去不还。荀勖知道是钟会干的，可总没机会要回来，就要想办法报复。后来钟会兄弟花了巨金修建了一所住宅，刚落成，非常华美，还没有搬进去住。荀勖擅长绘画，就偷偷地进入钟会的新宅，在厅堂里画上钟繇的像，衣帽、相貌都和生前一模一样。钟会兄弟进门看见了这幅画像，大为伤感，不敢住进去，房子就一直空着。

厉归真

厉归真，五代梁道士，籍贯不详。自号迂疏子。工八分书，善画山水、林木、禽兽。虽是道士，却不穿道服，徜徉在街市，以酒肆旗亭为家。他为了画虎，曾在山中大树上作棚居住，以观察虎的形态。有时候还披了虎皮，蹦跳在庭院中，以摹拟虎的动作。所以他画的虎“毛色明润，其视眈眈，有威加百兽之意”。他画的牛则“远视如活，近视如未工处”。这和董源、巨然画山水“近视几不类物象，远观则景物粲然”，同样是中国古代艺术家对光学运用的体现。他画鹰鹞一类的鸟，也能表现出它们慓悍鸷猛的神态。他的作品在《宣和画谱》中著录的有：《云龙》《乳虎》《渡水牧牛》《猫竹》《蜂蝶》《蔓瓜》等图。从上面的画题看来，他还善于描写猫兔、蜂蝶和瓜果之类，可说是一位博学多能的作家。

此外无能[1]

道士厉归真，异人也，莫知其乡里。善画牛虎，兼工鸷禽雀竹，绰有奇思。惟有一布袋，入酒肆如家。每有人问其所以，辄大张口茹其拳而不言。梁祖召问云："君有何道理[2]？"归真对曰："衣单爱酒，以酒御寒，用画偿酒，此外无能。"梁祖然之。尝游南昌信果观，有三官殿夹纻塑像[3]，乃唐明皇时所作，体制妙绝。常患雀鸽粪秽其上。归真乃画一鸢于壁间，自是雀鸽无复栖止。

①此外无能：选自宋郭若虚《图画见闻志》。题目为译者所加。②道理：本领、能耐。③夹纻：麻织成的粗布。（一种塑像方法。先用泥塑成胎，然后用漆把麻布贴在泥胎外面，再用漆反复涂，最后把泥胎取空。有"脱空像"之称。）

道士厉归真是个怪人，不知道他的乡里籍贯。擅长画水牛、老虎，还有老鹰、麻雀、竹子也很拿手，以构思新颖出名。他只背着一只布袋，把酒店看成自己的家。每当人们问他为什么这样，他常张大嘴巴咬着拳头，不说一句话。后梁太祖朱晃召见归真，问道："你有什么能耐？"归真回答道：

“衣服单薄，喜欢喝酒，拿酒抵御寒冷，画画可以换酒，此外别无本领。”太祖以为说得很有意思。有一次，他游览南昌的信果观，观中有一尊脱空塑像，是唐明皇时候的作品，制作高超美妙，只是怕那些麻雀、鸽子经常在上头撒粪。归真就在墙壁上画了一只鹞鹰，从此麻雀、鸽子就不再来停息。

何尊师

何尊师，五代道士。江南人，或云阆中（今属四川）人。姓名无可考。龙德年间（921—923）曾居湖南衡山，往来于苍梧、五岭之间。喜弄笔墨，擅长花石，尤以画猫专门。他描写猫的生活形态，如睡、醒、欠伸、戏耍种种不同的行动，非常生动活泼，毛色和体态也都逼真，逗人喜爱。《宣和画谱》著录他的各种猫的图画有三十四幅。

但云“何何”①

何尊师，不知何许人也。龙德中居衡岳，不显名氏，常往来于苍梧、五岭，仅百余年，人尝见之，颜貌不改。或问其氏族年寿，但云“何何”，或问其乡里，亦云“何何”。时人因此遂号曰“何尊师”。不见他技，但戏弄笔墨，工作花石，尤以画猫专门，为时所称。凡猫寝觉行坐，聚戏散走，伺鼠捕擒，泽吻磨牙，无不曲尽猫之态度，推其独步，不为过也。

①但云何何：选自《宣和画谱》。题目为译者所加。

何尊师，不知道他是哪里人。后梁龙德年间，住在南岳衡山，不知道他的姓名，经常在广西苍梧与广东五岭之间来往，有一百年了，人们曾经遇见他，他的面貌形态老是那个样子。有人询问他姓名年龄，他只说“何何”，有人问他籍贯，他只说“何何”，因此当时人就称他“何尊师”。没发现他有旁的特长，只是喜欢弄弄笔墨，善于画花卉石头，尤其是画猫专门，被当时人所赞赏。凡是猫的睡态，走相，聚在一起游戏，受了惊彼此走散，等候老鼠出洞，然后加以扑杀，用舌头舔舔唇吻，磨磨牙齿，种种姿态，没有不曲尽其妙，表现得栩栩如生的，说他是画猫的第一把手，这话也不算过分。

李夫人

李夫人，五代后唐西蜀人。生卒年不详出身名家，善属文，尤工书画。南唐郭崇韬领兵攻入四川，强娶她为妻，她“以崇韬为武人，悒悒不乐”。一个偶然的机会，她掌握了画竹的诀巧，找到了“墨竹”这一门画法。画竹虽不是从她开始，如唐代“下笔独逼真”的萧悦和“倒影、落叶”的梦休，都是有名的画家，但这种用墨笔来描摹婆娑竹影的方法，却是属于新创。这种新兴的画法，开创了宋代“四君子”画的途径，并在技巧方面，也是后来花鸟画中“没骨法”的先驱。

墨竹[①]

李夫人，西蜀名家，未详世胄。善属文，尤工书画。郭崇韬伐蜀得之[②]。夫人以崇韬武弁，尝郁悒不乐，月夕独坐南轩，竹影婆娑可喜，即起挥毫沈墨，横于窗纸上[③]，明日视之，生意俱足。或云：“自是人间往往效之，遂有墨竹。”

①墨竹：选自元夏文彦《图绘宝鉴》。题目为译者所加。②郭崇韬：字安时，后唐代州雁门（今属山西代县）人。累官兵部尚书、枢密使。③横：纷杂，充溢。

李夫人是西蜀的有名画家。不知道是属于哪家贵族的后代。文章写得很好，尤其擅长书法、绘画。郭崇韬攻打四川那会子娶她做了夫人。夫人因为崇韬是个武夫，常常感到苦闷。夜间月明独个儿坐在南边的小室里，看见纸窗上月光照着竹子的影子，枝叶扶疏，十分高兴，就立刻站起来挥笔蘸墨，描画在窗纸上。第二天一看，充满生机与情趣。有人说：“从此以后，世人常常仿效李夫人这样做，于是就有了墨竹这一门艺术。”

曹仲元

曹仲元，五代南唐画家。丰城（今江西丰城）人。后主时任翰林待诏。他初学吴道玄“不得意”，遂改为细密精巧的笔调而自成一格，特别在运用色彩方面十分巧妙，超过一般画家。在画道释鬼神方面，当时江左称仲元为第一。他曾画建业佛寺上下座壁，八年始得告成，可见他精雕细作的工夫。从前吴道子与李思训同画大同殿山水，前者一日，后者需要数月，却各臻佳妙，都说明艺术创作不在时间长短。

能事不受相促迫[①]

曹仲元，建康丰城人[②]，江南李氏时，为翰林待诏。画道释鬼神，初学吴道玄，不成，弃其法，别作细密以自名家，尤工传彩，遂有一种风格。尝于建业佛寺画上下座壁，凡八年不就，李氏责其缓，命周文矩较之。文矩曰：“仲元绘上天本样，非凡工所及，故迟迟如此。”越明年乃成，李氏特加恩抚焉。杜甫诗谓“十日一水，五日一石，能事不受相促迫[③]”，信不诬也，此与左思十年三赋何异？

①能事不受相促迫：选自《宣和画谱》。题目为译者所加。②丰城：真实地点不明，故认为江苏南京。③能事：特别擅长的事。

曹仲元，是建康丰城地方人。南唐姓李的做皇帝时，他做翰林院待诏的官。曹仲元画道教佛教中的鬼神，开始学习吴道子，不成功，就抛弃了这种方法，另外从细密的工笔入手，终于成了名家。尤其擅长着色人物画，形成一种特殊的风格。曾经在建康寺院中画佛座上下壁，花了八年时间还没画完，皇帝责备他画得太慢，派周文矩与他比赛技艺。文矩说：“仲元画天宫里的鬼神，不是普通的画工比得上的，所以这样缓慢。”到了第二年，仲元画成功了，皇帝额外给他赏赐。杜甫有诗云：“十日一水，五日一石，能事不受相促迫”，说得真是不错啊。仲元的作画和晋代左思花十年时间写成《三都赋》有什么两样呢？

钟　隐

钟隐，字晦叔。天台（今浙江天台）人。生卒年不详。曾隐居南京钟山，人们不知道他的姓名，就以“钟隐”称他。善画花竹、翎毛，尤其擅长画鹞子、白头翁、斑鸠。一说，钟隐即李后主（煜），宋沈括《梦溪笔谈》：

“诸书画中时有李后主题跋，然未尝题书画人姓名，惟钟隐画，皆后主亲笔题‘钟隐笔’三字。后主善画，尤工翎毛。或云凡言‘钟隐笔’者，皆后主自画。后主尝自号钟山隐士，故晦其名谓之钟隐。”

孺子可教[①]

钟隐，天台上人[②]。工画鸷禽竹木，师郭乾晖[③]，深得其旨。乾晖始秘其笔法，隐变姓名，趋汾阳之门[④]，服勤累月，乾晖不知其隐也。隐一日缘兴于壁上画鹞子一只，人有报乾晖者，乾晖急就视之，且惊曰：“子得非钟隐乎？”隐再拜具道所以。乾晖喜曰：“孺子可教也。”乃善遇之，丈席以讲画道，隐遂驰名海内焉。

①孺子可教：选自宋郭若虚《图画见闻志》。题目为译者所加。②上人：佛教称具备德智善行者为上人。③郭乾晖：南唐北海人。世称郭将军，画杂禽篁木，格律老劲，曲尽物态。④汾阳之门：即郭乾晖之门。唐代郭子仪，以平安思之乱有功，封汾阳郡王。郭乾晖姓郭，故以“汾阳”称之。

钟隐，是后晋天台的和尚，擅长画猛禽、树木、竹子，拜郭乾晖做老师，深切地获得了乾晖的意趣。乾晖的画技开始不肯向钟隐公开，钟隐变换姓名，跑到乾晖的家里，做了几个月苦工，乾晖并不知道他就是钟隐。有一天，钟隐趁着兴致在墙壁上画了一只鹞子，有人去告诉乾晖，乾晖急忙走来一看，吃惊地说：“你莫非就是钟隐吗？”钟隐再三拜谢，详细地说了事情的经过。乾晖高兴地说：“你这个年轻人是可造之材！”于是对钟隐非常友好，特地在书房里为钟隐讲述绘画的道理，钟隐因此就成了闻名的画家。

姜道隐

姜道隐，五代前蜀画家。绵竹（今四川绵竹）人。生卒年不详。《野人闲话》《绵竹县志》均作“张道隐”。他生长在农村，小时候就爱绘画。年岁稍长，既不娶妻，也不务农桑，所爱的就是绘画。一次，他在宰相赵昊家中画屏风，问他姓名，他说：“姜姓无名。”赵昊说：“既无名，何不以道隐名之。”从此人们就叫他“姜道隐”。后蜀时，宋王赵庭隐在净众寺修禅院，请姜画山水松石壁画。赵和侍从们观其运笔，道隐“旁若无人”。画成后，赵赠他十匹绢，他把绢放在佛堂前，拂衣而去。

木柔头[①]

姜道隐者，蜀州绵竹人也。年才龀龆，尽日不归，父母寻之，多于神佛庙中画处才见。及长，为人木讷，不务农桑，唯画是好。不畜妻孥，孑然一身，常戴一竹笠，布衣草履笔墨而已，虽父母兄弟，亦罕测其行止，人皆呼为“木柔头”。伪相赵国公昊知其性迹[②]，请画屏风。相公问：“何姓名？”蜀语对云：“姜姓，无名。”相公曰：“既无名，何不以‘道隐’名之？”自此始名焉。

①木柔头：选自宋黄休复《益州名画录》。题目为译者所加。木柔头，作者原注：“一作猱头。蜀语，谓其鬓发蓬松。”②伪：即“伪朝”。自认为正统的王朝对敌对王朝的贬称。

姜道隐，四川绵竹地方人。七八岁时，就整天外出不归，父母找寻他，常常在寺院中有图画处发现。等到长大，为人质朴又不善于说话，不从事农业劳动，只有绘画是他的爱好。没有妻子儿女，孤单一人，经常戴着笠帽，穿着布衫、草鞋，带着画具跑东顾西，就是他的父母兄弟，也不知道他的去向，人们都把他叫做“木柔头”。蜀国宰相赵昊知道他的性情行迹，就请他画屏风。赵昊问他：“你姓什么，叫什么名字？”道隐用四川话回答：“姓姜，没有名字。”赵昊说：“既然无名，何不拿‘道隐’当名字呢？”从这以后，他才用

“道隐”作为名字。

马知节

马知节（955—1019），字子元。宋幽州卢龙（今属河北）人。马全义的儿子，仁宗时以荫补官，知枢密院事，遇事敢言。卒谥文惠。

农夫评画[1]

马文惠尝得《斗水牛》一轴，云厉归真画，甚爱之。一日展曝于书室双扉之外，有输租庄宾适立于砌下，凝玩久之，既而窃哂。公于青琐间见之[2]，呼问曰：“吾藏画，农夫安得观而笑之，有说则可，无说则罪之。”庄宾曰：“某非知画者，但识真牛，其斗也，尾夹于髀间，虽壮夫膂力，不可少开。此画牛尾举起，所以笑其失真。”

①农夫评画：选自宋郭若虚《图画见闻志》。题目为译者所加。另外，《东坡志林》也有记载，故事与此大同小异。②青琐：刻镂成格的窗户。

马文惠曾经获得《斗水牛》图一轴，说是后梁道士厉归真的作品，非常珍爱它。有一天，文惠把画摊开晒在书房门外面，有个送租谷的农民立在阶下，盯着这幅画捉摸了好久，然后偷偷地发笑。文惠从窗子中看见了他，叫进来大声责问："我珍藏的画，农夫哪能偷看而且发笑，说得出道理罢了，说不出道理就要处罚。"农夫说："我不是懂得绘画的人，但熟悉真牛，牛殴斗时，尾巴紧紧夹在两条大腿中间，即使身强力壮的人，也别想拉开它一点。这幅画里的牛尾巴却翘起来，所以笑它画得不真实。"

苏易简

苏易简（958—996），字太简。北宋四川梓州铜山（今四川中江）人。太平兴国五年（980）举进士，太宗临轩复试，易简所试三千余言，为所称赏，擢为甲科，累官翰林学士承旨，眷遇甚隆，帝飞白书"玉堂之署"四字赐之。

鉴赏[①]

玉堂北壁[②]，旧有董羽画水二堵，笔力遒劲，势若动摇，其下一二尺，颇有雨坏处。苏易简为学士，尤爱重之。苏适受诏知举，将入南宫，嘱于同院韩丕，使召名笔完葺之。苏既去，韩乃呼工之赤白者朽墁其半[③]，而用朱画栏槛以承之。苏出见之，怅恨累日。虽命水洗涤，而痕迹至今尚存。时人以苏之鉴赏，韩之纯朴，两重焉。

①鉴赏：选自宋郭若虚《图画见闻志》。题目为译者所加。②玉堂：官署名。汉侍中有玉堂署；宋以后翰林院亦称玉堂。③赤白者：意义不明。当指技巧高明的工匠。

翰林院北面的墙壁上，原来有董羽画的海水图两幅，笔势强劲有力，好像在那里摇晃波动，画下面有一二尺地方，因为被雨水打湿，很有点毁坏的样子。苏易简为翰林学士时，尤其喜欢这两幅画。苏易简恰巧得到皇帝的命令，叫他担任主考官，在将到尚书省去时，他嘱托同院的韩丕，叫他找个名画家把两幅画修补一下。苏易简去了后，韩丕叫了个能工巧匠把下半部分涂刷掉，然后补画上红颜色的栏杆。苏易简从尚书省回来，看了那红色的栏杆，惋惜懊恼了好几天。即使叫人用水洗涤也没有用，痕迹至今还在。当时人们佩服苏易简具有欣赏能力、韩丕的为人诚朴，两方面都值得敬重。

王　著

王著，宋成都（今属四川）人。字知微。五代后蜀孟昶时以明经及第。入宋授隆平主簿。善攻书，笔迹甚媚。太宗以字书讹舛，改著卫寺丞，史馆祗候，委以评定篇韵。累官至殿中侍御史。

善规[1]

太宗朝，有王著学右军书，深得其法。侍书翰林。帝听政之余，留心笔札，数遣内侍持书示著，著每以为未善，太宗益刻意临学。又以问著，对如初。或询其意，著曰：“书固佳矣，若遽称善，恐帝不复用意。”其后，帝笔法精绝，超越前古，世以为由著之规益也。

①善规：选自宋王闢之《渑水燕谈录》。题目为译者所加。

宋太宗做皇帝的时候，有一个名叫王著的人，学习王右军的书法，学得很到家。他曾经在翰林院任侍书。太宗皇帝在料理政务闲下来时，很注意学习书法，曾多次派太监拿了自己的字去给王著看，王著总认为不够好。太宗就更加用心临写。以后太宗又拿字去请教王著，王著还是像以前一样回答他。有人问王著的用意，王著说：“皇上的书法确实已经很好，但是我如果匆忙称赞他写得好，就怕他再不肯用心学习了。”以后，太宗的书法越写越好，超过了前人，世人认为这是受了王著劝勉的结果。

元　霭

元霭，宋僧。四川人。太宗太平兴国时，落发于开封相国寺。善写真，为太宗所赏识，就留宫中供奉。太宗曾命他画像，元霭“一挥而就，略无凝滞”，受到优厚赏赐。从此高官贵族纷纷请他画像。一次，太宗问他能否作自画像，他说能。画成，当时负有文名的柳开看到后，作赞曰：“他人写真，能写他人，霭公自写，如他人也！”其写真染色毕，怀中别出一小石研磨所色，盖覆肉色之上，如真，为众工所不及。

传写之妙[①]

僧元霭，蜀人，自幼入京，依定力院轮公落发，妙工传写，为太宗朝供奉。一日在禁中传写，为一小黄门毁辱[②]，遍问同列，不肯言其姓名者。乃草一头子，怀之见都知李神福，诉以毁辱之事。神福曰：“小底至多[③]，不得其名，谁受其责？”霭乃探怀中所草头子示之。李一见嗟讶，曰：“此邓某也，何其仓卒之间，传写如此之妙！”因召邓责诮，伏过而去。

①传写之妙：选自宋郭若虚《图画见闻志》。题目为译者所加。②黄门：宦者之称。俗称太监。毁辱的经过是这样的：元霭有一块小石头，每次画成染色后，必定要从怀里取出来，磨下些色粉，来涂染人像的肌肉部分，色彩就十分逼真。这次用完，被一个小太监拿走，经他大声追讨，才要了回来，可是被小太监辱骂了一场。③小底：亦作“小的”，指供差遣的人。

和尚元霭，四川人，幼年时就来到开封，投靠定力院轮公，并在他那里落发做了和尚。善于写真，担任宋太宗朝廷的供奉。有一天，元霭在宫里写真，受到一个小太监的毁谤污辱。问遍同伙，都不肯说出小太监的姓名。他于是速写了一个头像，藏着它去拜见都知李神福，告诉他受到毁谤污辱的事。李说：“小的很多，不知道姓名，我去责问谁去？”元霭就从怀中拿出所画的头像，递给李看。李一见惊讶说：“这是邓某呀，为什么在匆忙之间，画得这么相像！”随即叫了邓某来责问，邓某承认错误才罢。

宋仁宗（赵祯）

宋仁宗（赵祯）（1010—1063），初名受益，为宋真宗赵恒的第六子，名祯，生母李宸妃，却被章献太后养为己子。年仅十三嗣位，太后称旨凡十一年。太后崩，始亲政。任富弼以和契丹，任韩琦、范仲淹以拒西夏。恭俭仁恕，慎刑爱民，为有宋第一仁主。在位四十一年，庙号仁宗。他对绘画有相当的嗜好和研究，并擅长描绘神佛像及兽类。他曾画《龙树菩萨像》，命令刻板印刷，替失明的献穆公主祈福。郭若虚家藏一幅赭白色马，是庆历四年由赵祯画的。郭氏还见到他画的《小猿》，并听说宫里还有《天王》《菩萨》等图。南宋时，米芾也见到这幅《小猿》图，说是所画“黑猿，甚奇”。

点最难工①

仁宗万机之暇②，无所玩好，惟亲翰墨，而飞白尤为神妙③。凡飞白以点画像物形，而点最难工。至和中，有书待诏李唐卿撰飞白三百点以进④，自谓穷尽物象。上亦颇佳之，乃特为“清净”二字以赐之。其六点尤为奇绝，又出三百点之外。

①点最难工：选自宋欧阳修《归田录》。题目为译者所加。②万机：指皇帝日常的纷繁政务。③飞白：见前注。④待诏：诏，皇帝的诏书。待诏，犹言候命。亦官名。

宋仁宗在政务繁忙中，一有空闲，没有别的爱好，只喜欢书法，而飞白尤其是他的专长。凡是飞白的一点一横，都要像某种物事的形状，而点最难写得好。至和（1054—1056）年间，有个书法待诏李唐卿，写了飞白三百点呈献给宋仁宗，自以为状物已达到了顶点。宋仁宗也颇为赞赏，就特地写了“清净”二字作为赏赐。那六点尤其生动，又不在三百点的范围中。

郭忠恕

郭忠恕（？—977），字恕先，一字国宝。宋洛阳（今属河南）人。后周世宗时任博士，宋太祖时亦任国子博士。他对文学有研究，精书篆隶，善画楼馆台榭。他的《楼居仙图》据邵伯温说是：“重楼复阁，间见叠出，善木工料之，无一不合规矩。”郭忠恕的界画楼台并不等于建筑图样，而是“行笔天放，设色古雅”，具有艺术风度，所谓“游规矩准绳中而不为所窘”。他画山水有时是“山外数峰，略有笔墨”，使人感到具有笔墨以外的意味。郭忠恕是一位很有骨气的画家，政治上他不随波逐流，而是自有主张，甚至“谤讪时政”，所以在后周和宋代都遭到贬谪。终于死在贬谪道中。著有《佩觿》三卷。

《风鸢图》[1]

善画屋木林石，格非师授。有设纨素求为图画者，必怒而去，乘兴即自为之。郭从义镇岐下[2]，每延止山亭，张素设粉墨于傍，经数月，忽乘醉就图之，一角作远山数峰而已，郭氏亦珍惜之。岐有富人主官酒酤，其子喜画，日给醇酎，设几案绢素及好纸数轴，屡以情言，忠恕俄取纸一轴，凡数十番[3]，首图一丱角小童持线车，纸穷处作风鸢，中引一线长数丈，富家子不以为奇，遂谢绝焉。

①《风鸢图》：选自宋郭若虚《图画见闻志》。题目为译者所加。②岐：古地名。在现在陕西岐山县东北。③番：量词。即枚或片。

郭忠恕善于画房屋、树木、石块，风格特别，不是哪个师傅传授。如果有人准备好白绢要求他作画，他必定发怒走掉，可是在他有兴趣时，就会自动替人画上一幅。郭从义镇守岐山时，他常被请到山上的亭子里，旁边挂着白绢摆上纸笔颜料，经过几个月，他才忽然趁着酒兴画起画来，也不过是在一只角儿上画几座远远的山峰罢了。郭从义也很珍惜这样的画。岐山有个富翁是做酒生意的，他的儿子喜欢画，每天拿好酒给忠恕吃，旁边准备着画桌、白绢以及上等纸几轴，还不住地向他讲好话，忠恕才终于拿起一轴纸来，共有几十张，开头画一个梳着双丫角的儿童，手里拿着线车，末尾画一个风筝，中间拉着一根几丈长的线。富翁的儿子不认为它奇特，所以从此就不再来麻烦他。

儒者之戏[①]

郭忠恕尝以聂崇义姓嘲之曰："近贵全在瞶（kùi），攀龙即作聋，虽然三个耳，其奈不成聪。"崇义对曰："仆不能为诗，聊以一联奉答，"即云："勿笑有三耳，全胜畜二心[③]。"盖因其名以嘲之，真儒者之戏云。

①儒者之戏：选自明陈继儒《太平清话》。儒者之戏：所谓温文尔雅。②瞶：昏瞶，不明事理。③二心：有异心。

郭忠恕曾经拿聂崇义的姓氏嘲笑他说："近贵全在瞶，攀龙即作聋，虽然三个耳，其奈不成聪。"崇义回答道："我不会做诗，姑且用一副对联作为回赠，"就说："勿笑有三耳，全胜畜二心。"就拿他的名字加以取笑，这真是所谓谑而不虐了。

吴　育

吴育（1004—1058），字春卿。宋建安（今福建建宁县）人。仁宗时授资政殿大学士，死后谥号正肃。他并非画家，但能以细致的观察赏鉴名画，自然也算得上是个懂艺术的。

鉴画[①]

欧阳公尝得一古画《牡丹丛》，其下有一猫，未知精粗。丞相正肃吴公，与欧公姻家，一见，曰："此正午牡丹也。何以明之？其花披哆而色燥[②]，此日中时花也。猫眼黑睛如线，此正午猫眼也。有带露花，则房敛而色泽。猫眼早暮则睛圆，日渐中狭长，正午则如一线耳。"

①鉴画：选自宋沈括《梦溪笔谈》。题目为译者所加。②披哆：犹分散。

欧阳修曾经得到一幅古画《牡丹丛》，牡丹下面画一只猫。他搞不清楚这幅画是好是坏。丞相吴育与欧阳修是两亲家。吴公一见这画，说："这幅画画的是正午的牡丹。怎么知道呢？因为花瓣张开，颜色显得干燥，这就是正午的牡丹。猫的黑眼珠像一条线，这就是正午的猫眼睛。如果是沾着露水的牡丹，花房就收敛，颜色就光亮。猫眼睛在早晨傍晚眼珠是圆的，快到中午时就变成狭长，正午时就像一条线了。"

范　宽

范宽，宋初华原（今陕西耀县）人。字中立。一说名中立，字仲立。因性情宽厚，人称“范宽”，他的本名反而很少有人知道了。他是北宋前期的著名山水画家，和李成、关仝被称“智妙入神，才高出类，三家鼎峙，标程前古”。他最初学李成，又学荆浩。虽然学得很相像，但还不能超过李成。后来想通了就叹息道：“与其师人，不若师诸造化。”从此，他就抛弃过去所学，到终南山居住，经常从早到晚地观察自然景象，虽然是月夜、雪天也不停止。因此他逐步提高绘画技法，创出自己独特的风格，而与李、关并驾齐驱。范宽现存作品有《雪景寒林》《溪山行旅》《群峰雪霁》《临流独坐图》等。

范蓬头[①]

范宽居山林，常危坐终日，纵目四顾，以求其趣。北宋时，天下画山水者，惟宽与李成，议者谓李成之笔[②]，近视如千里之遥；范宽之笔，远望不离坐外，皆造神奇。

①范蓬头：选自明张岱《夜航船》。②笔：笔墨，即绘画。

范宽住在山林中，常常整日正襟危坐，放眼四周，欣赏风景。北宋时候，中国画山水的名家，要数范宽和李成。评论家说，李成的画，近看时就像远在天边；范宽的画，远看时就像近在咫尺。二人都达到神奇的境界。

沈　括

沈括（1031—1095），字存中。北宋钱塘（今浙江杭州）人。一生从事多种社会活动，并且精研自然科学，官至翰林学士、龙图阁待制等。晚年定居润州（今江苏镇江）的梦溪园，将平生见闻和科研成果写成《梦溪笔谈》。

韩退之画像[①]

世人画韩退之，小面而美髯，着纱帽。此乃江南韩熙载耳[②]，尚有当时所画，题志甚明。熙载谥文靖，江南人谓之韩文公，因此遂谬以为退之。退之肥而寡髯。元丰中，以退之从享文宣王庙，郡县所画皆是熙载。后世不复可辨，退之遂为熙载矣。

①韩退之画像：选自宋沈括《梦溪笔谈》。题目为译者所加。韩退之，即韩愈（268—824），字退之。南阳（今属河南）人。唐代大文学家，官至吏部侍郎，卒谥文，世称韩文公。②韩熙载（902—970）：字叔言。北海（今山东潍坊）人。仕南唐，官至中书侍郎，卒谥文靖。

世人画韩退之像，面部小而胡须丰美，戴着纱帽。这画的是南唐韩熙载的像，现在还有当时人画的韩熙载像存在，题词非常明确。熙载谥文靖，江南人称他为韩文公，因此世人就把他错认为韩退之。韩退之身体肥伟而少胡须。元丰年间，拿韩退之配享文宣王孔子庙，各州县孔庙所画的都是韩熙载。后世不再能辨别，所以退之竟变成了熙载了。

钟隐笔[①]

江南府库中，书画至多，其印记有“建业文房之印”“内合同印”。“集贤殿书院印”以墨印之，谓之“金图书”，言惟此印以黄金为之。诸书画中，时有李后主题跋，然未尝题书画人姓名，唯钟隐画，皆后主亲笔题“钟隐笔”三字。后主善画，尤工翎毛。或云凡言“钟隐笔”者，皆后主自画，后主尝自号“钟山隐士”，故晦其名谓之“钟隐”，非姓钟人也。今世传钟隐画，但无后主亲题者，皆非也。

①钟隐笔：选自宋沈括《梦溪笔谈》。题目为译者所加。

南唐的府库中，收藏的书画极多，那些印记有“建业文房之印”“内合同印”等。其中“集贤殿书院印”是用黑墨印在书面上的，而称之为“金图书”，说的是只有此印是用黄金铸造的。各种书画中，时常会看到李后主（煜）的题跋，然而不曾题写书画人的姓名，只是钟隐的画，都有后主亲笔题写的“钟隐笔”三字。后主擅长绘画，尤其工于花鸟。有人说，凡是有“钟隐笔”三字的，都是后主自己画的，后主曾自号“钟山隐士”，所以隐藏自己的真名而称为钟隐画。当今所传的钟隐画，只要没有后主的亲笔题署的，都不是真品。

“耳鉴”与“揣骨听声”[①]

藏书画者，多取空名，偶传为钟、王、顾、陆之笔[②]，见者争售，此所谓“耳鉴”。又有观画而以手摸之，相传以谓色不隐指者为佳画[③]，此又在“耳鉴”之下，谓之“揣骨听声”。[④]

①“耳鉴”与“揣骨听声”：选自宋沈括《梦溪笔谈》。题目为译者所加。②钟、王、顾、陆：即魏晋南朝著名书法家钟繇、王羲之和画家顾恺之、陆探微。③隐指：也称“隐手”，为宋人俗语。指物体表面看似平整，或看不清的物体，本以为该是平整的，用手去摸却有高低不一的感觉。犹今言“硌手”。④揣骨听声：本指盲人占卜者靠手摸揣测人的骨相，又听人的声音，以判断人的贵贱吉凶。

收藏书画作品的人，往往只注重书画家的名声，偶然传闻某幅作品为钟、王、顾、陆的手笔，见到者就争相购买，这就叫作“耳鉴”。又有观画而用手去摩挲的，相传以为画布不硌手指的就是好画，这又在“耳鉴”之下，被称为“揣骨听声”了。

高益匠心[①]

相国寺旧画壁乃高益之笔，有画众工奏乐一堵最有意。人多病拥琵琶者误拨下弦：众管皆发“四”[②]字，琵琶“四”字在上弦，此拨乃掩下弦，误也。予以谓非误也。盖管以发指为声，琵琶以拨过为声，此拨掩下弦，则声在上弦也。益之布置尚能如此，其心匠可知。

①高益匠心：选自宋沈括《梦溪笔谈》。题目为译者所加。高益：宋初画家。本为契丹涿郡人，后入宋都汴京，以卖药、卖画自给。太宗在即位前已识之，即位后命为翰林图画院待诏，又命画相国寺、崇夏寺等壁画。以善画佛道鬼神、蕃汉人马著称。②四：古代乐谱用字，为表示音阶的符号。

相国寺旧有壁画出于高益的手笔，其中有一堵墙上画的众乐工奏乐的一幅最有意味。人多以为这幅画有个毛病，就是弹琵琶的乐工误拨了下弦：各种管乐器发的都是“四”字音，琵琶的“四”字音在上弦，这位乐工拨弦的手指却掩住了下弦，显然是画错了。我以为这并没有画错。因为管乐器是以手指离开器孔而发声的，琵琶则是手指拨过相应的弦之后才发声，现在画上拨弦的手指掩住了下弦，正表示声音是在上弦。高益的画面布置尚能如此精细，则他对绘画的苦心孤诣可想而知了。

欧阳修识画[①]

书画之妙，当以神会，难可以形器求也。世之观画者，多能指摘其间形象、位置、色彩瑕疵而已，至于奥理冥造者，罕见其人。如彦远《画评》言[②]："王维画物，多不问四时，如画花，往往以桃、杏、芙蓉、莲花同画一景。"予家所藏摩诘画《袁安卧雪图》，有雪中芭蕉，此乃得心应手，意到便成，故造理入神，迥得天意。此难可与俗人论也。谢赫云[③]："卫协之画，虽不该备形妙，而有气韵，凌跨群雄，旷代绝笔。"又欧阳文忠《盘车图诗》云："古画画意不画形，梅诗咏物无隐情[④]。忘形得意知者寡，不若见诗如见画。"此真为识画也。

①欧阳修识画：选自宋沈括《梦溪笔谈》。题目为译者所加。②彦远：即张彦远，字爱宾。猗氏（今山西临猗南）人。唐后期书画评论家。开元间宰相张嘉贞后人。历官员外郎，著有《历代名画记》《法书要录》等。③谢赫：南朝齐梁时人，著有《古画品录》。④梅诗：欧阳修同时代人梅尧臣的诗。

书画作品的奥妙之处，当从心领神会上去体悟，不能光从形迹的相似上去寻求。世上观赏绘画作品的人，大多不过能指摘画中的事物形象、配置位置及色彩运用等方面的瑕疵而已。至于确实能够从深层次领会优秀画作的深刻意境和哲理的，就少之又少。如张彦远的《画评》说：“王维画景物，多不问四时节令，如画花，往往将不同季节开花的桃、杏、芙蓉、莲花等画在同一幅图画中。”我家有王维画的《袁安卧雪图》，画有雪中芭蕉，这是得心应手的创作，意趣到处便可成画，所以能够达理入神，深得天机本性。这道理是难以与普通人说的。谢赫说：“卫协的画，虽然不能完全精妙逼真地画出事物的外在形象，却有生动的神气和韵味，所画超越竞起的名家，可以说是空前绝后的作品。”又有欧阳修的《盘车图诗》说：“古画画意不画形，梅诗咏物无隐情[4]。忘形得意知者寡，不若见诗如见画。”这些都是真正懂得绘画奥妙的人才说得出的。

画佛光之谬[1]

画工画佛身光，有匾圆如扇者，身侧则光亦侧，此大谬也。渠但见雕木佛耳，不知此常圆也。又有画行佛光，尾向后，谓之“顺风光”，此亦谬也。佛光乃定果之光[2]，虽劫风不可动[3]，岂常风能摇哉？

①画佛光之谬：选自宋沈括《梦溪笔谈》。题目为译者所加。②定果：正定修行，修成正果。③劫风：佛教语言指世界毁灭时成灾的风。

画工画佛身上的灵光，有画成像扇子样扁圆形的，佛身偏向一边则光也随着偏向一边，这是大错而特错的。他们大概只见到过木雕的佛像，而不知道佛光总是圆的。又有画行走时的佛的灵光，光尾向后，称之为“顺风光”，这也是错的。佛光乃是修成正果的光，虽世界末日的劫风也吹它不动，又哪里是一般的风可能动摇呢？

晋、宋人墨迹[①]

晋、宋人墨迹，多是吊丧问疾书简。唐贞观中[②]，购求前世墨迹甚严，非吊丧问疾书迹，皆入内府。士大夫家所存，皆当日朝廷所不取者，所以流传至今。

①晋、宋人墨迹：选自宋沈括《梦溪笔谈》。题目为译者所加。
②贞观：唐太宗李世民年号（627—649）。

现在流传的两晋及刘宋时人士的书法真迹，大多是吊丧问病的书信之类。唐代贞观年间，访求购买前代书法真迹的规定非常严格，不是吊丧问病的书信之类，全都归皇家收购了去。如今士大夫家所收藏的，都是当时朝廷不要的，所以能够流传到现在。

《乐毅论》石刻[①]

王羲之书，旧传唯《乐毅论》乃羲之亲书于石，其他皆纸素所传。唐太宗裒聚二王墨迹，唯《乐毅论》石本在，其后随太宗入昭陵[②]。朱梁时，耀州节度使温韬发昭陵得之[③]，复传人间。或曰公主以伪本易之，原不曾入圹。本朝入高绅学士家[④]。皇祐中，绅之子高世安为钱塘主簿，《乐毅论》在其家，予尝见之，时石已破缺，末后独有一“海”字者是也。其家后十余年，安世在苏州，石已破为数片，以铁束之。后安世死，石不知所在。或云苏州一富家得之，亦不复见。今传《乐毅论》皆摹本也，笔画无复昔之清劲。羲之小楷字，于此殆绝。《遗教经》之类，皆非其比也。

①《乐毅论》石刻：选自宋沈括《梦溪笔谈》。题目为译者所加。②昭陵：唐太宗陵墓。③温韬：华原（今陕西耀县）人。唐末为华原镇将，降于后梁，曾盗发唐诸帝陵墓。后唐明帝时被赐死。④高绅：鄞县（今属浙江）人。为真宗朝宰相王钦若亲戚，曾屡任馆职，又历转运使、经略使等。

王羲之的书法作品，旧时相传只有《乐毅论》是他亲手写在石头上的，其他都是以纸本或绢本摹传。唐太宗搜集王羲之父子的墨迹，只有《乐毅论》的石刻尚在，后来太宗去世时被随葬于昭陵。朱氏后梁时，耀州节度使温韬盗发昭陵，得到《乐毅论》石刻，才使它重现人世。也有人说此石刻在随葬时，被太宗的女儿用伪造的石刻调换了，真石刻不曾入墓穴。此石刻到本朝入于高绅学士家。皇祐年间，高绅的儿子世安官钱塘县主簿，《乐毅论》石刻就在他家。我曾见到过。此时石刻已破损残缺，其文最末只剩一个“海”字的那一块就是。此后十余年，高安世家在苏州，石刻已破裂为好几片，用铁箍箍在一起。后来安世死去，石刻也不知所在。有的说石刻流落到苏州的一个富豪家里，然而也没有人再见到过。现在流传的《乐毅论》都是石刻本的摹本，笔画已没有先前石刻的清楚有力。羲之的小楷作品，大概到此就绝迹了。至于《遗教经》之类，都不能和这块石刻相比。

文与可

文与可（1018—1079），名同，字与可，以字行。自号石室先生、笑笑先生，又称锦江道人。宋梓州梓潼（今四川梓潼）人。有《丹渊集》四十卷传世。他在宋仁宗皇祐元年登进士第，历仕邛州（今四川邛崃）军事判官兼蒲江、大邑政事、太常博士知陵州（四川仁寿）、知兴元府汉中郡（陕西南郑）、洋州（陕西洋县）太守，元丰元年（1078）任湖州（浙江吴兴）太守，故亦称“文湖州”。他善画花鸟、山水、人物，尤以墨竹著名。元代画

文与可《墨竹图》

家李衎认为文同画竹超越前人："文湖州最后出，不异杲日升空，爝火俱熄，黄钟一振，瓦釜失声矣！"

画竹[①]

文与可画竹，是竹之左氏也，子瞻却类庄子。又有息斋李衎者[②]，亦以竹名。所谓东坡之竹，妙而不真；息斋之竹，真而不妙者是也。梅道人始究极其变[③]，流传既久，真赝错杂。

①画竹：选自明张岱《夜航船》。②李衎：字仲实，号息斋道人。元蓟丘（今北京）人。博学多通，善画竹。皇庆中，官浙江省平章政事。著有《竹谱》。③梅道人：即赵左，自号梅道人。

文与可画的竹，是竹中的《左氏传》，东坡却像《庄子》。又有息斋李衎的，也以画竹出名。所谓东坡的竹，高妙而不真实；息斋的竹，真实却不高妙。只有梅道人赵左的画才能领会其中的变化，不过流传至今，已是真假混淆了。

苏　轼

苏轼（1036—1101），字子瞻，自号东坡居士。宋眉州眉山（今属四川）人。嘉祐二年（1057）进士，官至端明殿翰林侍读学士。他在文学、艺术方面，都有极高深的造诣，文章和他的父亲苏明允、弟苏辙称为“三苏”。诗词和黄山谷、欧阳修被称为“苏黄”与“欧苏”；书法是“宋四大家”（苏轼、黄庭坚、米芾、蔡襄）的领袖；绘画与文同同为文人画的创导人物。他性情豪放，喜好诙谐，所谓“文采风流，玩世不恭”，成为古代人所艳称的“名士”“才子”的典型。他在政治活动方面，并不得意。他参加以司马光为首的保守派，反对以王安石为首的维新派实施“新法”，被列为“元祐党人”而遭到多次的贬谪，最远的到过岭南（惠州儋耳）。苏轼政治上失意，所谓“一肚皮不合时宜”，他把这种思想感情寄托在绘画方面，就有“怒气写竹”的譬喻。画家徽宗皇帝“怜悯他这个同行”，任他为玉局观提举，他在观里大画墨竹，于是后来称之为“玉局法”。“四君子画”经他这一提高，更为后来士大夫所喜爱；书画同源，由于他书法高妙，画竹“从地起一直至顶”，在线条和笔力方面都与书法相通，因此更被一部分论画作家作为有力论证。王维、郑虔、文同以及苏轼一向被称为文人画的倡导者，他们都对客观物象具有深刻体会，掌握精纯技法，摆脱规矩的羁缚，用洗练的笔墨，抓住对象的本质表达主题，做到“遗貌取神”，从而在他们创作里，蕴蓄有喜怒哀乐的情感，和诗歌一样感人心脾，即所谓“无声诗”，这是真正的“文人画”。

写画白团扇[1]

先生临钱塘日，有陈诉负绫绢钱二万不偿者。公呼至，询之，云：“某家以制扇为业，适父死，而又自今春以来连雨天寒，所制不售，非故负之也。”公熟视久之，曰：“姑取汝所制扇来，吾当为汝发市也[2]。”须臾，扇至。公取白团夹绢二十扇，就判笔作行书、草圣及枯木竹石，顷刻而尽，即以付之，曰：“出外速偿所负也。”其人抱扇泣谢而去。始逾府门，而好事者争以千钱取一扇，所持立尽。后至而不得者至懊恨不胜而去。遂尽偿所逋[3]。一郡称嗟，至有泣下者。

①写画白团扇：选自宋何蓬《春渚纪闻》。题目为译者所加。②发市：即“发利市”。利市，吉利，好运气。③逋：拖欠。

东坡先生作杭州知州的时候，有状告拖欠绫绢款项两万铜钱到期不还的。先生派人把被告传来，问他为什么欠债不还。回答：“小的靠制作扇子为职业，刚刚办了父亲的丧事，加以今年春天起又一直阴雨天气寒冷，扇子卖不出去，并不敢有意拖欠呀。”先生盯住那人看了好半天。说：“姑且把你制作的扇子拿得来，我会给你发利市的。”一会儿工夫，扇子给拿来了。先生拣出白坯的夹绢团扇二十把，随手用那判案的毛笔写上行书、草书，画上枯木、竹、石。不多久，一齐画好写毕，就交给那被告，说："到外面去赶紧还清欠账。"那人捧着一叠团扇，淌着眼泪千恩万谢地走出衙门。刚一出得衙门口，一班爱好书画的人抢着出一串铜钱买一把。那人手里捧着的一叠团扇马上就卖完。迟来一步买不到的只好扫兴走散。那人一下子就把那笔欠债统统还清。整个杭州城又是称赞又是感动，甚至于有掉下眼泪的。

画竹[①]

苏轼，字子瞻，眉山人。高名大节，照映古今。据德依仁之余，游心兹艺。所作枯木枝干，虬屈无端倪，石皴亦奇怪[②]，如其胸中盘郁也。作墨竹从地一直起至顶，或问何不逐节分，曰："竹生时何尝逐节生耶？"

①画竹：选自宋邓椿《画继》。题目为译者所加。②石皴：皴，皴法。中国画画山石时，勾出轮廓后，为了显示山石的纹理和阴阳面，再用淡干墨侧笔而画，叫做皴。

苏轼，字子瞻，四川眉山人。他的崇高名望与气节，就像日月一样映照着古今。除了修身养性，忠君爱民之外，他就把心思贯注在绘画上面。他画的枯木枝干，像虬龙那样盘曲，没法推测他是怎样画的，石皴也很奇怪，这些都像是在他胸中盘曲郁积着的心情似的。他画墨竹从根部一直画到顶梢，有人问他为什么不一节一节分开来画，他说："竹生长时哪里是一节一节生长的？”

写字[①]

又尝教之学书云[②]：“世人写字，能大不能小，能小不能大。我则不然。胸中有个天来大字，世间纵有极大字，焉能过此！从吾胸中天大字流出，则或大或小，唯吾所用。若能了此，便会作字也。”

①写字：选自宋衮《梁溪漫志》。题目为译者所加。②之：指葛延之，生平未详。

东坡曾经教葛延之写字，说：“世上的人写字，会大的不会小的，会小的不会大的。我就不是这样。我心里有个天样大的字，任凭世上有极大的字，哪能超过我这个字。从我心里天样大的字流出来，那么或者大或者小，就只要按照我的需要就是。如果能明白这个道理，就会写字了。”

换羊书[①]

黄鲁直谓东坡曰：“昔王右军书为‘换鹅书’。韩宗儒每得公一帖，即于殿帅姚麟许换羊肉十斤。可名公书为‘换羊书’矣。”一日，坡在翰苑，以圣节撰著纷冗[②]，宗儒日作数简以图报书，使人立庭下督索甚急。公笑语之曰：“传语，本官今日断屠[3]。”

①换羊书：选自明张岱《夜航船》。②圣节：唐玄宗开元十七年，从群臣请，定其生辰每年八月五日为千秋节，全国宴乐休假三日。自后皇帝生日，或定节名，或不定节名，皆称为圣节。③断屠：官府下令禁止宰杀牲畜。

黄庭坚对苏东坡说："从前王羲之的书法叫'换鹅书'。韩宗儒每次拿到先生的一张书简，就在殿帅姚麟那里换羊肉十斤。所以先生的书法就可说是'换羊书'了。"有一天，东坡在翰林苑，因为皇帝的生日写庆祝文章忙得不可开交，而宗儒每日写几封书简，希望东坡能回复他一封信，并且派人站在阶前催讨。东坡就笑着对他说："传我的话，本官今天下令禁止宰杀牲畜。"

记纸四则[1]

昔苏文忠公尝书赫蹏[2]，云："吾此纸可以劖钱祭鬼，后五百年当受百金之享。"当时人或嗤之，然至今日，又岂止百金之享已哉！纳兰成德《渌水亭杂识》云[3]："文衡山曾见一纸广二丈，赵文敏不敢作字，题记而已。不知纸工以何器成之。"王东溆《柳南续笔》[4]云："太仓王文肃公家有宋笺可长十丈，米元章细楷题其首，谓此纸世不经见，留以待善书者。后公属董思翁书之，思翁亦欣然曰：'米老所谓善书者，非我而谁？'遂书满幅。南唐澄心堂纸，陈后山以谓肤如卵膜[5]，坚洁如玉，此必亲见其纸之言，然在宋时，已称罕觏，故刘功父诗云[6]：‘当时百金售一幅，澄心堂中千万轴。后人闻此那复得，就使得之亦不识。’是也。余家藏李龙眠《白描罗汉卷》，文二水跋以为是澄心堂纸[7]，其坚白异于他纸，又藏李后主行书册，则纸质稍厚，色又微黄，疑当时纸色不必一律，必谓澄心堂纸白色者，无据也。”

①记纸四则：选自清梁章钜《浪迹丛谈》。②赫蹏：古代称用以书写的小幅绢帛。后亦以借指纸。苏轼当时很可能用的是小幅薄似纸的绢帛。③纳兰成德（1655—1685）：清满洲正黄旗人。又名性德，字容若。大学士明珠之子。康熙十二年进士。官至一等侍卫。博览群书，拥书数万卷，以贵公子延接文士，与陈维崧、姜宸英、顾贞观相友善。有《饮水词》《侧帽词》，自然有风致，卓然名家。卒年才三十一，徐乾学辑其所著诗文为《通志堂集》。④王东溆：即王应奎（1683—？），字东溆，号柳南，诸生，江苏常熟县人。少年以诗名，后人评论他“古文博综，典赡中有修洁之致。诗品更高，不拾人牙慧”。著作有《柳南随笔》《续笔》等。⑤陈后山：即陈师道（1053—1101）。宋彭城人，字履常，一字无己，自号后山居士。曾任徐州教授、秘书省正字。为人安贫不苟取，以诗著称当时，与黄庭坚皆为江西人。著有《后山集》《后山诗话》《后山谈丛》等。⑥刘功父：刘攽（1022—1088），字贡夫，宋临江新喻（今属江西）人，与兄敞同登进士第，仕州县二十年，始为国子监直讲。尝贻书王安石，论新法不便，出知曹州。曹为盗区，重法不能止；攽为治尚宽平，盗亦衰息。累拜中书舍人。为人疏俊，不修威仪，喜谐谑，数招怨悔，终不能改。攽邃于史学，与司马光同修《资治通鉴》，专作汉史，作《东汉刊误》，为人称诵。又著有《公非集》及《文献类林》

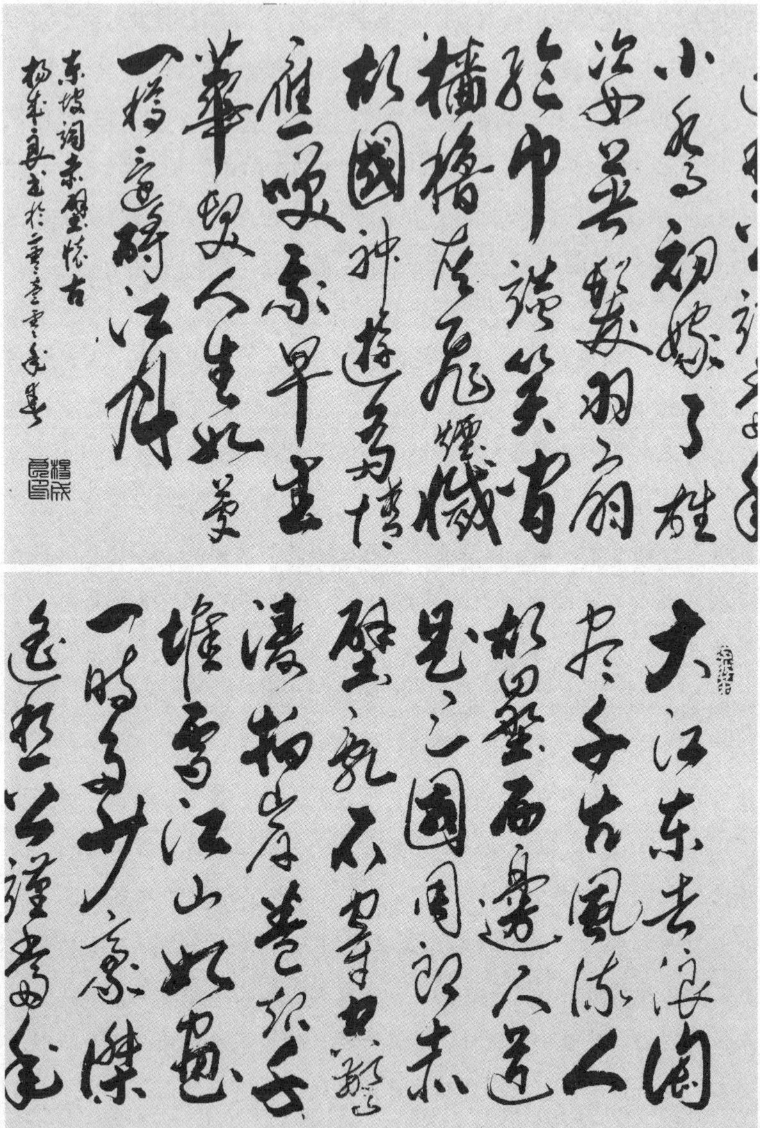

苏轼《赤壁怀古》

《中山诗话》等。⑦文二水：待查。或即文二训，清江苏仪征人，字命时，自称为文点后代。擅长墨笔兰花，好用瘦笔干墨，运以中锋，线条细而有力，花蕊也十分疏朗。他这种手法，人们叫作“文兰”。

从前苏东坡用赫蹏写字，说：“我这张字纸可以做成冥钱祭鬼，五百年后那鬼当坐拥百金。”当时人都嗤笑他，但是到了今天，又哪里是百金买得到的！纳兰成德在《渌水亭杂识》中说：“文徵明曾经见到过一张两丈长的纸，赵孟頫不敢在上面作书，只写了一篇题记而已。不知道造纸工人是用什么办法制作的。”王应奎在《柳南续笔》中说：“太仓王锡爵的家里藏有宋代的笺纸，纸足有十丈长，米芾曾用小楷在卷首题字，说这种纸世上不多见，留着给擅长书法的人来写。后来锡爵请董其昌写，其昌很高兴地说：‘米老所说的善书者，不是我又是谁呢？’就把整张纸写得满满的。南唐的澄心堂纸，陈师道说‘肤如卵膜，坚洁如玉’，这话显然是见到过这种纸才说得出的。不过在宋代，已经称得上是少见，所以刘贡父在诗中写道：‘当时百钱求一幅，澄心堂中千万轴。后人闻此那复得，就使得之亦不识。’真是如此。我家藏有李公麟的《白描罗汉卷》，文二水在跋语中以为是澄心堂纸，它白色坚硬的程度超过其他的纸，另外还藏有李后主的行书册，那个纸质较厚，颜色又略带一点黄色，估计那时的纸色并不统一，硬要说澄心堂纸是白色的，没有根据。”

东坡与山谷论书[1]

东坡尝与山谷论书，东坡曰："鲁直近字虽清劲，而笔势有时太瘦，几如树梢挂蛇。"山谷曰："公之字固不敢轻议，然间觉褊浅，亦甚似石压虾蟆。"二公大笑，以为深中其病。

①东坡与山谷论书：选自宋曾敏行《独醒杂志》。题目为译者所加。

东坡曾经与山谷讨论书法，东坡说："鲁直你近来的字虽然清瘦有力，而笔势有时过于瘦了点，几乎有点像树梢挂蛇。"山谷说："您老的字我固然不敢随便议论，但是总觉得有点狭浅，也很像石压虾蟆。"二人不觉大笑，以为说中了各自的弊病。

营妓比海棠[1]

先生在黄日，每有燕集，醉墨淋漓，不惜与人。至于营妓供侍[2]，扇书带画，亦时有之。有李琪者，小慧而颇知书札，坡亦每顾之喜，终未尝获公之赐。至公移汝郡，将祖行，酒酣奉觞再拜，取领巾乞书。公顾视久之，令琪磨砚，墨浓，取笔大书云："东坡七岁黄州住，何事无言及李琪。"即掷笔袖手，与客笑谈，坐客相谓："语似凡易，又不终篇，何也？"至将撤具，琪复拜请。坡大笑曰："几忘出场[③]。"继书云："恰似西川杜工部，海棠虽好不留诗。"一座击节，尽醉而散。

①营妓比海棠绝句：选自宋何薳《春渚纪闻》。②营妓：古代军中官妓。唐宋时始有这种名称。③出场：犹"出手"。北齐颜之推《颜氏家训·文章》："学为文章，先谋亲友，得其评论者然后出手。"意谓所撰的诗文脱稿。

东坡先生在黄州的日子，每次参加宴会，常乘醉写字作画，随手送人，从不吝惜。对于前来陪侍敬酒的官妓，在扇上写字带上画画，也是常有的事。有个名叫李琪的官妓，人还算聪明，也略通文墨，先生也喜欢她，却从来没有为她写过字画过画。后来先生奉调到汝郡，在送别宴上，李琪乘先生喝得高兴时，拿起酒杯敬酒并再拜，接着拿了条领巾求先生题字。先生注视了李琪好一会，就叫她把墨磨得浓浓的，然后拿起笔来写道："东坡七岁（年）黄州住，何事无言及李琪。"接着放下笔，缩回手，与客人谈笑起来。在座的客人对先生说："起句倒也平顺，只是为什么不写下去？"到了宴会快将结束时，李琪再次拜求，先生才大笑说："我几乎忘记完篇了。"继续写道："恰似西川杜工部，海棠虽好不留诗。"在座的人全都拍手叫好，而酒宴也就在尽兴的气氛中结束。

王晋卿索苏书[①]

王晋卿贻东坡书云："吾日夕购子书，近又以三缣博两纸，子有近书，当稍遗我，毋费我多绢也。"东坡乃以澄心堂纸、李承宴墨[②]，书黄州作《黄泥坂词》并《跋》二百余言遗之。

①王晋卿索苏书：选自清梁章钜《浪迹丛谈》。王晋卿（1036—？）：名诜，字晋卿。宋太原（今山西太原）人。②澄心堂纸：澄心堂为南唐烈祖李昪所居堂名。后主李煜所造纸，称澄心堂纸，细薄光润滑，为人所贵重。李承宴墨：李廷珪，南唐墨工。本姓奚，后赐姓李。故或称奚廷珪。自易水渡江居歙州。其所制墨，坚如玉，纹如犀，自宋以来推为第一。时称"廷珪墨"。与"澄心堂纸""龙尾砚"，合称"文房三宝"。其弟廷宽及廷宽子承宴、宴子文用，世传其业。

王诜写信给苏东坡说："我日日夜夜购买你的书法作品，近来又用三匹绢素换到了你的两幅字，你近来要是有作品，应该多少送给我点，免得我多花费绢素。"东坡于是就用澄心堂的纸、李承宴的墨，写了在黄州时作的《黄泥坂词》连同《跋》文在内的二百多个字送给他。

苏东坡[①]

吕周辅言[②]：东坡先生与黄门公南迁[④]，相遇于梧、藤间[④]，道旁有鬻汤饼者[⑤]，共买食之，粗恶不可食。黄门置箸而叹，东坡已尽之矣。徐谓黄门曰："九三郎，尔尚欲咀嚼耶？"大笑而起。秦少游闻之，曰："此先生'饮酒但饮湿'而已[⑥]。"

①苏东坡：选自宋陆游《老学庵笔记》。题目为译者所加。②吕周辅：吕商隐，字周辅，成都人。乾道二年进士，历任国子监博士、宗正丞等官。③黄门公：即东坡弟苏辙，小字九三。曾官门下侍郎。此职在秦汉曰侍郎。晋始改门下，而后世犹称官门下者为黄门。④梧、藤：地名。广西梧州与藤州。东坡《和渊明移居诗序》："丁丑岁余谪海南，子由亦谪雷州，五月十一相遇于藤，同行至雷。"丁丑为绍圣四年（1097）。⑤汤饼：汤煮的面食。亦即今之面条。⑥秦少游：秦观，字少游，北宋词人，与二苏友善。饮酒但饮湿：东坡《岐亭五首》之四："酸酒如荠汤，甜酒如蜜汁，三年黄州城，饮酒但饮湿。我如更拣择，一醉岂易得？"意思是：只要有酒就好，不拘美恶。

吕周辅说：东坡与他弟弟苏辙同时被贬谪到南方，在广西梧州、藤州一带地方碰到了。路边有卖面条的，二人就各买了一碗。面条粗恶无味，简直没法入口。苏辙放下筷子还在慨叹，东坡却已经吃个精光，还慢慢地对苏辙说："九三郎，你还想再来一碗吗？”说罢，大笑着站了起来。秦观听到这事情后说：“这就是先生‘饮酒但饮湿’的意思罢了。”

文章快意[①]

先生尝为刘景文与先子曰[②]：“某平生无快意事，惟作文章，意之所到，则笔力曲折，无不尽意。”自谓世间乐事无逾此者。

①文章快意：选自宋何薳《春渚纪闻》。何薳，字子远，南宋浦城（今属福建）人。著有《春渚纪闻》。②先子：指已死的父亲或祖父。

东坡先生曾经对刘景文和我父亲说：“苏某一生没有快活的事，只有写文章，想到哪里，笔就弯弯绕绕跟到哪里，没有写不透彻的。”他自以为人世间的高兴事没有再比得上这事的。

墨木竹石[①]

先生戏笔所作枯株竹石[②]，虽出一时取适，而绝去古今画格，自我作古[③]。薳（wěi）家所藏枯木并拳石丛篠二纸，连手帖一幅[④]，乃是在黄州与章质夫庄敏公者。帖云：“某近者百事废懒，惟作墨木颇精[⑤]，奉寄一纸，思我当一展观也。”后又书云：“本只作墨木，余兴未已，更作竹石一纸同往。”前者未有此体也，是公亦欲使后人知之耳。

①墨木竹石：选自宋何薳《春渚纪闻》。②戏笔：随意戏作的诗文书画。③自我作古：谓不拘泥于前例，由我创始。故，典故，成例。④手帖：手写的书帖。⑤墨木：单用墨画的树木。另有墨竹也是这个意思。

东坡先生随意戏作的枯木竹石，虽然只是出于一时高兴，却是抛掉了从古到今作画的规矩，独创一格。我家里所收藏的枯木以及拳石、丛篠两张，还有手写的书帖一幅，都是在黄州时送给章质夫、庄敏公的。手帖说：“我近来所有的事情都懒得做，只有画墨木相当精致，寄上一张，在想念我时可以打开来一看。”后面又写着说：“本来只画墨木，兴有未尽，所以又画了张竹石同时寄去。”以前没有这种格调的画，是东坡老先生想要让后人知道罢了。

裕陵惜人才[①]

公在黄州，都下忽盛传公病殁。裕陵以问蒲宗孟，宗孟奏曰：“日来外间似有此语，然亦未知的实。”裕陵将进食，因叹惜再三，曰：“才难。”遂辍饭而起，意甚不怿（yì）。后公于哲庙朝表荐先子博士《备论》云[②]：“先皇帝道配周孔，言成典谟[③]，盖尝当食不御，有‘才难’之叹。”其说盖出于此。

①裕陵惜人才：选自宋何薳《春渚纪闻》。裕陵：宋仁宗（赵顼）葬永裕陵，宋人以裕陵作神宗的代称。②哲庙：指宋哲宗赵煦。庙：王宫的前殿、朝堂。亦用为朝廷的代称。哲庙，即哲宗朝。③典谟：即“典谟训诰”。指《尚书》中的《尧典》《大禹谟》《汤诰》《伊训》诸篇。

坡公谪居在黄州，京城里忽然大肆传说东坡生病死了。神宗皇帝就问蒲宗孟，宗孟回禀道：“近来外面好像有这样的传说，不过也不知道是真是假。”神宗正要用膳，就再三叹惜，说：“人才难呀！”接着就放下碗筷站了起来，看样子是很不痛快。后来坡公在哲宗时上表举荐我父亲为博士的《备论》中说：“裕陵的道德品质比得上周公孔子，说话就像典谟训诰，曾经辍饭而起，有‘人才难呀’的慨叹。”说话的依据就在这里。

翰墨之妙[①]

先生翰墨之妙，既经崇宁、大观焚毁之余，人间所藏，盖一二数也。至宣和间，内府复加搜访，一纸定值万钱，而梁思成以三百千取吾族人《英州石桥铭》。谭禛以五万钱辍沈元弼“月林堂”名三字。至于幽人释子所藏寸纸，皆为利诱，尽归诸贵近，及大卷轴输积天上。丙午年，金人犯阙，轮运而往，疑南州无一字之余也[②]。而绍兴之初，余于中贵任源家[③]，见其所藏几三百轴，最佳者有径寸字，书“宸奎阁记”，行书《南迁乞乘舟表》与《酒子赋》。又于先生诸孙处，见《海外》五赋，字皆如《醉翁亭记》，而加老放。毕少董处，见《自虏中还得责吕惠卿》词。于王信仲家人针箧中，续仲永处，见《海外祭妹德化县君文》，与余世保东坡先生《无一钱诗》，《醉草》十纸，龙蛇飞动，皆非前后石刻所见者。则德麟赵仗尝跋公书后，有“翰墨稽（jǐ）天④，发乎妙定”之语，为不虚也。

①翰墨之妙：选自宋何薳《春渚纪闻》。翰墨：笔墨。②南州：南方地区。③中贵：显贵的从宦官。即“中贵人”。④稽：叩头至地。

东坡先生笔墨的奇妙，经过崇宁、大观两次焚烧之后，人们手中所保存的，大概只有一二成了。到宣和年间，王宫仓库再次搜索访求，一幅定价上万钱，如梁思成用三百千钱买走我族人手中的《英州石桥铭》。谭禛用五万贯钱买走了沈元弼手中“月林堂”三个字。再说民间、僧人所收藏的短简残片，都被利益所诱惑，全都归那些权贵近臣所有，至于那些较大的卷轴都运送到王宫里去储藏起来。丙午（1126）那年，金兵攻进汴京，把墨宝用车子运走，估计在南方已经一无所有。可是在绍兴初年，我在中贵人任源的家里，看见他所收藏的几乎有三百轴，最大的有直径一寸那么大的字，写的是“宸奎阁记”，还有用行书写的《南迁乞乘舟表》和《酒子赋》。另外，在东坡先生的那些孙儿处，还看到《海外》五赋，字都和《醉翁亭记》一样大小，只是更加老练雄放。在毕少董那里，看见《自虏中还得责吕惠卿》词。在王信仲家人的针线箧中，续仲永那里，看到《海外祭妹德化县君文》，和我历来保存的东坡先生的《无一钱诗》，《醉草》十纸，有如龙蛇飞动，都不是从前和后来在刻石上所能见得到的。赵德麟前辈曾经为东坡先生在书法后的题跋，有“翰墨稽天，发乎妙定”的话，是真实不假的。

子瞻在惠州[①]

子瞻在惠州，天下传其已死。后七年北归。时丞相方贬雷州[②]。子瞻见南昌太守叶祖洽。叶问曰：“传端明已归道山[③]。今尚尔游戏人间耶？”坡曰：“途中遇章子厚，乃回返耳。”

①子瞻在惠州：选自明曹臣《舌华录》。曹臣，明歙人，字荩之。尝取前人问答隽语，曰《舌华录》，盖《世说新语》之类。惠州：属广东省。②丞相：即章惇，字子厚，宋建州浦城人。嘉祐四年进士。熙宁初，为编修三司条例官。哲宗初，知枢密院事，高太后听政，黜知汝州。哲宗亲政，起为尚书左仆射兼门下侍郎，尽复熙宁新政，力排元祐党人，并引用蔡卞、林希、上官均等，皆居要位。徽宗初，罢知越州，寻贬睦州，卒。雷州：属广东省。③端明：即东坡。东坡曾任端明殿学士，故名。道山：仙山。旧时称人死为归道山。

东坡贬谪在惠州那段时间，国内传说他已经死去。七年之后他回到北方。当时丞相章惇正好贬谪到雷州。东坡遇到南昌太守叶祖洽。叶问东坡：“传说你已经升天。如今却还在人间游荡？”东坡说：“路上遇到章子厚，所以就回来了。”

子厚必能杀人[①]

苏子瞻与章子厚同游南山诸寺。寺有山魈（xiāo）为祟[②]，客不敢宿。子厚独宿，山魈不敢出。招游仙潭，下临绝壁，岸甚狭，横木如桥。子厚推子瞻过潭书壁，子瞻不敢过。子厚平步过之，用索系树，蹑之上下，神色不动，以漆黑濡笔大书石壁曰："章惇苏轼来游。"子瞻拊其背曰[③]："子厚必能杀人。"子厚曰："何也？"子瞻曰："能自拼命者，能杀人也。"

①子厚必能杀人：选自明曹臣《舌华录》。②山魈：山中大猴、猩猩再加传说的混合物。似人，黑色，身长丈余，上唇盖眼、反踵，逢人则笑，产南方。从前浙江台州、富阳都有。③拊：拍，轻击。

东坡与子厚一起到南山的那些寺庙中游玩。寺庙中有山魈作乱，游客都不敢在那里住宿。只有子厚敢住，山魈不敢出来。有一次，子厚约子瞻到仙潭游玩，石壁陡削，堤岸又很狭窄，以横木当桥。子厚推着东坡要他到仙潭对岸的石壁上写字，东坡不敢过去。子厚却随随便便地走了过去，他用一根绳索缚在树上，踏着一上一下的绳索，一点都不慌张，还用笔舐着黑漆在石壁上写了这几个大字："章惇苏轼来游。"东坡拍拍子厚的背脊说："子厚，你能够杀人。"子厚说："为什么呢？"东坡说："能够不顾一切拼命的人，就能杀人。"

东坡自海还[1]

东坡自海还，过惠州，州牧故出郊迎之，因问海南风土人情如何。东坡云："风土极善，人情不恶。其初离昌化时[2]，有十数父老，皆携酒馔，直至水次[3]，送某登舟，执手涕泣而去，曰：'此回与内翰相别后[4]，不知甚时相见。'"

①东坡自海还：选自明曹臣《舌华录》。海：海南岛。②昌化：县名。在今海南昌江黎族自治州。③水次：水边。④内翰：官名。苏轼曾任内翰，故以内翰称之。

东坡从海南岛回来，路过惠州，州里的地方官特地到城外迎接，就问海南岛的风土人情怎么样。东坡说："风土很好，人情也不差。当初离开昌化的时候，有十多位老人，都拿着酒和菜，一直来到岸边，送我上船，拉着我的手哭着离开，他们说：'此番跟内翰分别后，不知道要到什么时候才能相见。'"

种德[1]

苏东坡卜居阳羡[2]，士人邵民瞻为公买一宅，缗（mín）五百[3]，公倾囊仅能偿之。卜吉将入居。夜与邵步月至村落，闻一妪哭，甚哀。公与邵推扉入问故。妪言吾有居，传百年，子不肖，举以售人，数世旧居，一旦诀别，所以泣也。坡怆然问所在。即公以五百缗易者。因再三慰抚曰：“此居乃吾所售，不必深悲，当以还妪。”即令取屋券对妪焚之，呼其子迎母还，不索其直。公遂还毗（pí）陵④，不复买宅。

①种德：选自明郑瑄《昨非庵日纂》。种德：犹积德。②阳羡：县名。今属湖北省。③缗：穿钱用的绳子。每串一千文。④毗陵：县名。即今江苏省常州市。

苏东坡打算在阳羡居住，有个邵民瞻的人替他买了一幢房子，房价五百，东坡用了全部的积畜。挑个好日子准备搬进去住。晚上东坡与民瞻在月光下散步到一个村庄，听到有个老太太在哭，哭得很伤心。东坡与民瞻推门进去询问。老太太说她有一幢房子，祖传已有靠百年，儿子不务正业，将房子卖给别人，住了几代的旧居，一旦要与它告别，所以就悲伤哭泣。东坡听了十分感动，问她房子在哪里？原来就是东坡买的这一幢。东坡就再三安慰她说：“你这房子就是我买的，不必这么悲伤，我仍然还给你好了。”就把买卖房契拿来当场烧掉，叫她的儿子把母亲接回去住，也不要归还房款。接着，东坡就又回到湖北毗陵去了，不再在阳羡买房子。

术士之语①

苏子瞻谪儋（dān）州，以“儋”与“瞻”字相近也。

子由谪雷州，以“雷”字下有“田”字也。黄鲁直谪宜州，以“宜”字类“直”字也。此章子厚騃（ái）谑之意[②]。当时有术士曰：“儋”字从立人，子瞻其尚能北归乎！“雷”字“雨”在“田”上，承天之泽也，子由其未艾乎！“宜”字乃“直”字，有盖棺之义也，鲁直其不返乎！后子瞻北归，至毗陵而卒。子由退老于颍（yǐng），十余年乃终。鲁直竟卒于宜。

①术士之语：选自宋罗大经《鹤林玉露》。题目为译者所加。术士：俗称巫祝占卜之流为术士。②章子厚：即章惇，与苏轼等在同朝为官，本来都是相识的，只是政见不同，所以有时可以一起玩耍，有时就不免作弄对方。騃谑：犹言恶作剧。捉弄耍笑，使人难堪。③直：犹俗语所谓两脚笔直，以喻死亡。

苏子瞻（名轼）贬谪到儋州，因为“儋”字与“瞻”字相接近。苏辙（子由）贬谪到雷州，因为“雷”字下面有个“田”字。黄庭坚（鲁直）贬谪到宜州，因为“宜”字很像“直”字。这是章惇（子厚）恶作剧。当时有测字先生说：“儋”字从立人旁，子瞻他还有北归的希望。“雷”字是“雨”字在“田”字上头，承受天上的雨水，子由他不会因此枯萎。鲁直他回不来了！后来子瞻北归，到了毗陵就死了。子由告老退居在颖川，十多年后才死去。鲁直就死在宜州。

馈药染翰[1]

先生自海外还至赣上，寓居水南日，过郡城携一药囊，遇有疾者，必为发药，并疏方示之。每至寺观，好事者及僧道之流，有欲得公墨妙者[2]，必预探公行游之所，多设佳纸，于纸尾书记名氏，堆积案间，拱立以俟。公见即笑视，略无所问，纵笔挥染，随纸付人。至日暮笔倦或案纸尚多，即笑，语之曰："日暮矣，恐小书不能竟纸，或欲斋名及佛偈者幸见语也[3]。"及归，人人厌满[4]，忻跃而散。

①馈药染翰：选自宋何薳《春渚纪闻》。②墨妙：指精妙的文章、书法、绘画。③佛偈：佛经中的颂词。梵语偈佗的简称。多用三言、四言、五言、六言、七言以至多言为句，四句合为一偈。④厌：饱，满足。

东坡先生从海南回来，到赣南，寄寓在水南（今属江西赣州）时，每次到郡城去，都带着一个药囊，遇到生病的人，必定给药，并且写出药方告诉他。每次到寺院去，那些消息灵通人士以及和尚道士中，必定探听先生的行踪去处，预先准备了好纸，在纸尾写上自己的姓氏，将其堆积在书桌上，并恭恭敬敬地站在那里等候。先生见了就笑笑，也不问情由，一提起笔来就写，写完了按照所署的姓氏递给他们。到傍晚时人感到疲倦，或桌上的纸还有不少，就笑着说："天晚了，我再用小字体写恐怕写不完，如有想写书斋匾额和佛偈的，希望告诉我。”最后，每个人都满意，高兴得跳跃回去。

黄庭坚

黄庭坚（1045—1105），字鲁直，号山谷道人，又号涪翁。宋洪州分宁（今江西修水县）人。其自幼好学，博览经史百家。英宗治平四年（1067）进士。仁宗熙宁年间，先后任汝州叶县（今属河南）尉、大名（今北京一带）国子监教授。元丰三年（1080）知吉州太和县（今属江西），政令清简平易。元祐时入京编修《神宗实录》，其间曾为参详官。章惇、蔡京诬以修《神宗实录》不实，贬涪州（今四川涪陵）别驾、黔州（今四川彭水）安置。后移戎州（今四川宜宾县）。徽宗即位，受命内迁，又因受排挤，被除名编管宜州（今广西宜山），死于此。黄庭坚诗学杜甫，而能自辟门径，为江西诗派之祖。晚年名益高，与苏轼并称“苏黄”。善书真行草，以真体为第一。与苏轼等称“宋四大家”。传世墨迹甚多，有《太白忆旧游诗》《宋故徐继中墓志铭》《七佛偈》《华严疏》《花气诗帖》等等。其所遗墨迹皆为后代学书者所珍重，并成为学书之范。

苏黄秦书各有僻[1]

东坡先生、山谷道人、秦太虚（七丈）每为人乞书，酒酣笔倦，坡则多作枯木拳石，以塞人意；山谷则书禅句；秦七丈则书鬼诗。余家收山谷所书禅句几三十余首，有云："牵驴饮江水，鼻吹波浪起。岸上蹄踏蹄，水中嘴对嘴。"与"自是钓鱼船上客，偶除须鬓著袈裟。佛祖位中留不住，夜来依旧宿芦花。"此二诗人间计有数十百纸矣。"百花桥下木兰舟，破月冲烟任意流。金玉满堂何所恋，争如年少去来休[2]。"又"溘（kè）尔一气散[3]，去托万鬼邻。四大不自保[4]，况复满堂亲。膏血汗厚土，化作丘中尘。空床横白骨，奄忽千岁人[5]。"秦七丈屡书此二诗，余所藏大字小字各有二本。

①苏黄秦书各有僻：选自宋何薳《春渚纪闻》。僻：通"癖"，偏好。②争如：犹"争似"。怎如。③溘尔：忽然。④四大：道家以道、天、地、王为四大。⑤奄忽：比喻死亡。

东坡先生（苏轼）、山谷道人（黄庭坚）、秦太虚（秦观）每次替求字画者写字画画，如果遇到酒醉懒得动笔时，东坡就往往画枯死了的树木和顽石，作为满足人们的要求；山谷就写有关佛教方面的句子；秦观就写鬼诗。我家收藏山谷所写的禅句几乎有三十多首，有的说："牵驴饮江水，鼻吹波浪起。岸上蹄踏蹄，水中嘴对嘴。"以及"自是钓鱼船上客，偶除须鬓著袈裟。佛祖位中留不住，夜来依旧宿芦花。”这两首诗留传在世上的估计有几十到上百张之多。“百花桥下木兰舟，破月冲烟任意流。金玉满堂何所恋，争如年少去来休。”又“溘尔一气散，去托万鬼邻。四大不自保，况复满堂亲。膏血汗厚土，化作丘中尘。空床横白骨，奄忽千岁人。”秦观屡次写这两首诗，我所收藏的大字小字各有二本。

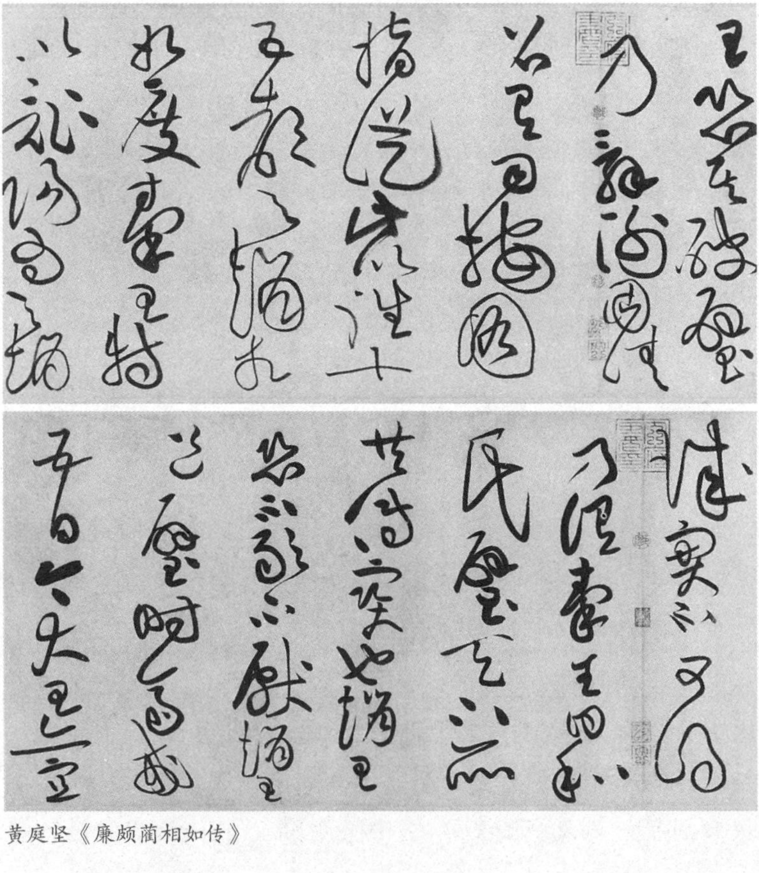

黄庭坚《廉颇蔺相如传》

鲁直在宜州[①]

鲁直至宜州，州无亭驿，又无民居可僦，止一僧舍可寓，而适为崇宁万寿寺[②]，法所不许，乃居一城楼上，亦极湫隘。秋暑方炽，几不可过。一日，忽小雨。鲁直薄饮醉，坐胡床，自栏楯间伸足出外以受雨，顾谓寥曰[③]：“信中，吾平生无此快也。”未几而卒。

①鲁直在宜州：选自宋陆游《老学庵笔记》。题目为译者所加。宜州：州名。即今广西宜山县一带。②崇宁：宋徽宗赵佶年号（1102—1106）。③寥：据陆游在《老学庵笔记》中说：“黄鲁直有日记，谓之《家乘》，至宜州犹不辍书。其间数言信中者，盖范寥也。高宗得此真本，大爱之，日置御案。徐师川以鲁直甥召见，至翰林学士。上从容问信中谓谁。师川对曰：‘岭外荒陋无士人，不知何人。或恐是僧耳。’寥时为福建兵钤，终不能自达而死。”

鲁直到了宜州，城里找不到馆驿，又租不到民房，只有一个寺院可以安身，可又碰巧是个崇宁万寿寺，按照国法是不允许居住的，所以只好住在城楼上；这城楼也是很潮湿狭窄的。初秋还热得厉害，几乎没法过日子。有一天，忽然下起了小雨。鲁直喝酒差不多醉了，就坐在交椅上，把脚从栏杆中伸到外面，承受雨点洒打。鲁直对范寥说：“信中，我一生中从来没有遇到过这样痛快的事情呀！”过不了多久，他就去世了。

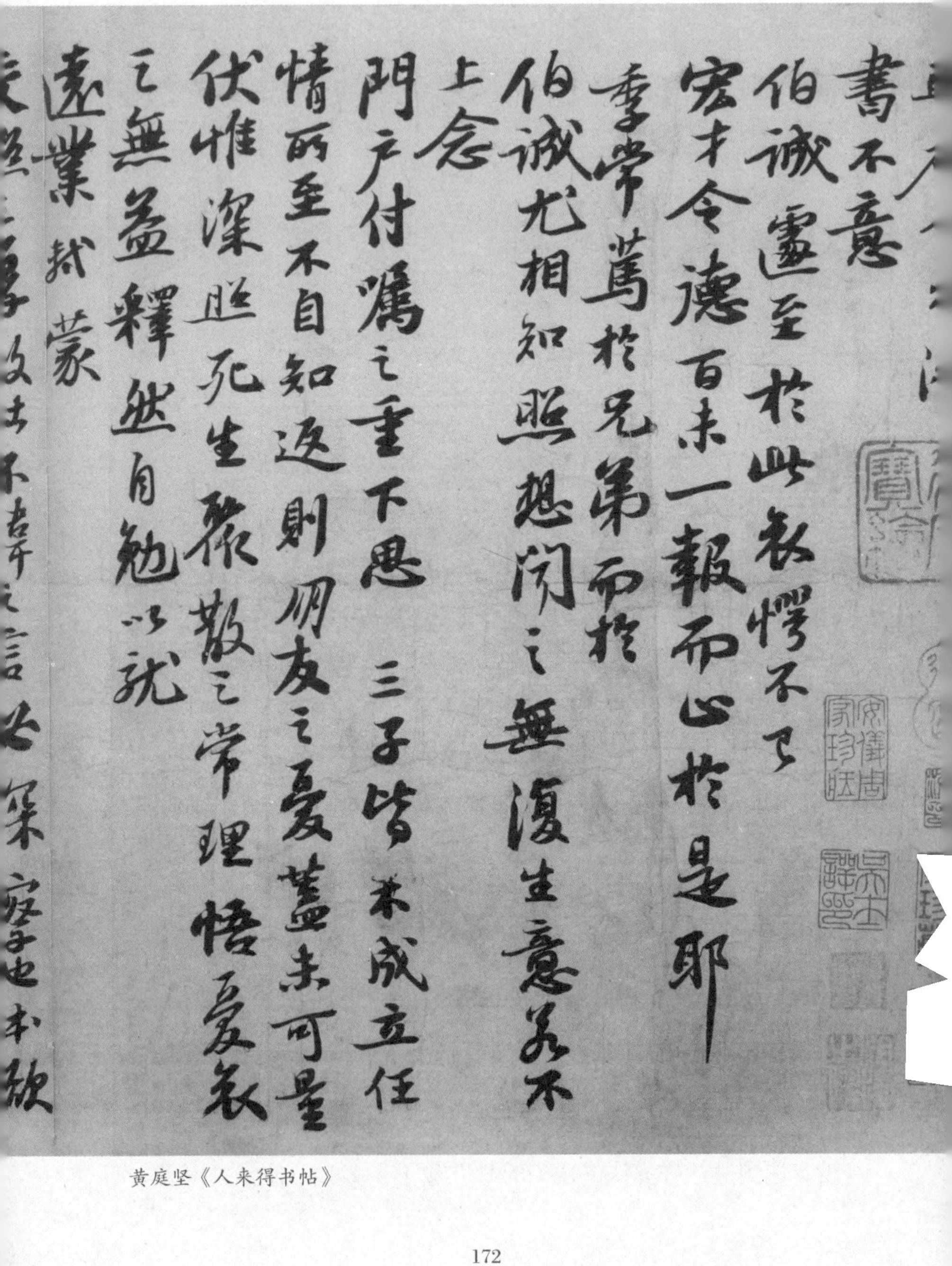
書不意伯誠遽至於此哀愕不已
寵才令德百未一報而止於是耶
季常篤於兄弟而於
伯誠尤相知照想聞之無復生意冀不
上念
門戶付囑之重下思三子皆未成立任
情所至不自知返則朋友之憂蓋未可量
伏惟深照死生聚散之常理悟憂哀
之無益釋然自勉以就
遠業

黄庭坚《人来得书帖》

家乘[1]

黄鲁直有日记，谓之《家乘》，至宜州犹不辍书。其中数言信中者，盖范寥也。高宗得此书真本，大爱之，置御案。徐师川以鲁直甥召用至翰林学士。上从容问信中为谁？对曰："岭外荒陋，无士人，不知何人。或恐是僧耳。"寥时为福建兵钤[2]，终不能自达而死。

①家乘：选自宋陆游《老学庵笔记》。题目为译者所加。②兵钤：官名。具体不详。

黄庭坚有本日记，名叫《家乘》，贬谪到广西宜山县时还是不停的在写。日记中几次提到的信中，就是范寥。宋高宗得到这本日记的原稿，非常喜欢，放在书桌上。徐师川由于是庭坚的外甥，还被宋高宗任命为翰林学士。宋高宗随便问到信中是谁？师川回答说："岭外地方荒凉，没有读书人，不知道是什么人。恐怕是和尚吧。"范寥当时在福建当一名兵钤的小官，终于不得志而死。

李龙眠

李龙眠，即李公麟（1049—1106），字伯时。宋舒州舒城（今属安徽）人。熙宁三年（1070）进士，曾为监法御史，元符三年（1100）因病告老，居龙眠山，号“龙眠居士”。他的父亲虚一曾官大理寺丞，爱好收藏古代文物。公麟少时即受艺术熏染，精于鉴别古物，并摹写名家书画，对著名的书画都多临有副本，得以吸收各家之长以为己有，并融会贯通创造出一家之法。当时人称他“鞍马逾韩幹，佛学追吴道玄，山水似李思，人物似韩滉，潇洒如王维，当为宋画中第一，照映前古者也”。我们从他流传下来的作品来看，他的人物画确是继往开来，给予后世以极大影响。

罗汉渡江[①]

李龙眠画《罗汉渡江》，凡十又八人，一角漫灭，存十五人又半，及童子三人。凡未渡者五人。一人值坏纸，仅见腰足。一人戴笠携杖，衣袂翩然，若将渡而无意者。一人凝立远望，开口自语。一人跽左足，蹲右足，以手捧膝，作缠结状，双屦脱置足旁，回顾微哂。一人坐岸上，以手踞地，伸足入水，如测浅深者。方渡者九人。一人以手揭衣，一人左手策杖，目皆下视，口呿不合。一人脱衣，双手捧之而承以首。一人前其杖，回首视捧衣者。两童子首发蓬鬙，共舁一人以渡。所舁者长眉覆颊，面怪伟如秋潭老蛟。一人仰面视长眉者。一人貌亦老苍，伛偻策杖，去岸无几，若幸其将至者。一人附童子背；童子瞪目闭口，以手反负之，若重不能胜者。一人貌老过于伛偻者，右足登岸，左足在水，若起未能。而已渡者一人，捉其右臂作势起之。老者怒其喙，缬纹皆现。又一人已渡者，双足尚跣，出其履将纳之，而仰视石壁，以一指探鼻孔，轩渠自得②。

①罗汉渡江：选自明黄淳耀《李龙眠罗汉渡江记》。题目为译者所加。②轩渠：古代作“轩举”，形容身体姿势，后来转变成形容笑的样子。

李龙眠的《罗汉渡江图》，总共画了十八个人，画幅的一小部分受潮污损看不出来，剩下十五个半，还有三个孩子。还没有渡江的共计五个人。一个人正碰上那纸面损坏的部位，只看得出他的腰部和脚。一个人戴着斗笠，柱着拐杖，衣襟和袖子轻飘飘的，像是准备过江又做不了决定的样子。一个人凝神站在那里向远处眺望，张开嘴在自言自语。一个人左腿跪着，右腿蹲着，用手捧着膝盖，做出结扎的姿势，一双鞋子脱下了放在脚边，边回头看边微笑着。一个人坐在江岸上，用双手撑在地面，把脚伸进江水里，好像在探测江水的深浅似的。正在过江的有九个人。一个人用手拎着衣襟，一个人左手扶着拐杖，眼睛都朝下面看，嘴张开着。一个人脱掉衣裳，两只手捧着它顶在头上。一个人把拐杖伸向前面，回过头来瞧着那捧衣裳的。两个孩子头发蓬蓬松松，合力抬着一个人在过江。那被抬的人眉毛很长，一直盖到面颊上，脸型古怪奇特得像那秋天潭水里的老蛟。一个人仰着脸瞧着那长眉毛的人。一个人容貌也显得苍老，弯腰驼背地扶着一根拐杖，距离对岸不远了，好像在高兴他快要到达了似的。一个人趴在孩子的背脊上；那孩子瞪着眼睛抿着嘴，手弯向后面背着他，好像沉重得吃不消的样子。一个人容貌比那弯腰驼背的还更显得老，右脚已经踏上江岸，左脚还留在水里，好像要上来却上不来。另外有一个已经过得江来的人，抓着他的右胳膊摆足架势在拉他上来。那个老年人努着嘴，嘴唇上的皱纹一条条显现出来。还有一个已经过得江来的人，一双脚还光着，拿出他的鞋子正要穿上去，同时抬起头看着山上的石壁，用一只手指头在挖鼻孔，笑眯眯地自己觉得很适意。

画人物[①]

人物于画，最为难工，顾、陆世不多见[②]。吴道子画家之圣。至宋李龙眠一出，与古争先，得龙眠三张，可敌道子画二纸，可敌虎头画一纸，其轻重相悬类若此。

①画人物：选自明张岱《夜航船》。②顾、陆：指东晋的顾恺之与南朝宋的陆探微。顾号虎头。

对于画来说，人物是最难画得好的。顾恺之、陆探微人世间不多见。吴道子是画家中的圣人。到了宋代的李龙眠出世，想与古人争个高下，如果拿到李龙眠的三张画，可抵得上吴道子的两张画，可抵得上顾恺之的一张画，彼此的价值大概就是这样定的。

渊明归去来图[1]

李伯时为先子作《渊明归去来图》。且将写赋于图上，画成而右臂不举。刘无言毕其事。丹青字画，妙绝一时。张才叔跋其后曰："渊明自刘裕盗晋后，凡所著述，书甲子而不书年号。盖自视晋室臣也。不得已退而赋归去来。异时常见画渊明像者，往往但作萧洒物外态[2]。今观此图，大小凡十八人，皆须髯奋张，有英伟气。李伯时当如亲见其人。靖康丙午，余被掠于京兆祥符寓舍，画箧荡尽，念之惘惘[3]，没世不斁（yì）也[3]。"

①渊明归去来图：选自宋吴垌《五总志》。题目为译者所加。②物外：指世外，超脱于世事之外。③惘惘：迷迷惘惘不知是怎么回事。④没世：终身，永久。斁：厌弃。忘记。

李龙眠为我父亲画《渊明归去来图》。正准备要在画幅上写赋的时候，图画画成右面的手臂却动弹不得。刘无言代为完成了这件事。绘画与书法，在当时称得上"两绝"。张才叔写了篇跋文在后面："渊明自从刘裕夺取了晋的政权后，包括所有的著作，只写甲子不写年号。因为他把他自己算作是晋朝的臣子。万不得已就写篇《归去来兮辞》。别的时候看见画渊明像的人，往往只把他画成个闲云野鹤的样子。如今看看这幅图画，大大小小一共有十八个人，都是胡髭哆嗦，英雄气概十足的。李龙眠就像亲眼见到过这些人。靖康丙午那年，我在京城祥符街的寓里遭到金兵的掳掠，绘画散佚殆尽，想起来就像做梦一样，到死都不会忘记。”

贤己图[①]

宋元祐间，黄秦诸君子在馆，暇日观山谷出李龙眠所作《贤己图》：博弈摴蒱（chūpú）之俦（chóu）咸列焉[②]。博者六七人，方据一局，投迸（bèng）盆中，五皆六，而一犹旋转不已。一人俯盆疾呼，旁观皆变色起立，纤浓态度，曲尽其妙。相与欢赏，以为卓绝。适东坡从外来，睨之曰：“李龙眠天下士，顾效闽人语耶[③]。”众贤怪请其故。坡曰：“四海语音，言六皆合口，惟闽音则张口。今盆中皆六，一犹未定，法当呼六[④]，而疾呼者，乃张口也。”龙眠闻之，亦笑而服。

①贤己图：选自明曹臣《舌华录》。题目为译者所加。②博弈：古代指下围棋，也指赌博。摴蒱：古代一种游戏，像后代的色子。俦：等，辈。③顾：但是。④法：规矩。

北宋元祐年间，黄（庭坚）秦（观）这几位先生都在馆阁中，闲暇时黄庭坚拿出李龙眠画的《贤己图》来看。图上画着：掷色子（骰子）的人都站在那里，总共有六七个人，正在赌一把，庄家将色子投到盆子中，五颗都是六点，另一颗还在旋转当中。有一个人对着盆子大声的叫，旁边看热闹的人都变了脸色站起来，人胖人瘦以及各种姿态，都画得维妙维肖。黄、秦诸人一起观赏，以为妙到绝点。正好东坡从外面进来，看了看说："李龙眠是公认的艺术家，不过这张画画的是福建人说话的样子。"大家觉得奇怪，就请他说明理由。东坡说："全国方发音各不相同，不过说六都是把嘴巴闭起来的，只有福建人是把嘴张开的。现在盆子里的五颗都出现六点，一颗还未确定，按照规矩应当呼六，而那个大声叫着的人，就是张着嘴巴的。"后来李龙眠听到这番话，也笑笑表示佩服。

李伯时画马[①]

李伯时善画马，东坡第其笔，当不减韩幹。都城黄金易得，而伯时马不可得。师让之曰[②]："伯时为士大夫，而以画行，已可耻也。又作马，忍为之耶？"伯时恚曰："作马无乃例能荡人心、堕恶道乎！"师曰："公业已习此，则日夕以思其情状，求为神骏，系念不忘。一日眼光落地，必入马胎无疑，非恶道而何？"伯时大惊，不觉身去坐榻曰："今当何以洗其过？"师曰："但画观音菩萨。"自是画此像妙天下。

①李伯时画马：选自宋惠洪《冷斋夜话》。②师：不明为谁。有的以为是"法云秀老，关西人，面目严冷，能以礼折人"。让：以词相责。

李伯时擅长画马，东坡评定他的等级，以为不比韩幹差。京城里要黄金容易，要伯时画的马却难。有禅师指责道：“伯时是个有官职的人，却以画画享名声，已经是件不光彩的事。画的又是马，怎能忍心这样做啊！”伯时恼怒道：“画马莫非会惑乱人心、堕入地狱吗？”师说：“你既已惯于此道，就日夜想的是马的情状，只求把马画得栩栩如生，念兹在兹，一旦闭上眼睛，就必定投生为马，这不是下地狱又是什么？”伯时听了大惊，不觉从坐榻上站立起来，说：“现在要怎样才能洗掉这过错？”禅师说：“只要画观音菩萨就好。”从此以后，伯时画的观音天下独绝。

米 芾

米芾（1051—1107），字元章。宋太原（今山西太原）人，后徙居襄阳（今属湖北）。累官礼部员外郎、知淮阳军，世亦称南宫。性好洁，行多违世异俗，人称米颠。书法得王羲之笔意，超妙入神，与苏轼、黄庭坚、蔡襄并称“宋四家”。山水别出新意，自成一家。喜蓄金石古器，尤嗜奇石，世有“元章拜石”一语。文献中所著录米芾的作品，绝大多数是山水画，至于人物画只有他的《自画像》和《拜石图》，以及他自称为“不入吴生（道玄）一笔”的古圣贤像；树木花卉画有宋邓椿所记淡墨画成的“针芒千万攒错如铁”的松和“交柯互叶而不相乱”的梅松兰菊图以及清卞永誉记载的:《松林寒翠》、《南山早梅》、《东篱寒菊》图、明祝允明所见到在绢上画的《着色桃花幛子》。他的著名山水画如《海岳庵》《苕溪春晓》《楚山新霁》《潇湘奇观》《壮观阳朔山》等图,现已流失。故宫博物院仅收藏一幅《白云山岫图》。他的著作有《书史》《画史》及《宝章待访录》等传世。

颠名不虚得①

又一日,上与蔡京论书艮岳②,复召芾至,令书一大屏,顾左右宣取笔研,而上指御案间端研③,使就用之。芾书成,即捧研跪请曰:“此研经赐臣芾濡染,不堪复以进御,取进止。”上大笑,因以赐之。芾蹈舞以谢④,即捧研趋出,余墨沾渍袍袖,而喜见颜色。上顾蔡京曰:“颠名不虚得也。”

①颠名不虚得:选自宋何薳《春渚纪闻》。题目为译者所加。②艮岳:宋徽宗在东京汴梁(今河南开封)景龙山侧所筑的土山。规模仿照杭州的凤凰山。③端研:即“端砚”。广东德庆县端溪产石有名,制成砚台,称为“端砚”,自唐代以来,为人所重视。④蹈舞:臣下朝贺时对皇帝表示敬意的一种仪节。

有一天,宋徽宗与太师蔡京在艮岳讨论书法,又唤了米芾来，要他写一幅大屏。正当太监们准备拿笔砚时，徽宗指着桌上自己用的砚台说，就让米芾用这块吧。米芾把大屏写好，就捧了端砚跪着奏请徽宗："这块砚台已经经过臣使用了，不可以再给皇上使用，皇上看怎么样？"徽宗哈哈大笑，就把这块端砚赐给了米芾。米帝拜谢了徽宗之后，就捧着端砚赶快出来，袍子袖口都沾满了墨汁，可还是满脸的高兴。这时候，徽宗对蔡京说："人说米颠，一点不错。"

米元章择婿①

段拂、吴激，皆米元章之婿。拂字去尘，元章有洁癖，见其名字，喜曰："既拂矣，又去尘，真吾婿也。"以子妻之。拂南渡后，仕至参知政事。激字彦高，入金为翰林学士，以诗乐府知名，与蔡松年齐名②，号"吴蔡体"。

①米元章择婿：选自清王士祯《池北偶谈》。题目为译者所加。

②蔡松年（1107—1159）：字伯坚，晚年号萧闲老人。金代真定（今属河北）人。官至右丞相，工诗词，为金朝一大文学家。

段拂、吴激，都是米元章的女婿。拂，表字去尘，元章有洁癖，见了段拂的名字，就高兴地说："已经'拂'了，又'去尘'，真能做我的女婿。"就把女儿许配给他。段拂在南宋做到参知政事的官。激，表字彦高，在金朝担任翰林学士，擅长做诗填词，与蔡松年同样有名，因此被人叫作"吴蔡体"。

呼石为兄[1]

芾为文奇险，不蹈袭前人轨辙。特妙于翰墨，沉着飞翥，得王献之笔意。画山水人物，自名一家，尤工临移，至乱真不可辨。精于誉裁，遇古器物书画则极力取，必得乃已。王安石尝摘其诗句书扇上，苏轼亦喜誉之。冠服效唐人，风神萧散，音吐清畅，所至人聚之。而好洁成癖，至不与人同巾器。所为谲异，时有可传笑者。无为州治有巨石[2]，状奇丑，芾见大喜曰："此足以当吾拜！"具衣冠拜之，呼之为"兄"。

①呼石为兄：选自《宋史·文艺六》。题目为译者所加。②无为州：地名。本无为镇。曹操征孙权，筑城于此，攻吴无功，因号无为城。寻为无为监。宋建无为军。又析巢、庐江二县地置无为县为军治。元升军为无为路。寻降无为州。

米芾写的文章新奇惊人，不肯沿袭前人的路走。书法尤其佳妙，既踏实不浮，又飞舞生动，学到了王献之的笔法。画的山水人物，具有独特的风格，与别家不同。又擅长临摹名家的字画，达到以假乱真的地步。同时，还善于鉴别古董书画，见到了就竭力求取，非弄到手不可。王安石曾经摘录米芾的诗句写在扇子上，苏东坡也喜欢并称赞米芾。米芾穿的衣服、帽子都是仿照唐代人的样式制作，风度神态潇洒不俗，说话清楚流畅，每到一个地方，人们都喜欢与他接近。只是爱好清洁成了怪癖，不肯和别人用同一块面巾、同一个脸盆。行为奇异怪诞，常有可以传为笑话的。无为州城里有一块大石头，形状特别难看，米芾见了却非常高兴，说："它值得我一拜！"就穿戴好衣服帽子拜起来，把它叫做"石兄"。

河豚赝本[①]

米元章好摹易他人字画。杨次翁守丹阳[②]，元章过郡，杨作羹以饭之，曰："今日为君作河豚。"元章遂疑而不食。次翁笑曰："其实他鱼，公可无疑，此赝本耳[③]。"其诙谐特妙。

①河豚赝本：选自梁绍壬《两般秋雨庵随笔》。题目为译者所加。②杨次翁：杨杰，字次公，生卒年不详。③赝本：假托名人手笔的书画。

米元章喜欢摹拟调换别人收藏的书法绘画。杨次翁在丹阳做知府，元章路过他那里，次翁招待元章，菜肴中有一碗鱼汤，说："今天为先生烧了一碗河豚鱼。"元章起了疑心，不敢举筷。次翁笑着说："其实是别的鱼，先生不必疑心，这是赝本罢了。"次翁的话够幽默的。

元章喜服唐衣冠[1]

米元章以书名，而词章亦豪放不群。东坡尝言，自海南归，舟中闻诸子诵其所作古赋，始恨知之之晚。……元章喜服唐衣冠，宽袖博带，人多怪之。又有洁疾，器用不肯令人执持。尝衣冠出谒，帽檐高，不可以乘肩舆，乃撤其盖，见者莫不惊笑。所为类多如此。

①元章喜服唐衣冠：选自宋曾敏行《独醒杂志》。题目为译者所加。

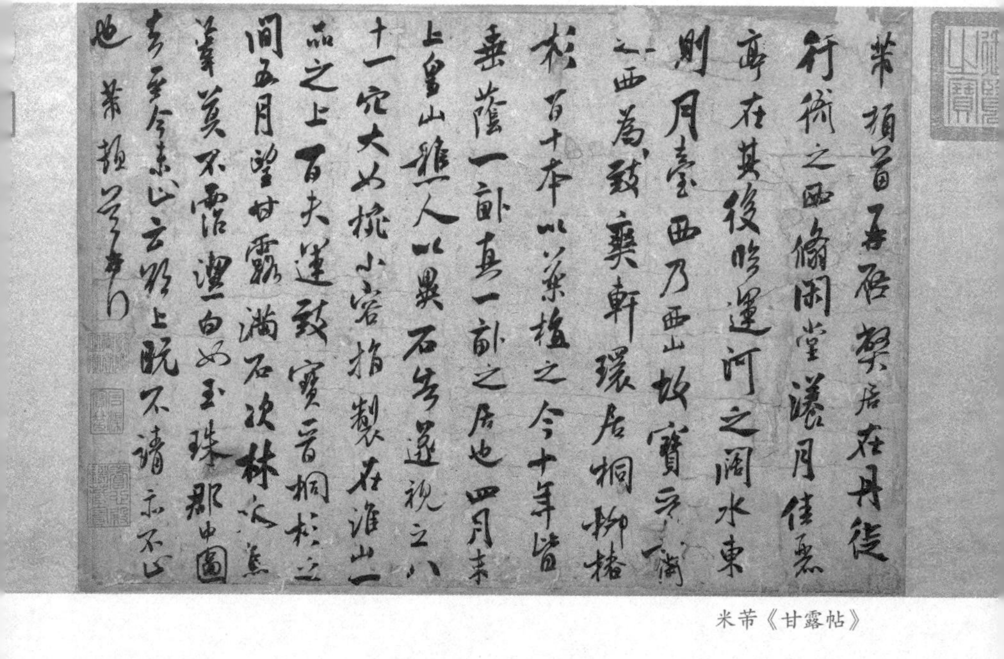

米芾《甘露帖》

米元章以书法知名于世，其实他的诗也豪放出众。东坡曾说，从海南归来，在船里听到孩子们读米氏所作的古赋，才感到知道得太晚了。……元章喜欢穿戴唐代的衣服和帽子，宽袖博带，人多觉得他太奇怪。又有洁癖，器具用物不肯让人经手。曾经穿了这样的服饰出去拜客，因为帽檐太高，不便乘轿子，就将轿顶掀掉，见到的人没有不发笑的。他所作所为每每如此。

风樯阵马①

宋米芾善书。东坡云："元章平生篆隶真行草书，分为十卷，风樯阵马，当与钟、王并行，非但不愧而已。"

①风樯阵马：选自明张岱《夜航船》。"风樯阵马"，语出唐杜牧《李长吉诗歌序》。"风樯阵马，沉着痛快"，是对北宋书画家米芾行书、草书之评语。樯，船帆柱，即桅杆。也借指船只。

宋代的米芾擅长书法。东坡说："元章一生所作的篆、隶、真、行、草五种字体的书帖，分为十卷，如乘风驶行的船、奔腾战阵的马，应当与钟繇、王羲之并驾齐驱，而不只是无愧而已。"

米元章被服怪异[1]

米元章居京师，被服怪异：戴高檐帽，不欲置从者之手，恐为所浣。即坐轿，为顶盖所碍，遂撤去，露帽而坐。一日出保康门，遇晁以道，以道大笑。下轿握手，问晁曰："你道似甚底？"晁云："我道你似鬼章。"二人抚掌绝倒。时西边获贼寨首领鬼章槛车入京，故以道为戏。

①米元章被服怪异：选自明曹臣《舌华录》。题目为译者所加。

米元章住在京城，穿的衣服奇形怪状：戴高檐帽，不想经仆人的手，怕被弄脏。就是坐轿，怕帽子碰到轿顶，就把轿顶掀掉，坐在轿中，露出帽子。有一天他从保康门出城去，遇到了晁以道，以道见了发笑。元章下轿与以道握手，问以道："你看我这样子像什么？"以道回答道："我说你像鬼章。"二人抵掌大笑。当时西部边陲正好将擒获的贼首鬼章用露头的囚车押解进京，所以以道就戏称元章为鬼章。

王道亨

王道亨，宋郫（今四川郫县）人。相传七

岁时就能作画。宋徽宗（赵佶）仿照考进士的办法，任命宋迪的侄儿宋子房做画学博士，出古人诗句来考全国画家。王道亨应试之作被选为第一。

画学生[1]

成都郫县人王道亨，七岁知丹青，用笔命意已有过人处。政和中，肇置画学，用太学法补试四方画工。道亨首入试，试唐人诗两句为题曰："蝴蝶梦中家万里，子规枝上月三更。"余人大率浅下，独道亨作苏属国牧羊北海上，被毡杖节而卧[2]，双蝶飞舞其上，沙漠风雪羁栖愁苦之容，种种相称；别画林木扶疏，上有子规，月正当午，木影在地，亭榭楼观，皆隐隐可辨，曲尽一联之景。遂中魁选。明日进呈，徽宗奇之，擢为画学录。又学中尝以"六月杖藜来石路，午阴多处听潺湲"为题，余人皆画高木临清溪，一客对水坐。有一工独为长林绝壑，乱石磴道，一人于树阴深处，倾耳以听，而水在山下，目未尝睹也。雅得听潺湲之意，亦占优列。

①画学生：选自宋洪迈《夷坚志》。②节：符节。古时使臣执以示信之物。节以竹为之，柄长八尺。节上所缀牦牛尾饰物，称节旄。《汉书·苏武传》："杖汉节牧羊，起卧操持，节旄尽落。"也指旌节。

成都郫县有个叫王道亨的人，七岁就懂得绘画，运笔立意，已经超过常人。宋徽宗政和年间，朝廷设立画学院，按照太学的办法招考各地的画工入院，道亨就是首批应试的人，试题是两句唐诗：“蝴蝶梦中家万里，子规枝上月三更。”别的考生之作都很浅薄低劣，只有道亨画了一幅《苏武牧羊图》，画面上的苏武“披氈枕节”睡在地上，上头飞着两只蝴蝶，加之大漠风雪和久困异国所造成的凄苦容貌，无不衬托出乡愁的气氛。画面的另一角又画着茂密的林木，上面停留着一只杜鹃，当空的明月把树影倒映在地上，亭榭楼观都隐约可见，这就婉转曲折地完全画出了那联诗的意思，结果被取为第一名。第二天将画呈送给皇帝看，徽宗大为欣赏，提拔他为画学录。另外，画院曾经以“六月杖藜来石路，午阴多处听潺湲”为题，别的人都画了在有高大树木的溪边，有个人望着溪水静坐。只有一个画工画了一条深山绝壑的林荫道，乱石散落两旁，有个人坐在树荫深处，侧着耳朵在听，而水在山脚下流，是眼睛所看不到的。深得“倾听水声”的含义，所以也考了个优等。

康与之

康与之，宋滑州人，流寓嘉禾（今浙江嘉兴）。字伯可，又字叔闻，号退轩。建炎初上中兴十策，名甚著。秦桧当国，附桧求进，擢台郎。后专应制为歌词，谀艳粉饰，声名扫地。桧死，坐贬。有《顺安乐府》《昨梦录》。

康与之诗[①]

康与之在高皇朝，以诗章应制与左珰狎[②]。适睿思殿有徽祖御画扇绘特为卓绝。上时持玩流涕，以起羹墙之悲[③]。珰偶下直，窃携至家，而康适来，留之燕饮，漫出以示。康绐珰入取肴核，辄泚笔几间，书一绝于上，曰："玉辇宸游事已空，尚余奎藻绘春风[④]。年年花鸟无穷恨，尽在苍梧夕照中。"珰有顷出见之，大恐，而康已醉，无可奈何。明日伺间叩头请死，上大怒，急取视之，天威大霁，但一恸而已。

①康与之诗：选自宋岳珂《桯史》。题目为译者所加。②应制：唐宋人诗文有以应制为标题的，皆为应皇帝之命而作，内容多半是歌功颂德，蹈袭陈言。后世把这类诗文称为应制体。左珰，即左貂：宦官。在冠的左方加饰貂尾。③羹墙：《后汉书·李固传》："昔尧殂之后，舜仰慕三年，坐则见尧于墙，食则睹尧于羹，斯所谓聿追来孝，不失臣子之节者。"后因以羹墙为思慕之词。④奎藻：犹奎章，皇帝的手笔。

康与之生活在宋高宗年代，由于常在宫中应制做诗文的缘故，与一个太监很熟。睿思殿有一把宋徽宗画的扇子特别美妙，高宗常看着它伤心流泪。有一天，这个太监值班，竟把扇子偷偷拿回家去，刚好康来串门，就留他一起喝酒，还将扇子拿给他看。康将太监骗出去拿下酒的食品，就在书桌上拿起笔来写了一首绝句在扇子上。诗云："玉辇宸游事已空，尚余奎藻绘春风。年年花鸟无穷恨，尽在苍梧夕照中。"太监回来后看到了这首诗，十分惶恐，而康已经喝得大醉，对他也毫无办法。第二天，太监乘机向高宗坦白了这件事，叩头请罪，高宗听了大怒，立即叫把扇子拿来，但是看了扇子后却是怒气全消，只是凄凄凉凉地哭了一阵而已。

钱　勰

钱勰（1034—1097），字穆父。宋临安（今浙江杭州）人。吴越武肃王五世孙。五岁日诵千言。以荫知尉氏县。神宗时召对称旨，以不附王安石，命权盐铁判官。奉使高丽，凡馈饩皆不纳。元祐初知开封府，老吏畏其敏，欲困以事，导人诉牒至七百。勰简不中理者缄而识之。戒以无来。阅一月人又至。勰曰，吾戒尔毋来矣。其人曰，无有。勰出所缄示之。信然。上下皆惊咤。历翰林学士，罢知池州卒。勰藏书甚富。工行草书。文章得西汉体。

穆父之言[①]

元祐初，山谷与东坡、钱穆父同游京师宝梵寺。饭罢，山谷作草书数纸，东坡甚称赏之。穆父从旁观曰：“鲁直之字近于俗。”山谷曰：“何故？”穆父曰：“无他，但未见怀素真迹尔。”山谷心颇疑之，自后不肯为人作草书。绍圣中，谪居涪陵，始见《怀素自叙》于石扬休家。因借之以归，摹临累日，几废寝食。自此顿悟草法，下笔飞动，与元祐已前所书大异，始信穆父之言为不诬，而穆父死已久矣。故山谷尝自谓得草法于涪陵，恨穆父不及见也。

①穆父之言：选自曾敏行《独醒杂志》。题目为译者所加。

元祐初，山谷与东坡、钱穆父同游开封宝梵寺。饭后，山谷写了几张草体字，东坡很赞赏。穆父在一旁看了说：“鲁直的字有点俗气。”山谷说：“为什么这么说？”穆父说：“没有别的，只是看不到怀素的风格罢了。”山谷心里很有点疑惑，从此以后就不肯替人写草字。绍圣年间，山谷谪居四川涪陵，在石扬休家里才见到了《怀素自叙》。就把它借回家去，临摹了几天，几乎把吃饭睡觉的事都忘了。从此他突然领会到草书的技法，下笔飞动，与元祐以前所写的大不相同，这才相信穆父的话有道理，可是穆父死了已经很久了。所以山谷曾说草书的技法是在涪陵得到的，只可惜穆父已经见不到了。

宋徽宗（赵佶）

宋徽宗（赵佶）（1082—1135），神宗第十一子。他是杰出的画家之一，对推进和发展绘画艺术起了巨大作用。宋统一中国后，五代各国的艺术家都集中在汴京，带来隋、唐以来的艺术传统。宋朝开国之初，就设图画院，延揽这些著名画家。到徽宗时，经过一百多年，封建统治基础日益巩固，达到所谓“丰亨豫大之世”。这就给这位嗜好艺术的“风流天子”，准备了发展绘画艺术的物质基础。他在未即位前，就“所事者独笔砚丹青，图史射御而已”。他亲近的人物，如驸马都尉王晋卿（诜）、宗室赵大年（令穰）以及黄庭坚、吴元瑜等人，都是当时第一流书画能手。在这样环境下，他亦成为“妙体众形，兼备六法”的画家，特别是花鸟画，经过吴元瑜的传授，能继承崔白风格。在书法方面，他初向黄庭坚学习，后又自创为瘦劲锋利如“屈铁断金”的“瘦金体”。这对于他的绘画技法也具有“相得益彰”的作用。作为皇帝，他在位二十五年，内禅皇太子，尊为教主道君皇帝。靖康二年北狩，绍兴五年死于五国城（今吉林宁安县附近），庙号徽宗。平生于诗文书画之外，尤工长短句。

画意[①]

徽庙试画工以“万绿枝头红一点[②]，动人春色不须多”为意[③]。众皆妆点花卉，唯一工于屋楼缥缈，绿杨隐映中，画一妇人凭栏立，众工遂服。

①画意：选自宋俞文豹《吹剑录》。题目为译者所加。②徽庙：即宋徽宗。庙，庙号。③“万绿”两句：据《苕溪渔隐丛话》引《王

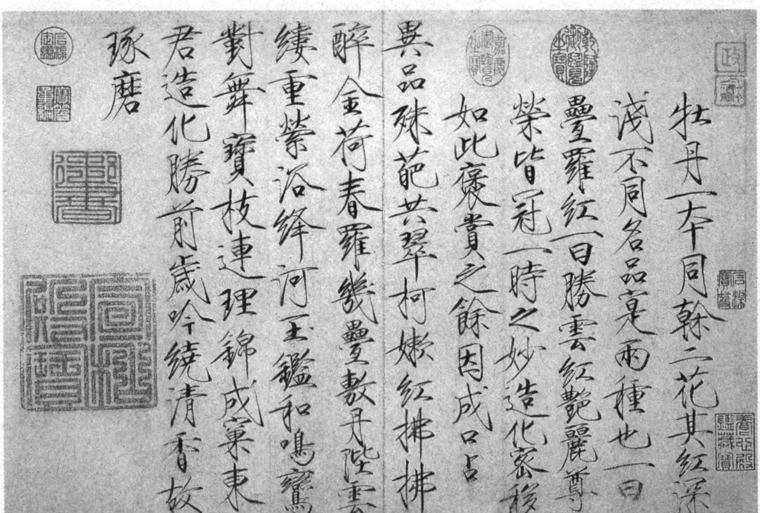

赵　佶　书牡丹诗

直方诗话》说，王安石做宰相时，见花中有一丛石榴，枝叶繁茂，却只开一朵花，就赋诗一首，其中有这样两句。

宋徽宗的时候，画院招收画工，用“万绿枝头红一点，动人春色不须多”作为试题。大多数考生都描绘些花草，只有一个考生，他只隐隐约约地画了些楼阁房屋，掩映在绿色的杨柳丛中，同时又画一个女子伫立在楼上的栏杆边。其余的考生都心服口服。

张商英

张商英，字天觉，宋张唐英弟。用章惇荐，擢监察御史，攻击司马光等不遗余力。大观中为尚书右仆射，劝帝节华奢，息土木，抑侥倖。帝颇惮之。适承蔡京之后，故少变其政，遂蒙忠直之名。后为台臣疏击，出知江南府。卒谥文忠。

草书亦不自识[①]

张丞相好草书而不工，当时流辈皆讥笑之，丞相自若也。一日得句，索笔疾书，满纸龙蛇飞动，使侄录之。当波险处，侄罔然而止，执所书问曰：“此何字也？”丞相熟视久之，亦不自识，诟其侄曰："胡不早问，致予忘之。"

①草书亦不自识：选自宋惠洪《冷斋夜话》。惠洪：一名德洪，由于《冷斋夜话》中屡屡自称觉范，所以作者又有洪觉范之称。俗家姓彭，筠州（今江西高安）人。约生于神宗熙宁四年（1071），晁公武《郡斋读书志》记其死于高宗建炎（1127—1130）中。宋代的诗僧，大多出入官府，趋炎附势，借以邀名。惠洪亦不例外。

张丞相写草体字，却又写不好。别人讥笑他，他也不在乎。有一天作诗，想到了好句子，就拿起笔来赶快把它写下来，满纸龙飞凤舞的，还叫侄儿抄录下来。碰到字体连接不断或彼此重叠时，他的侄儿认不清是什么字，就拿来问他："这是什么字？"他看了好久，也认不出来，就骂他的侄儿道："你为什么不早点问，如今我也记不起来了！"

李清照

李清照（1081—？），宋济南人。号易安居士。礼部员外郎李格非女，太学生赵明诚妻。与夫搜集古代书画金石甚多，因金兵入侵，流寓南方，所藏大部散失。明诚不久亦病卒。清照工诗文，尤长于词，为宋代著名女词人。

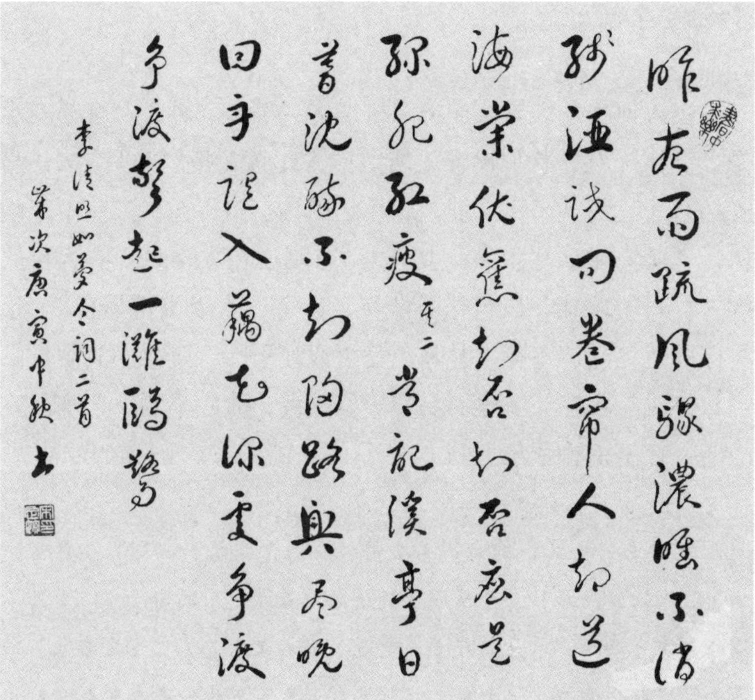

李清照《如梦令词行》

李易安小像[①]

友人何平子维絜，在济南故书局买美人一轴，乃李易安小像。纸已黯然，状似憔悴，所谓“人比黄花瘦”也[②]。按：易安随其夫赵明诚来牧吾淄，北兵已逼，仓皇行遁，家室不能相保，《金石录后序》言之甚详[③]。方明诚在太学时，有人持徐熙《牡丹》求售，以价重不能买，还之，夫妻怅惋累日[④]。余见徐熙花鸟与黄筌花卉并陈，黄画似胜于徐，疑徐画为赝作。当日徐画品实在黄上也。易安夫妇鉴赏，故应不谬。（李易安故宅，在济南柳絮泉上。）

①李易安小像：选自清王培荀《乡园忆旧录》。题目为译者所加。②人比黄花瘦：为李清照《醉花阴·重九》中的句子：“莫道不消魂，帘卷西风，人似黄花瘦。”③《金石录后序》：《金石录》，书名。宋赵明诚撰，三十卷。以所见自上古至五代钟鼎彝器铭文款识与碑铭墓志石刻文字，并加考订，仿欧阳修《集古录》例，编排成帙，援碑刻以正史传。考据精慎，对新、旧《唐书》多所订正。绍兴中，其妻李清照表上于朝，书末有清照后序。④夫妻怅惋累日：《金石录后序》：“后或见古人名人书画，三代奇器，亦复脱衣市易。尝记崇宁间，有人持徐熙《牡丹图》求钱二十万。当时虽贵家子弟，求二十万钱，岂易得耶？留信宿，计无所出而还之，夫妇相向惋怅者数日。”

友人何平子维絜，在济南旧书店买到美人图一幅，是李易安的小像。纸色已经黯淡，人像是憔悴，真所谓“人比黄花瘦”啊！据我所知，易安跟着她的丈夫赵明诚到我们淄川任职，金兵已经逼近，匆忙逃离，一家人难以互相照料，《金石录后序》中说得非常详细。当明诚在太学求学时，有人拿徐熙的《牡丹图》来卖，因为价格太高不能买，退还给他，夫妻相对惋惜了好几天。我看见徐熙的花鸟与黄筌的花卉放在一起，黄画似乎比徐画要好，怀疑徐画是赝作。在当时徐的画品实在要高过黄的。易安夫妇的鉴赏力，大概是不会错的。

宋高宗（赵构）

宋高宗（赵构）（1107—1187），宋徽宗赵佶第九子。宣和三年（1121），进封康王。靖康二年（1127），金俘徽钦二帝北去，元祐皇后遣使迎构继皇帝位。善书法，初学黄庭坚，继学米南宫、智永，后专意钟、王，求法书不怠。自称“于五十年间，非大利害相妨，未始一日舍笔墨”，又说“余自魏、晋以来，至六朝笔法，无不临摹，或萧散，或枯瘦，或遒劲而不回，或秀异而特立，众体备于笔下，意简犹存于取舍。至若《禊帖》，则测之益深，拟之益严，姿态横生，莫造其原，详观点画，以逆成诵，不少去怀也”。传世书迹有《徽宗文集序》《御书石经》《赐岳飞手勅》《佛顶光明塔碑》《洛神赋》《御书三诗》《心经》等。

夺人所爱[①]

番阳董氏藏怀素草书《千字文》一卷[②]，盖江南李主之物也。建炎己酉，董公逌从驾在维扬，适敌人至。逌尽弃所有金帛，惟袖《千字文》南渡。其子弅尤极珍藏。一日，朱丞相奏事毕，上顾谓曰："闻怀素《千字文》真迹在董弅处，卿可令进来。"丞相谕旨，弅遂以进。

①夺人所爱：选自宋曾敏行《独醒杂志》。题目为译者所加。②番阳：番阳县，秦置。吴芮为番阳令，甚得江湖间民心，号曰番君。即今江西鄱阳县治。

鄱阳人董逌藏有怀素的草书《千字文》一卷，是南唐皇帝的遗物。建炎己酉（1129），逌随宋高宗赵构在扬州，适值敌人追来。逌抛掉了所有别的财物，只带着《千字文》渡长江南下。他的儿子弅也极其喜爱此卷，一直把它珍藏着。有一天，朱丞相奏完事，高宗对他说："听说怀素的《千字文》真迹在董弅处，你叫他拿来给我。"丞相传达了高宗的口谕，弅只得将《千字文》呈上。

吴　僧

吴僧，宋代人，生平不详。

画草虫[①]

吴僧善画草虫，以扇送司马君实[②]，因谢云："吴僧画团扇，点染成微虫，秋毫皆不爽[③]，真窃天地工。"

①画草虫：选自明张岱《夜航船》。题目为后人所加。②司马君实：即司马光。③不爽：丝毫不差。

苏州有个和尚擅长画小虫，他送了把扇给司马光，司马光因此写了首诗表示感谢。诗云："吴僧画团扇，点染成微虫，秋毫皆不爽，真窃天地工。"

东安一士人

东安一士人，当是宋代人，生平不详。

鼠画[①]

东安一士人善画，作鼠一轴，献之邑令。令初不知爱，谩悬于壁。旦而过之，轴必坠地，屡悬屡坠，令怪之。黎明物色，轴在地而猫蹲其旁，逮举轴，则踉蹡逐之[②]。以试群猫，莫不然者。于是始知其画为逼真。其作《八景图》亦殊有幽致，如《洞庭秋月》则不见月；《江天暮雪》则不见雪，第状其清朗苦寒之态耳。若《潇湘夜雨》尤难形容，常画者至作行人张盖以别之。渠但作渔舟炊火于津渡，以火明仿佛有见，则危亭在岸，连樯在步耳。潇湘旧有故人亭，往来舣舟其下，故藉此以见也。米元章谓《八景图》为宋迪得意之笔[③]，意其如此。

①鼠画：选自宋曾敏之《独醒杂志》。题目为译者所加。②踉蹡：行走迟滞或倚侧不正貌。③宋迪：字复古，宋道之弟，哲宗时进士，官度支员外郎。他善画山水、寒林、松石，特别是平山远水。最得意的作品有《平沙雁落》《远浦帆归》《山市晴岚》《江天暮雪》《洞庭秋月》《潇湘夜雨》《烟寺晚钟》《渔村落照》八景。

东安有个士人善于绘画，有一轴画的是老鼠，送给县官。县官开始不怎么喜欢，随便向壁上一挂。清晨从那里经过，画总是掉在地上，一再挂上去，又一再掉下来。县官觉得奇怪。天刚亮去察看，发现不仅画掉在地上，旁边还蹲着一只猫，等要把画挂起来，猫却跳起来抢夺。拿别的猫作试验，也莫不如此。这才知道他画得逼真。另外他作有《八景图》，也很有意思，如《洞庭秋月》却看不到月亮；《江天暮雪》却看不到雪，只画了物候的清朗苦寒而已。如《潇湘夜雨》尤其难以下笔，一般画家只画行人撑着伞在雨中行走。他却画作一只正在晚炊的渔舟停在渡口，因为火光中似乎有所见，所以埠头边的凉亭、成排的船只也能见到。潇湘旧有故人亭，往来的船只都在它下面停泊，所以他就借此来表达画意。米元章说《八景图》是宋复古的得意之作，想来也是这样。

花光长老

花光长老，当是宋代人，生平不详。

画梅花[1]

衡州花光长老善画梅花，黄鲁直观之曰："如嫩寒春晓，行孤山水边篱落间，但欠香耳。"

①画梅花：选自明张岱《夜航船》。

衡阳的花光长老善于画梅花，黄鲁直看了后说："仿佛是微寒的早春清晨，走在孤山的水边竹篱旁，只是少了一点香气而已。”

李 颀

李颀，字粹老。宋人。少时中进士，但辞官不做。晚年隐居余杭（今属杭州市）大涤洞天。

李、朱画得坡仙赏识[①]

李颀字粹老，不知何许人。少举进士，当得官弃去，乌巾布裘为道人。遍历湖湘间。晚乐吴中山水之胜，遂隐于临安大涤洞天[②]，往来苕溪之上，遇名人胜士，必与周旋。素善丹青，而间作小诗。东坡倅钱塘日，粹老以幅绢作《春山》横轴，且书一诗其后，不通姓名，付樵者，令俟坡之出投之。坡展视诗画，盖已奇之矣。及问樵者：“谁遣汝也？”曰：“我负薪出市，始经公门，有一道人，与我百钱，令我呈此，实不知何人也。”坡益惊异之，即散问西湖名僧辈，云是粹老。久之，偶会于湖山僧居，相得甚喜。坡因和其诗云“诗句对君难出手，云泉劝我早抽身”是也。粹老画山，笔力工妙，尽物之变，而秀润简远。非若近世士人略得其形似，便复轻訾前人，自谓超神入妙出于法度之外者。然不能为人特作，世所有者绝少，得其小屏幅纸，以为宝玩也。蘧家所藏二横轴，一《雪山》，一《春晴》，自兵火已来，余物散尽，此二画幸常在老眼耳。又松陵朱象先[③]，东坡先生盖尝与之叙文云“能文而不求举，善画而不求售”者。其画始规摹董北苑与然海，而自出新意，笔力高简润泽而有生理，出许道宁、李远辈之上。但其为人，既经东坡先生题目之后[④]，不肯为人轻作，又不为王公大人所屈，世所传者亦不甚多。其在嘉兴日，毛泽民为郡守[⑤]，于郡城绝景处增广楼居名月波者，日与宾客燕息其上，常延致象先，为作一大屏，真近世绝笔。但日来赏鉴之家未免征逐时好，未有深知二人者。后遇真赏，有捐千金而求其一笔者不获，始以余言为不谬也。粹老二横轴，续仲永后得之，其子承休归郑公辅也。

①李、朱画得坡仙赏识：选自宋何薳《春渚纪闻》。②大涤洞天：在浙江余杭县西南。又名大辟山。是我国道教第三十四洞天。③朱象先：字景初。宋松陵（今浙江松阳）人，善画山水。他少时学董（源）巨（然）画法，但感到自己作品缺乏“深远润泽之趣”。一次，他在一幅绢上画了一座山，觉得不满意，就赶紧用水来冲洗掉再画。无意中发现要使画面水墨融和，必须改变光滑不吸墨的绢面。于是他每次作画时，先将绢用水冲湿，或用细石打磨一次，以便于渲染。苏轼题他的作品说：“能文而不求举，善画而不求售，文以达吾心，画以适吾意而已。”说明朱象先不是职业画家。他曾画有山水大屏风，是得意的杰作。④题目：评量，品题。⑤毛泽民：名滂，宋江山人。元祐中苏轼守杭州，滂为法曹。轼得其所为文，深器重之。后荐于朝，擢知秀州。有《东堂集》《东堂词》。

李颀字粹老，不知哪里人。年轻时考取进士，本可以得一官职，却又乌巾布裘当了道士。他遍游湖南各地，晚年喜欢吴中山水，就在余杭的大滌山中隐居，往来苕溪一带，遇到名人雅士，必定设法与之结交。平生擅长绘画，偶尔也写小诗。东坡在杭州任职时，粹老用绢素画了一幅《春山》图，还写了一首诗在上面，不署姓名，交给一个樵夫，叫他在东坡出来时递上去。东坡展开看了诗画，已经感到奇怪了。问樵夫：“是谁教你送来？”樵夫回答：“我到城里卖柴，才经过先生门前，有一个道人，给我上百个铜钱，叫我把这幅画送给你，实在不知道他是谁。”东坡听了樵夫的话，更加感到奇怪，多方面向西湖上有名的和尚打听，都说是粹老。过了好久，有一次偶尔在西湖边的寺院中与他相会，彼此都很高兴。东坡还在和他的诗中有“诗句对君难出手，云泉劝我早抽身”之句。粹老画山，笔力工整美妙，刻描精细，却又秀润简远。不像近来有的人刚学到了一点皮毛，就随便诋毁古人，自以为超神入妙到了非凡的地步。不过粹老不肯特地为人作画，所以传世的绝少，得到他的一小幅画，就看成宝贝一样。我家收藏了两轴横幅，一轴《雪山》，一轴《春晴》，自从战乱以来，别的都已散失，这两幅画有幸还常在我的眼前。另外，还有松陵人朱象先，东坡先生曾经为他作序，有“能文而不求举，善画而不求售”的话。他的画开始学习董北苑与然海，却又自出新意，笔力高简润泽而颇为生动，超出许道宁、李远之上。但是他自从东坡先生品评后，就不肯轻易替人作画，也不屈从王公大人，所以流传的也不很多。他在嘉兴的那些日子，毛泽民为郡守，在郡城风景绝佳处扩建楼台，名叫月波楼，每日与宾客在楼上盘桓，经常把象先请来，要他作一山水大屏风，这才是世上少有的杰作。可惜近来的所谓鉴赏家不免为时尚所左右，没有真正能识得李、朱二人的。以后假如遇到真的鉴赏家，即使肯花千金而想得到他们一笔的也不可能时，才会相信我的话没有错。粹老的两幅横轴，后来为续仲永所有，仲永的儿子承休又将其转到郑公辅手中。

子　温

子温，字仲言，号日观。又号知非子。宋僧。华亭人。善草书，喜画葡萄，其枝叶皆草书法。世号温葡萄。时贵贽金求之不可得。性嗜酒，好短衣，佯狂于市。宋季止杭之玛瑙寺。

朱宣慰诗[①]

日观僧子温善作墨蒲萄，时书诗文句于上，或有可喜者。尝在朱宣慰家作画，讫，遂写一诗在上云："昔有朱买臣，今有朱宣慰。两个担柴夫，并皆朱紫贵[②]。"朱老欣然曰："朱清果是卖芦柴出身，和尚说得我着。"遂馈赆资五锭酬之[③]。

①朱宣慰诗：选自宋周密《癸辛杂识》。②朱紫：唐三品以上官服用紫，五品以上用朱。因以朱紫指高级官员。③赆：临别时赠送的

财物。

日观和尚子温，擅长用墨画葡萄，还常常在上面题上诗句，也有很可爱的。他曾经在朱宣慰家中作画，画完后，就在上面写了一首诗，诗云："昔有朱买臣，今有朱宣慰，两个担柴夫，并皆朱紫贵。"朱老先生高兴地说："我朱清的确是个卖芦柴出身，和尚说得一点都没错。"于是送给他五锭银子作为酬劳。

李　唐

李唐（1047—1130），字晞古。宋河阳三城（今河南孟县）人。徽宗时，入画院为待诏，山水、人物、树林、梅竹、禽兽、界画无一不工。宋南渡时，他以八十高龄不愿看到故国河山沦陷，跋涉千里到南宋都城临安（杭州）。他初到时卖画为生，无人赏识，十分穷困，曾作诗道："云里烟村雨里滩，看之如易作之难。早知不入时人眼，多买胭脂画牡丹。"这是针对南宋小朝廷粉饰中兴、时人风尚"富丽堂皇"的花卉画而发。后来被太尉邵渊推荐重入画院为待诏，并赐金带。李唐山水据宋高宗题他的《长夏江寺图》说："李唐可比唐李思训"，认为他是"青绿山水"继承者。但从他多数作品看来，在色彩方面已渗入“水墨渲渍”成分，在线条方面也化繁为简，创用“大斧劈皴”，所谓“皴法有抹断，而无皴纹”，画水也“不用鱼鳞縠纹，有盘涡动荡之势”。他这种“变于古而不远于古”的画法，被称为“高简”“简古”，而达到“苍健生动”的境界。他虽生长中原，习惯于描写峻厚雄深的中州山岳，但到杭州后，受江南明媚风光的感染，也曾画过《长江雨霁》《风雨归舟》《江南春》等图，来表现云水苍茫、晴岚湿雾的水乡景色。由于大自然环境的不同，启发了这位“老当益壮”的画家，促使他的作品具有进步性，同时也起了继往开来的作用。他与刘松年、马远、夏陆合称南渡后的四大画家。

“竹锁桥边卖酒家”①

政和中徽宗立画院，召诸名工，必摘唐人诗句试之。尝以“竹锁桥边卖酒家”为题，众皆向酒家上着工夫，惟李唐但于桥头竹外挂一酒帘，上喜其得“锁”字意。

①竹锁桥边卖酒家：选自清厉鹗《南宋画院录》。题目为译者所加。

北宋政和年间（1111—1117），徽宗赵佶设立画院，招收那些擅长绘画的人，总是摘录唐代诗人的诗句作为试题。有一次用“竹锁桥边卖酒家”作为试题，别的考生都从“酒家”二字上动脑筋，独有李唐，只在桥头的竹林外悬挂一面酒旗，徽宗皇帝喜欢他能够把握“锁”字的意思。

赵　广

赵广，宋舒城（今安徽舒城）人，画家孙玠的弟子。孙玠是李公麟亲自传授的弟子，赵广继承李氏画法，画马可以乱真。建炎、绍兴间，张澂曾请他临摹卢楞伽画的《罗汉》，他磨墨时，喝酒数杯便“落笔如风雨”，技法是极其熟练精纯的。他在北宋末年，曾被金兵所俘。

赵广断指[①]

赵广，合肥人，本李伯时家小史[②]。伯时作画，每使侍左右，久之遂善画，尤工作马，几能乱真。建炎中陷贼。贼闻其善画，使图所掳妇人。广毅然辞以实不能画，胁以白刃，不从，遂断右手拇指，遣去。而广平生实用左手。乱定惟画观音大士而已，又数年乃死。今士大夫所藏李伯时观音，多广笔也。

①赵广断指：选自宋陆游《老学庵笔记》。题目为译者所加。②小史：侍童。亦即普通所谓书童。

赵广是合肥人，原来是李伯时家里的一个书童。每次伯时作画，他侍候在伯时身边，时间一长，他也学会了作画，特别擅长画马，几乎分不清是伯时画的还是他画的。宋高宗建炎年间，他陷落在金营中，金人知道他擅长作画，就叫他把掳到的女子画下来。他坚决推辞说自己不会作画，拿刀逼他也不答应。这样就被砍掉了右手的大拇指，才放过了他。实际他平时用的是左手。战乱平定后，他只画观音大士像，再过几年他就去世了。现在士大夫家所藏的“伯时观音”，大多出于他的手笔。

赵孟坚

赵孟坚（1199—1295），字子固，号彝斋居士。宋宗室。南宋海盐（今属浙江）人。理宗宝庆二年进士，累官翰林学士承旨。曾任严州太守，爱好文艺，见闻广博，人比米南宫。性情放浪不羁，时常坐一只船，装载书画文物，遨游江湖。一次，他傍晚坐船游杭州西湖，停泊在孤山岸边，指着林麓最幽处，瞪眼大叫说，这才真是荆浩、董源得意的笔墨！孟坚运用水墨白描画水仙梅兰山礬竹石，清而不凡，秀而雅淡，有梅谱传世。他对画面结构的处理，也有高度成就，如他的弟弟孟頫所说："今观吾宗子固所作墨花，于纷披侧塞中而就条理，亦一难也。"他晚年对于扬补之的梅竹画法，有所体会。他的弟弟赵孟淳曾说："幼侍兄游，见其得逃禅（扬补之）小轴及闲庵（汤正仲）卷，卷舒坐卧，未尝去手，是以尽得扬、汤之妙。"他的朋友都穆也说，他画的梅竹，可以追踪逃禅老人而"咄咄逼真"。宋亡后，他隐居秀州（浙江嘉兴）广陈镇，不肯再做元朝的官。相传每逢赵孟頫来看他的时候，他多数避而不见，有时躲不及，也只是敷衍几句，孟頫走后，他立刻叫人把孟頫坐过的椅子和喝过的茶杯都用水冲过。因此尽管他的绘画艺术不及孟頫，但人们对他的作品更为喜爱，说他是借水仙、兰竹来表示"清风劲节，飘然出尘"的身份。他的作品据文献记载达数十件之多，清故宫也曾藏有《水仙》《白描水仙卷》《水仙轴》《墨兰卷》《春畦秀润图卷》等。

溺水捧帖①

赵子固尝得姜白石所藏定武不损本《禊帖》②，乘舟夜泛而归，行至霅之升山[3]，风起舟覆，行李禊被皆淹溺无余。子固方披湿衣立浅水中，手持《禊帖》，语人曰："《兰亭》在此，余不足问也。"

①溺水捧帖：选自明张岱《夜航船》。②姜白石：名夔，字尧章，号白石道人。饶州鄱阳人。南宋著名词人。《禊帖》：晋王羲之所书《兰亭序》，因记兰亭修禊事，故称《禊帖》。定武：即"定武兰亭"。兰亭帖石刻名。唐太宗喜王羲之父子书法，得《兰亭序》真迹，临拓刻于学士院。五代梁时移置汴都。辽耶律德光破后晋携此石刻北去。德光中途病故，石弃于杀虎林。宋庆历年间发现，置于定州州治。大观年间徽宗命取其石，置于宣和殿。北宋末金兵攻入汴都，石散失不传。定州在唐时属义武军，宋时因避太宗赵匡义讳，改义武军为定武军，故此石刻称为《定武兰亭》，也称定本。③霅：水名，即"霅溪""霅川"。在浙江吴江县境。

赵子固曾经得到姜白石收藏的完整的《定武兰亭》本，坐船连夜回去，走到霅川的升山地方，船被大风吹翻，行李和包裹定本的布套全部浸在水里。子固披着件湿衣服站在浅水中，手里拿着《定武兰亭》本，对人说："《兰亭》在这里，其他不值得一提。"

刘　益

刘益，字益之。北宋汴（今河南开封）

人。善画花果禽兽。徽宗时他与富燮同时供奉内廷，所画花鸟多以宫内奇禽异卉来写真，而不摹仿古人。擅长画园林小景，如《莲塘图》就是。据元夏文彦说，他的风格类似郭乾晖。靖康之难，流落岭表，多画山果野禽，人称“刘村”。

不师古本[①]

宣和间专与富燮供御画[②]，其自得处，多取内殿珍禽谛玩以为法，不师古本，故多酷似。尤长小景，作莲塘，背风荷叶百余[③]，独一红莲花半开其中，创意可喜也。

①不师古本：选自宋邓椿《画继》。题目为译者所加。②富燮：宋汴人。工画。宣和间供御。布景运思，过于刘益。③背风：即荷叶被风吹向一边。

宋徽宗宣和年间（1119—1125），刘益与另一个画家富燮，专门为皇帝画画，他体会最深的地方，是拿宫廷中的珍禽玩物作为描画对象，不是仿效古代的那些作品，所以大多数与真物极其相像。尤其擅长作小幅的风景画，曾经画一个荷塘，一百多片荷叶被风吹得轻轻起伏，只有一朵半开的红艳艳的荷花挺立在荷叶中，立意十分新颖可喜。

扬补之

扬补之，名无咎，字补之，号逃禅老人，又号清夷长者。工诗词，善书画，擅画梅竹松石水仙，也画水墨人物。在他之前画梅花的文同、仲仁都用墨或彩色画花，他则“变黑为白，自成一家”，即用线条勾勒出空白的花朵，使画面更显得黑白分明，具有清淡幽静的气氛，而更宜于表现梅花疏香淡色的特点。这或者是从李公麟白描人物中参悟而来。补之画竹、松、水仙也有这种笔调，因而获得清淡闲野，为世一绝之誉。他的画法对当时及后世画家有一定影响。他侄儿扬季衡“甚得家法”，外甥汤正仲，弟子刘梦良等也都承袭他的风格。和他同时的赵孟坚画白描水仙，也可能受他“圈花不着色”的启发。扬补之“孤标雅韵”的画风，是和他那澹泊的性情及傲兀耿介的品格分不开的。徽宗曾说他的梅花是“村梅”，他就自署“奉敕村梅”，而不愿仿效画院作风，所作梅花，更是“疏枝冷叶，清意逼人”。高宗时他“以不直秦桧，累征不起”。明解缙说他“平生耿介，不慕荣利，故不俯时好，不得而知也”。由此，他的作品为人们喜爱，赵希物鹄曾说："扬补之……尝游临江城中作折枝梅于乐工矮壁，至今往来士大夫多往观之，江西人得补之一幅梅，价不下百千金。"扬补之自称是汉朝扬雄（子云）的后代，故姓"扬"而不是"杨"。

奉敕村梅[①]

扬补之，世家清江，所居萧洲，有梅树，大如数间屋，苍皮斑藓，繁花如簇[②]，补之日临画之，大得其趣。间以进之道君，道君曰："村梅耳。"因自署"奉敕村梅"。更作疏枝冷叶，清意逼人，而道君北辕[③]，不及见矣。南渡后，宫中以其梅张壁间，蜂蝶集其上，始惊怪，求补之，而补之已物故。

①奉敕村梅：选自明李日华《六砚斋二笔》。题目为译者所加。奉敕村梅，即得到皇帝的恩准，专画乡村里的梅花。②簇：即"蚕簇"。承蚕作茧的工具，以苇草或竹等扎成。蚕将吐丝，由曲簿移于蚕簇上。③北辕：驾车北行，这里是指宋徽宗为金人押赴北方。

扬补之，世代住在江西清江县，村庄座落在一个沙洲上，那里有一棵梅树，枝叶伸展开来，有几间屋子那么大，苍老的树皮，斑驳的苔藓，繁密的花儿一丛丛地像是蚕山，补之每天对着它临摹，画儿很富于情趣。有一次，他把一幅献给徽宗皇帝，徽宗说："乡村里的野梅罢了。"就这样，他就署名为"奉敕村梅"。他还把梅花画作稀疏冷落的模样，看上去清意逼人，可惜徽宗已经被金人掳往北方，来不及见到它了。后来，宋高宗在临安建立朝廷，宫廷里拿补之的画梅张挂在壁上，蜜蜂蝴蝶都聚集在画上，这才感到惊奇，而找寻补之这个人，却已经不在人世间了。

朱敦儒

朱敦儒，字希真，号岩壑。宋洛阳（今属河南）人。生死年岁不可考。靖康时，召至京师，不肯做官，辞还乡。南渡后，寓居嘉禾（今浙江嘉兴）。高宗时，赐进士出身，为秘书省正字，后被人弹劾罢官。《宋史》称他“素工诗及乐府，婉丽清畅”。有《樵歌》三卷。善画山水，他的作品曾被人送给秦桧，秦向高宗推荐，高宗赏识他的才能，但朱不愿以画艺换取功名富贵，每逢高宗命画，他的同事米友仁“对御辄画”，而他“辄退避不居”。他告亲友说：“吾非善画者，所画多出钱端回之手。”其实不是如此。

耻以画名①

秦桧当国，有携希真画山水谒桧，桧荐于上，颇被眷遇，与米元晖对御辄画[②]。而希真耻以画名，辄退避不居也。故常告亲友曰："吾非善画者，所画多出钱端回之手。"其实非也。

①耻以画名：选自宋邓椿《画继》。题目为译者所加。②米元晖：米芾的儿子，名友仁，字元晖。

秦桧掌权那时候，有人带了朱希真的山水画卷去进献给秦桧，秦桧把希真推荐给皇帝，所以希真很受到皇帝的赏识，与米元晖一起见到皇帝就叫他们作画。但是，希真把绘画看作是可耻的事情，常常躲避推却。他时常告诉亲戚朋友，说："我不是个善于绘画的人，那些画大部分出于钱端回之手。"实际上不是这样子。

萧　照

萧照，字东生。濩泽（今山西阳城一带）人。靖康时，流落太行山为盗。后遇画家李唐，一起南下至临安，向李唐学画，遂成名家。他擅长山水、人物、异松怪石、苍浪古野，望之有波滔汹涌，云电风卷之势。萧照的画法，虽得李唐传授，但用墨厚重，笔力沉着，皴法也非常的遒劲，因此有人认为他对于董源的笔调也有所领会。据说他喜好用《石鼓文》的字体（籀文），在树石之间署名。他的卷轴画，最著名的是《中兴瑞应图》十二幅，描绘高宗从诞生以至南渡的情况，包括楼台殿阁、花木竹石、男女老少、车马舆船、枪戟弓剑、旌旗营帐以及山水平原无所不包的大场面，足以说明萧照在画艺方面是博学多能的。这一画卷在明末曾经董其昌两次题跋，流传到清代曾经故宫收藏，现在连同另一幅《山腰楼观图》，都已不知下落了。此外他的作品，据文献记载还有《读碑》《松壑清阴》《江山》《采芝仙女》《光武渡河》《春江烟雨》等图。

强盗变画家[①]

萧照，濩泽人，靖康中，流入太行为盗。一日，掠至李唐，检其行囊，不过粉奁画笔而已，叩知其姓氏，照雅闻唐名，即辞贼，随唐南渡。唐感生全之恩，尽以所能授之。绍兴中，补迪功郎，画院待诏。

①强盗变画家：选自明田汝成《西湖游览志余》。题目为译者所加。

萧照是山西省阳城人，北宋钦宗靖康年间，流落到太行山做强盗。有一天，掳到了李唐，搜查他的行李，无非是颜料盒子、画笔罢了。问姓名才知道是画家李唐；萧照向来听到过李唐的大名，于是就辞别了同伙，跟着李唐南下到了杭州。李唐感激萧照的活命之恩，就把自己的绘画技术全部教给他。南宋高宗绍兴年间，萧照做了迪功郎、画院待诏的官。

孤山画壁[①]

西湖凉堂[②]，绍兴间新构，高宗将临观之。有素壁四堵，高二丈，中贵人促萧照往绘山水[③]。照受命，即乞尚方酒四斗[④]，夜出孤山。每一鼓即饮一斗，尽一斗则一堵已成，而照亦沉醉。上至，览之，叹赏，宣赐金帛。

①孤山画壁：选自明张岱《西湖梦寻》。题目为译者所加。②凉堂：用来乘凉的屋子。③中贵人：也称“中贵”。帝王所宠幸的宦官。④尚方：指朝廷。

西湖上有座给皇帝乘凉的屋子，是南宋绍兴年间建筑的，高宗将要亲临观赏。堂上有四堵粉刷得很白的墙壁，各有二丈高。执事太监要萧照赶紧在墙壁上画上山水。萧照接受了中贵人的嘱托，但要求给他皇宫里酿造的好酒四大壶，连夜赶到孤山。每一更天就喝掉一大壶，喝完一大壶酒就画好一堵墙壁。但萧照也已经喝得醺醺大醉。皇帝来了，观赏了这四幅壁画，欢喜赞叹，吩咐奖给萧照黄金绸缎。

翟院深

翟院深，北海（今属山东）人。工画山水，拜李成为师，具有成的风格。当时人的评论说："得李成之画者三人，许道宁得成之气，李宗成得成之形，院深得成之风。"由于他不只仿李氏外在形式，且更能追摹他内在精神，所以当李成之孙宥做开封府尹收购他祖父画迹时，就有时把翟院深的作品当作是李成的作品了。又善击鼓，所谓忘其节奏，乃是心无二用，专心于绘事的缘故。有人说，可以与贾岛"推敲"事前后辉映。《宣和画谱》著录他临摹李成的《洪（澄）江平远图》。清故宫曾藏有《豀山霁雪图》轴。

心无二用[①]

翟院深，营丘伶人[②]，师李成山水，颇得其体。一日，府宴张乐，院深击鼓为节，忽停挝仰望，鼓声不续。左右惊愕。太守召问之，对曰："适乐作次，有孤云横飞。淡伫可爱[③]，意欲图写，凝思久之，不知鼓声之失节也。"太守笑而释之。

①心无二用：选自宋王辟之《渑水燕谈录》。题目为译者所加。②营丘：古邑名。在今山东临淄北边，以营丘山得名。③淡伫：形容云采明净。

翟院深原是营丘地方的一名乐师。他学习李成的山水画，学得很有点成绩。有一天，太守在府里举办宴会奏乐，院深打鼓定节奏。突然间停止击鼓，只见他抬起头望着天空，鼓声就停下来。旁边的人又是奇怪又是吃惊。太守叫去问话，院深答道："刚才正打着鼓，却看见有一朵云从天上飞过，明净可爱。心想把它画下来该多好！想着想着，就把打鼓的事情给忘记了。"太守笑笑，也不追究他的过错。

僧若芬

僧若芬，本姓曹，字仲石。宋代婺州（浙江金华）人。出家为僧，曾为杭州上天竺寺书记。他在佛事的余暇，偶尔画云山消遣，后来求他作画的人很多。他的创作，多数是以西湖风景为内容，如《孤山》《六桥》《十景》等图。再就是描写钱塘江潮水的《候潮》《观潮》《弄潮图》。"不是老僧亲写，晓来谁报平安？"是流传下来他自题画竹的诗句，因而知道他还能画竹。

玉涧[①]

僧若芬，字仲石，婺州曹氏子，为上竺寺书记[②]。模写云山以寓意，求者渐众，因谓："世间宜假不宜真，如钱塘八月潮，西湖雪后诸峰，极天下伟观，二三子当面蹉过[③]，却求玩道人数点残墨，何耶？"归老家山，古涧侧流苍壁间，占胜作庵，匾曰"玉涧"，因以为号。又建阁，对芙蓉峰，号芙蓉峰主。尝自题画竹云："不是老僧亲写，晓来谁报平安？"

①玉涧：选自明田汝成《西湖游览志余》。题目为译者所加。②书记：掌管书牍的人。③二三子：诸位，几个人。

若芬和尚，表字仲石，宋代婺州人，俗姓曹，是杭州上天竺寺专管书牍的。他常以描绘云雾弥漫的山峦来寄托自己的情意，渐渐地求他作画的人一天比一天多。若芬说："世人总是喜欢假的不喜欢真的，譬如钱塘江八月里的潮水、西湖边雪后的那些山峰，是天下少有的奇观，诸位却视而不见。反来要求这个修道人涂几点残墨，真不知道是怎么想的？"年老时回到故乡，山边有条溪流从苍翠的石壁下流过，若芬就在那里选择了块好地方造了间小屋，匾额上写着"玉涧"两个字，还把它当作自己的别号。另外，他还造了个小阁，面对芙蓉峰，所以又自号"芙蓉峰主"。他曾经替自己画的竹子题了两句诗："不是老僧亲写，晓来谁报平安？"

王　渊

王渊，字若水，号澹轩。元钱塘（今杭州）人。自幼学习绘画，亲受赵孟頫指授。花鸟师法黄筌，山水师法郭熙，人物师法唐人，一一精妙。尤其擅长水墨竹石，为当代绝艺。

不耻下问[①]

天历中，若水画集庆龙翔寺两庑壁，时都下刘总管者总其事，刘命若水于门首壁上作一鬼。其壁高三丈余，难于着笔。因取纸连黏粉本以呈。刘曰：“好则好矣，其如手足长短何？”若水不得其理。因具酒醴，再拜求教于刘。刘曰：“子能不耻下问，吾当告焉。若先配定尺寸，画为裸体，然后加以衣服，则不差矣。”若水受教而退，依法为之，果善。

①不耻下问：选自明田汝成《西湖游览志余》。题目为译者所加。不耻下问，语出《论语》，意思是向地位比自己低、学问不及自己的人学习。

元文宗天历年间，王若水画集庆龙翔寺两边走廊墙壁上的壁画，当时有个刘总管主要负责这件事。刘叫若水在门口墙壁上画一个鬼。这块墙壁高达三丈多，很难下笔。若水就把几张纸黏接起来画了个图样送给刘看。刘说："好是好，只是手脚长短不相称怎么办？"若水不明白其中的奥妙，就带了好酒，再三恳求要刘指教。刘说："你能虚心向我请教，我就告诉你。如果你能先配好尺寸，画成裸体，然后加上衣服，就不会有差错了。"若水按照刘说的去画，果然恰到好处。

僧择仁

僧择仁，宋真宗时（998—1022）寓居永嘉（今浙江温州）。善画松。他的卷轴作品有：《万松寒翠》《战龙松》《墨松》等图传于世。

醉僧神笔[①]

永嘉僧择仁，善画松，初拣诸家所长而学之，后梦吞数百条龙，遂臻神妙。性嗜酒，每醉挥墨于绡纨、粉堵之上，醒乃添补，千形万状，极于奇怪。曾饮酒永嘉市，醉甚，顾新泥壁，取拭盘巾濡墨洒其上，明日少增修，为狂枝枯梻[②]。画者皆伏其神笔。

①醉僧神笔：选自宋郭若虚《图画见闻志》。题目为译者所加。

②狂枝枯枿：树枝苍劲恣肆。枿，树木经砍伐后重新生长的枝条。

温州的一个和尚叫择仁，擅长画松树，他先是根据各位画松名家的长处来学习，后来做了一个梦，梦中吞吃了几百条龙，从此画技大有提高，达到异乎寻常的地步。择仁喜欢喝酒，每当喝醉时就在白绢、粉墙上作画，酒醒后再加以添补，千姿百态，奇怪到了极点。他曾经在温州街上喝酒，醉得非常厉害，看见有堵刚粉刷好的泥墙，就拿了块揩盘子用的抹布沾着墨在墙上作画，第二天稍稍增添修改一下，就成为十分苍劲有力的作品。画家们对他的高超画技都表示佩服。

巙巙子山

巙巙子山，名巙巙，元不忽木子。字子山。幼肄业国学，博通群书。长袭宿位，文宗时（1328—1331）累官学士院大学士，知经筵，提调崇文监。文宗励精图治，巙巙尝以圣贤格言讲诵帝侧。顺帝既立，巙巙仍侍经筵，多所启沃。官终翰林学士承旨。卒谥文忠。

日写三万字①

巙巙子山者，康里人②。元时，为浙江行省平章，书法极妙，自松雪翁之后[3]，罕能及之。杭州匾额，多出其手。尝问客："一日能写几字？"客曰："闻赵学士言，一日可写万字。"公曰："余一日写三万字，未尝以力倦辍笔也。"

①日写三万字：选自明田汝成《西湖游览志余》。题目为译者所加。②康里：即"康里村"，今属福建屏南县。③松雪：赵孟頫，自号松雪道人。赵学士也就是指他。

有个名叫夔夔子山的，是康里村人。元朝的时候，做过浙江行省平章的官。书法精妙到极点，自从赵孟頫以来，很少有能够比得上他的。杭州的匾额，大部分都出于他的手笔。他曾经问一个朋友："一天能够写多少字？"朋友说："听赵学士说，一天可以写万把字。"夔夔子山说："我一天能写三万字，从没有因为手发酸而搁笔的。"

宋登春

宋登春，字应元，号海翁。明直隶新河（今属河北）人，生始慕侠，能挽缰驰骑、嗜酒。工诗文，喜作小诗，画人物即法吴伟，兼善山水。同乡称作"狂生"。性好游览，曾遍游晋、豫、楚、蜀、闽、粤，揽胜探幽，搜奇访古。传其后于湖北石首山出家为僧，不知所终。一说其尝曰："吾岂松柏四周中人，会当乘湖解去。”后果投晋江而死。或曰乘扁舟浮海不知所之。其画因不轻为人作，故流传甚少。著有《布衣集》。

尝居龙窝寺[①]

宋登春，字应元，赵郡新河人，晚居江陵之鹅池，又号鹅池生。性好游，足迹遍天下，凡名胜之区，无不历览。尝居龙窝寺，瓶粟罄矣，寺僧厌苦之，生曰："僧无苦我，我试绘一小图，持至市中，当得粟。"已而鬻粟五升，伺粟不尽不更绘。而市人争欲得生绘，则日担粟诣寺门相聒。生不能堪，乃避至城外一山楼。

①尝居龙窝寺：选自明姜绍书《无声诗史》。题目为译者所加。

宋登春，表字应元，河北新河县人，晚年居住在湖北江陵县的鹅池，自称鹅池生。他喜欢游山玩水，足迹遍于全国，凡是有名的风景区，他是没有不去游览的。他曾经寄住在龙窝寺，粮食吃完了，和尚们非常讨厌他，登春说："师父们不要讨厌我，我试着画一张小图，拿到街上，就能够换到粮食。"后来果然换来了五升粮食。不过粮食不完，登春是不肯再画的。街上的人很想得到登春的画，每天挑着粮食到寺门口来聒噪。登春受不了纠缠，就躲避到城外山里的一个小楼上去住。

郑思肖

郑思肖（1241—1318），字忆翁，号所南。宋末连江（今属福建）人。南宋末年，他参加“博学鸿词科”考试，南宋亡后，隐居吴下，倚靠三十亩田地为生。思肖、所南、忆翁，都是宋亡后改，寓有不忘赵宋的意思。自称三外隐人，与朝客交往，坐必南向。终身不娶。善画兰，不随便给人。当时县官想得到他的画，借“赋役”名义把他传来。他坚决地说：“头可断，兰不可得！”县官也只好把他释放了。他把诗文集子取名“心史”，自称“大宋不忠不肖郑思肖”，里面有首诗道：“纵使圣明过尧舜，毕竟不是真父母，千语万语只一语，还我大宋旧疆土！”他著有《墨兰谱》一卷，现流传。文献中著录他的作品，除了一卷《推篷竹图》外，全部是墨兰。清故宫曾藏有他的《墨笔兰花》一卷。

郑所南画兰[①]

闽人郑所南先生，讳思肖。宋有国时，其上世仕于吴。宋亡，遂客吴下。闻其有田数十亩，寄之城南报国寺，以田岁入寺为祠其祖祢（mí），遇讳日必大恸祠下，而先生并馆谷于寺焉。先生自宋亡，矢不与北人交接[③]，于友朋坐间，见语音异者，辄引起，人知其孤僻，故亦不以为异。其上世本业儒者也，而先生于佛老两教，则皆喜其说，有祭鬼法。平日喜画兰，疏花间叶，不求甚工。其所自赋诗，以题兰皆险异诡特。盖所以写愤懑云。吴人好事者，为板刊其所谓锦钱集者行于世。若先生在周为顽民[④]，在殷为义士[⑤]。盖不易窥其涯涘

郑思肖《墨兰图》

（sì）焉[⑥]。

①郑所南画兰：选自元郑元祐《遂昌杂录》。郑元祐（1292—1364），字明德，本遂昌人，后徙钱塘。幼颖悟，书无不读。至正间，除平江路儒学教授，移疾去，遂流寓平江。后擢浙江儒学提举，卒于官。元祐右臂脱骱，以左手写楷书，自名尚左生。著有《侨吴集》十二卷，《遂昌杂录》一卷。②祖祢：祖先。祢，父死以神主入庙供奉称祢。③矢：发誓。④顽民：本义指不服从周朝统治的人。⑤义士：有节操的人。⑥涯涘：界限，边际。

福建人郑所南先生，名思肖。宋朝时，他的祖先在苏州做官，宋朝灭亡后，他就留在苏州。听说他有田几十亩，寄寓在城南报国寺里，用每年田里的收入替祖先在寺里设立了祠庙，遇到忌日必定在祠里大哭一场，这样他也就住在寺里。他自从宋朝灭亡，发誓不跟北方人交往，在朋友那里遇见北方口音的人，就往往站起来就走，人们知道他有这种孤僻的脾气，也就不以为奇怪。他的祖先本来也是读孔孟书的人，但他却对佛教与道教很感兴趣，有过什么祭鬼法的著作。平时喜欢画兰花，疏疏朗朗的几朵花朵几张叶子，不要求画得很齐整规范。他自作的诗歌，凡是咏兰花的都写得非常离奇古怪。这是因为他要倾吐他内心中的愤激不平。苏州的热心人替他刻印了所谓锦钱集在世上流传。如果说他是周朝的顽民，那么在殷朝就是义士了。很难弄清楚他的底细。

郑所南画兰[①]

贵要者求其兰，尤靳弗与，庸人孺子颇契其意者，则反与弗计。然亦不画士人，询之，则曰："一片中国地，为夷狄所得[②]，吾忍画耶！"凡平日所作诗，多寓意于宋。

①郑所南画兰：选自王达善《郑所南先生传》。题目为译者所加。②夷狄：古代对异族的泛称。这里是指元朝统治者。

身居要职的王公大臣要他画兰，他特别吝惜不肯画，而对一般人或儿童，只要符合他心意的，反倒毫不计较而挥笔赠画。不过也不画读书人。问他为什么，他说："一大片中国土地，被异族霸占了去，我还能忍心画他们吗？"他平日作的诗，大部分都含有怀念故国的意思。

纯是君子[①]

郑思肖，字所南，福州人。工画墨兰。尝自画一卷，长丈余，高可五寸许，天真烂熳，超出物表[②]。题曰："纯是君子，绝无小人。"

①纯是君子：选自元夏文彦《图绘宝鉴》。题目为译者所加。②

物表：即“物外”。指世外，超脱于世事之外。

郑思肖，字所南，福州人。擅长用墨画兰花。思肖曾经为自己画了一个长卷，长一丈多，高大约五寸多，活泼可爱，没有一点做作，不像是人间所有。上面写着两句话：“纯是君子，绝无小人。”

倪瓒

倪瓒（1301—1374），字元镇，号云林。元末画家。江苏无锡人。善画山水，多为水墨之作。所居之地有一阁，称“清閟”，幽迥绝尘。四方名士，宾客盈门。家藏甚富，有书数千卷，古鼎、书法、名琴、奇画，陈列左右。其性乐善好施，强学好修。至正初，散其家财，未几，遭兵祸之乱，家藏全部被劫，遂扁舟箬笠往来于江湖之上。后来张士诚欲招其做官，不出。书法由隶入而转学“二王”、钟繇，尤重《荐季直表》和《黄庭经》。其山水画宗法董源，参以荆浩、关仝笔法，创折带皴，画树木兼师法李成。与黄公望、吴镇、王蒙合称“元四大家”。著有《云林诗集》。

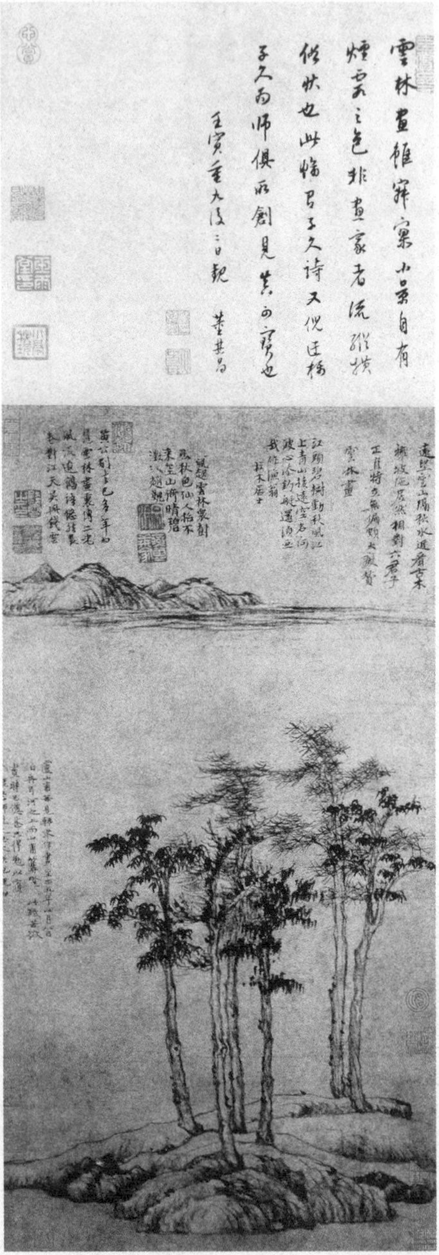

倪瓒《六君子图》

云林遗事[①]

倪云林洁病，自古所无。晚年避地光福徐氏[②]。一日，同游西崦[③]，偶饮七宝泉，爱其美，徐命人日汲两担，前桶以饮，后桶以濯。其家去泉五里，奉之者半年不倦。云林归，徐往谒，慕其清閟阁，恳之得入。偶出一唾，云林命仆绕阁觅其唾处，不得，因自觅，得于桐树之根，遂命扛水洗其树不已。徐大惭而出。

①云林遗事：选自明王琦《寓圃杂记》。题目为译者所加。②光福：山名，即邓尉，在苏州市郊。③西崦：湖名。在光福山附近。

倪云林的洁癖，是从古以来所没有的。晚年逃难住在光福一个姓徐的人家里。有一天，他同徐某游玩西崦，偶尔喝到了七宝泉水，觉得清凉可口，徐某就派人每天给他挑两担，前面一桶用来煎茶，后面一桶来用洗涤。徐家离七宝泉五里路，给他挑了半年而不感到厌倦。云林后来回到家里，徐某就去拜访他，因为仰慕他的清閟阁，经请求得以进去看一看。徐某偶尔吐了一口痰，云林就叫仆人在周围找寻那吐的痰，仆人找不到，就自已找，终于在桐树的树边找到了，于是就派人取水不住地冲洗那棵树。徐某见了，觉得很不好意思，就回家了。

清泉白石[1]

元镇素好饮茶，在惠山中，粉胡桃及杂果成膏，切置茶内，名“清泉白石”；有赵行恕者，宋宗室也，慕元镇清致，访之，坐定，童子供茶，行恕连啖果膏，元镇艴然[2]，曰：“吾以子为王孙[3]，故出此茶，乃略不知风味，真俗物也。”

①清泉白石：选自清桐西漫士《听雨闲谈》。题目为译者所加。②艴：盛气色，发怒貌。③王孙：与皇帝同族的人。

倪元镇素来喜欢喝茶，住在无锡惠山上，磨胡桃肉和各种果品合在一起做成果膏，切块放在茶里，美其名曰“清泉白石”。有一个叫赵行恕的，是宋朝的宗室，仰慕元镇的高雅，就去访问他，刚坐下，童子送上茶来，行恕接连的吃果膏，元镇面露怒色说：“我因你是王孙公子，所以奉上这样的茶，你却不能领略，是一个毫无雅趣的俗物！”

不能容物[1]

倪元镇，性好洁，不能容物。尝寓其姻亲邹氏，邹氏塾师陈子章有婿曰金宣伯，一日来访邹翁。元镇闻宣伯儒者，倒屣迎之[2]，见其言貌粗率，大怒，掌其颊。宣伯不胜愧愤，不见主人而去。邹翁出，颇怪之。元镇曰："宣伯面目可憎，语言无味，吾已斥之矣。"

①不能容物：选自清桐西漫士《听雨闲谈》。题目为译者所加。②倒屣：古人家居，脱鞋席地而坐。客人来，急于出迎，把鞋子倒穿。后用倒屣形容热情迎客。

倪元镇，性爱清洁，不能宽容俗物。曾经寄寓在姻亲姓邹的人家。邹家塾师陈子章有个女婿叫金宣伯，有一天来拜访邹翁。元镇听说宣伯是个读书人，就热情迎接，见了宣伯言语面貌粗俗，大为发怒，还批了他一个耳光。宣伯又是惭愧又是愤恨，没见到主人就走了。邹翁出来，很责怪元镇。元镇说："宣伯面貌难看，说话又不风趣，我已经把他赶走了。"

开口便俗[1]

张士诚之弟士信，闻其名，使人送币求画。元镇裂其绢素[2]，且骂之。士信一日与诸文士游太湖，闻渔舟有异香，意必有奇人，急傍询之，乃元镇也。士信下急，欲手刃之。赖诸文士劝止，犹鞭背数十。元镇竟不吐一语，以是得释。后有人问之，曰："君被士信窘辱，而一语不发，何也？"元镇曰："开口便俗。"

①开口便俗：选自清桐西漫士《听雨闲谈》。题目为译者所加。一说便俗，即犯不着在这等人面前说话。②绢素：白绢，多用于绘画。

张士诚的弟弟士信，听说倪元镇绘画出名，就派人带了钱去要求画画。元镇撕碎了士信的白绢，还把士信骂了一通。有一天，士信与一些文人同游太湖，闻到有条渔船上有股特别的香气，心想有异香必有异人，就赶忙靠近询问，原来却是元镇。士信急躁，想亲手杀了元镇，全靠那些文人劝阻，不过背脊上还是被抽了几十鞭子。元镇竟不说一句话，这才被释放。事后有人问元镇："先生受士信侮辱，却不说一句话，这是为什么？"元镇说："犯不着跟这些人计较。"

独不写人物[①]

倪云林善山水，为一代名匠，独不写人物。太祖高皇帝问曰[②]："每见卿山水俱无人，何也？"倪曰："世自无人物可画耳！"

①独不写人物：选自明曹臣《舌华录》。题目为译者所加。②太祖高皇帝：明太祖朱元璋。

倪云林善画山水，是一代的名家，只是不画人物。明太祖问他："我每次看你画的山水，都不画人物，这是为什么？"云林说："怪只怪人世间没人物可画呵！"

沈度

沈度（1357—1434），明江苏松江（今属上海）人，字民则，号自乐。与弟沈粲为明代著名书法家。永乐时诏为翰林。相传他也善绘画。

上好写沈字[①]

上好写沈字，盖沈学士名度字民则，松江人，以善书名于先朝。某筮（shì）仕时[②]，自左顺门接出题本[③]，窃观硃批清逸丰润，询之先达，云："此御笔也。"实类沈体。又闻尝命礼部征其子姓，得度四世孙世隆，特授中书舍人。且宣索其家，得其遗像卷，因而叹曰："沈先生出矣。"卷有杨文定溥所著传，文贞士奇、文敏荣金文肃幼孜、胡祭酒俨、曾学士棨（qǐ）诸赞。并留内府[④]，不复降出。

①上好写沈字：选自明陈洪谟《治世余闻》。上：明孝宗朱祐樘。②筮仕：古人将出仕，先占吉凶，谓之筮仕。③题本：明清时奏章的一种。④内府：王室的仓库。

明孝宗爱写沈学士体的字。沈学士名度，表字民则，松江人，因为擅长书法在永乐皇帝时就已经出名。我在朝为官时，从左侧的掖门接受奏章，私下里察看上头用硃笔批复的话，字写得清逸丰润，问问先辈，先辈说："这是皇上亲笔批复的。"的确很像沈学士体。又听说皇上曾经叫礼部找寻沈度的子孙，找到他的第四代子孙世隆，特别封了他中书舍人的官。同时还搜索了他的家，找到了印有沈度遗容的书卷，因此叹息道："沈先生终于出来了。"书卷上有杨文定（溥）所写的传记，以及文贞（士奇）、文敏（荣）、金文肃（幼孜）、胡祭酒（俨）、曾学士（棨）等人点赞的文章。这些都保存在王室的仓库里，不再流出到宫外去。

黄公望

黄公望（1269—1358），亦名坚，字子久，号一峰，又号大痴道人。本姓陆，常熟人，嗣于永嘉黄氏。幼有神童之称，应童子科，经史九流无不通晓。至元中，浙西廉访使徐琰辟为书吏，未几，弃去，隐于富春。善画山水，师董源、巨然，晚年自成一家，画法有二：一浅绛色，一水墨色，为画中逸品。与王蒙、倪瓒、吴镇为元末四大家。著有《大痴道人集》《元诗选》与《山水诀》，并传于世。

与造物争奇[1]

陈郡丞尝谓余言[2]：“黄子久终日只在荒山乱石丛木深篠中坐，意态惚惚，人不测其为何。又每往泖中通海处[3]，看激流轰浪，虽风雨骤至、水怪悲诧而不顾。”噫！此大痴之笔，所以沉郁变化，几与造化争神奇哉！

①与造化争奇：选自明李日华《紫桃轩杂缀》。题目为译者所加。②郡丞：多作为佐官之称。③泖：湖名。在上海市松江县境内，有上泖中泖下泖，合称三泖。

黄公望《剩山图》

有个姓陈的官员曾经对我说："黄子久整天只在荒山乱石丛林密竹中间坐着，神情恍恍惚惚，旁人弄不懂他是为了什么？另外，他每次到三泖湖中通海的地方，看那冲激的水流、轰鸣的浪涛，即使狂风暴雨突然袭来、水怪哀号得极其可怕也不管。"噢！这就是大痴的绘画，所以能那样深沉厚重富于变化，差不多可以与大自然比一比神奇的缘故。

史　忠

史忠，本姓徐，名端本，字廷直。明朝南京人。十七岁方能说话，外呆中慧，人皆以"痴"呼之，又谓之"痴仙"。善画山水，兼善人物，花木竹石也很擅长。所作山水，和方方壶笔调相类似，特别喜欢画云山图，笔致潇洒，墨色滃沛，表现出云烟变幻、飘杳卷舒的情景，而画树石，也是放笔挥洒，不为规矩所缚。又喜画人物与花草，都用快速度完成，线条似"云行水涌"，十分灵活自然。与吴中沈启南为好友，由于沈氏对他的推重，史痴翁的声名在江南就更为响亮。还有人物名画家吴小仙（伟）曾给他画了一幅小像，沈石田写了一篇赞语："眼角低垂，鼻孔仰露，旁若无人，高歌阔步，玩世滑稽，疯癫自痴，洒墨淋漓，水走山飞，狂耶怪耶？众问翁而不答，但瞪目高视于天。”充分表达出史氏为人的神气，和他的画如何奔放豪纵。

史痴[1]

金陵史痴翁名忠，字廷直，能诗，又能为新声乐府。性豪侠不羁，不喜权贵人，有不合，辄引去；或径以言折下，不顾。遇所善则留恋忘怀，无贵贱皆与款洽。家有楼近冶城，扁曰“卧痴”。中列图史敦彝，位置雅洁。有酒肴，引客笑谈，呼卢其中，不醉不已。然翁饮辄醉，醉则按拍歌新词，音吐清亮，旁若无人。有姬何，名玉仙，号白云道人，聪慧解篆书，居常以文字相娱乐，甚适也。有时出游，辄附舟而行，不告家人所往。女笄当嫁，婿贫不能具礼，翁诡携观灯，同妻送至婿家，取笑而别。年逾八十，预命发引，已随而行，谓之生殡。其达生玩世如此。善作画，不拘家数，纵意作山水树石，清润纷错，天机浑成，大率以韵胜。得其片纸者，皆藏去以为宝。余友盛仲交尝辑翁遗诗[2]，同金元玉诗为一帙，题曰：“江南二隐”，惜未能板行耳。

①史痴：选自明焦竑《焦氏笔乘》。②盛时泰：明江苏江宁（今南京）人，字仲交，号云浦，别号大城山樵、净信居士。工诗文，才情敏捷，下笔数千言。弘治间与陈芹、顾璘等交游，驰誉文坛。但屡次应试，不能中举。善写隶体字，画山水、竹石，摹拟倪瓒笔法，兼学沈周。盛时泰喜好交游，当时名士除上面所说诸人外，王世贞、杨慎等都和他往来。顾起元称赞他的画“竹石枯木，苍然映人”。周晖

也说“仲交画有逸才，有妙赏”。他又喜好研究石刻文字，著有《苍润轩碑录》。

南京的史忠，字廷直，号痴翁，善于作诗，又善于填词谱曲。性格豪迈不羁，不喜欢有权势的人，如不合，就一走了之。有时还直截了当地抢白一通，毫无顾忌。遇到性情相投的人，就亲近无间，不论贵贱都相处得十分融洽。家里有一座楼，靠近冶城，匾额题“卧痴”二字。楼上陈列着图史和古器皿，排列得很整齐。有美酒佳肴时，就呼朋唤友笑谈博弈在一起，不醉不肯罢休。不过痴翁一喝就醉，醉了就按拍唱新词，吐音清晰嘹亮，旁若无人。有姬妾何氏，名叫玉仙，号白云道人，聪慧而又懂得书法，平常拿文学相互娱乐，十分舒适和谐。有时外出游玩，常常搭乘便船，也不告诉家里人到哪里去。女儿长到要出嫁的时候，婿家穷得拿不出彩礼，痴翁骗女儿说是去看灯，同妻子一道把她送到婿家，彼此笑话一番告别而归。年龄超过八十，说是预先要举行发丧的事，亲自跟在队伍后面，叫作生殡，他的达生玩世就是这样。善于作画，不拘泥于门派路数，随意画成山水树石，清润错杂，天然浑成，大多以韵味见长。人们能得到他一小幅画，都藏得像宝贝似的。我的朋友盛仲交，曾经辑录他的遗诗，与金元玉的诗合为一帙，题曰：“江南二隐”，只可惜不能雕版印行而已。

访沈启南[①]

痴仙尝访沈启南于吴中，到门值启南他出，见堂中幔[②]

有素绢，即援笔濡墨成山水一幅，不题姓名而去。苍头请留名，痴仙笑曰：“主人见画，即为神交，何必留姓氏乎？”启南归，见画，曰：“吾阅人画多矣，吴中无此笔，非金陵史痴不能也。”遣人四觅邀回，相与莫逆，留数月而返。

①访沈启南：选自明姜绍书《无声诗史》。题目为译者所加。
②幨：张开画幅。

痴仙有一次到苏州访问沈启南，到沈家刚巧逢到启南外出，他看见厅堂上摊放着白绢，就提笔沾墨画了一幅山水画，不署姓名就走了。仆人请他留下姓名，痴仙笑着说：“你家主人见了这幅画，就知道是意趣相投的朋友，为什么定要留下姓名呢？”启南回家，见了这幅画，说：“我看别人的画多了，苏州没有人能够画这样的画，除非南京史痴不会有别的人。”派人四处找寻请他回来，彼此情投意合，留他住了几个月才回去。

王　绂

王绂（1362—1416），字孟端，号友石，别号九龙山人。明江苏无锡人。永乐十年，他因擅长书法被明廷任中书舍人。为人性情豪放，议论风生，好游山玩水。曾北游江淮，渡黄河，往来雁门、太行之间。博学，工诗，善画。画墨竹“能于遒劲中出姿媚，纵横外见洒落。”而他画山水木石则是每逢酒酣之后，对客挥洒，“长江、丛篁、怪石，随意所适，无不妙绝。”

高介绝俗[①]

毗陵王绂，字孟端，高介绝俗之士，所交皆一时名人，遇流俗辈，辄白眼视之。工诗翰，善画竹，冠绝今古。未达时[②]，画已驰名，人不可苟得。尝月夜寓京师旅邸，闻箫声起邻家，清亮可人，倚床而听之，乘兴写竹石一幅。明早叩门寻访其人，以为赠，盖一富商也。商人大喜过望，次日奉驼茸段二，求作配幅。孟端曰：“俗子何足当我笔也。”急索原幅碎之，其介如此。

①高介绝俗：选自清桐西漫士《听雨闲谈》。题目为译者所加。介，耿介，即正直，不同于流俗。②达：发达，通常是指做官。

常州人王绂，表字孟端，是一个光明正直、不肯随俗的士大夫，他所结交的都是当时的名流，碰到俗人，常常拿鄙视的眼光看他们。善于作诗写字，尤其擅长画竹，无论古今都是属于第一流的。没有发达时，绘画已经闻名远近，人们不可能随便得到他的画。有一次住在北京客店里，夜里月色光明，孟端听到箫声从邻居家传来，声音清幽响亮，非常动人，孟端靠着床静听，还乘兴画了一幅竹石。第二天早晨，孟端去敲门寻找，把这幅画送给他，原来是个有钱的商人。商人非常高兴能得到这幅画，第二天还备了两匹驼茸缎子作为酬劳，要求孟端再画一张作为搭配。孟端说："俗人哪里当得起我作的画！"急忙要还那幅画把它撕得粉碎。他的性格正直就是像这个样子。

艺事自负[①]

王孟端中书，写山水为一代名笔。尝退朝，黔国公从后呼之[②]。孟端不为应。有同行者，曰："黔公呼君。"孟端曰："余亦闻之，必其与吾索画耳。"黔公追及果云云。孟端亦不答。黔国又造其第，数年始作一幅。曰："吾不可直寄黔公，其西宾平仲微者，吾故人也。吾但写寄之，待彼与求耳，使人之售其身之易者。"观孟端之于画，亦可以自愧矣。

①艺事自负：选自明刘昌《县笥琐探》。②黔国公：沐晟，明凤阳人。沐春弟：字景茂。继春爵，镇云南。抚夷人有恩惠，远近化服。永乐中以平交征有功，进封黔国公。

王孟端中书，画山水是当代名手。有一次退朝，黔国公沐晟在后面呼唤他。孟端没有答应。有个同道的人说："黔公唤你。"孟端说："我听见了，不过是要向我讨画罢了。"沐晟追了上来，果然是为了这事。孟端也不回答。沐晟又上门来请求，几年才画了一幅。他说："我不能把画直接交给沐晟，沐府有个西宾名叫平仲微的是我的好朋友。我只把画交给他，要沐晟去向他求，而又要他不说出我是特意为沐晟画的。”看孟端对于自己的画的重视，也可以使沐晟感到惭愧了。

顾　言

顾言，字行素。明江苏常熟人。专长画蔬菜。

画菜[①]

顾言，字行素，善画菜，非其人不应也。或日断炊，乃持几纸质米，稍盈即取归。有富家子以多金购之，坚却不与。或询故，曰：“彼素不识此，今耳食我画耶[②]。”自重如此。

①画菜：选自清鱼翼《海虞画苑略》。题目为译者所加。②耳食：谓不加审察，轻信传闻的话。

顾言，字行素，擅长画菜，只是不替那些不懂得画的人画。有一天没米下锅，他就带着几幅画到当铺里去抵押，然后买米煮饭。等手头稍微宽裕一点就把画赎回来。有个有钱人家的公子愿意用高价买他的画，他坚决拒绝。有人问他缘故，他说：“这些人本来不懂得画，只是听别人说我的画好才来购买罢了。”他就这样看重自己。

沈 周

沈周（1427—1509），字启达，号石田，晚年号白石翁，别号有竹庄主人。明江苏长洲（今苏州）相城里人。为明代四大画家之首。祖父澄（字孟渊）善画，父恒古、伯父贞吉亦以诗画名于当世。沈周幼年从陈宽（字孟贤）读书学画后又从学于赵同鲁（字与哲）。幼年聪慧，十余岁时作《百韵诗》及《凤凰台赋》，“惊其长老”。年长，于书无所不读，学问渊博。当时的地方官吏曾想荐举朝廷，他坚辞征应征召。沈周亦酷爱书画。字仿黄庭坚，为世所重。绘画远师董源、巨然，山水花卉，无不精妙，明王稚登《丹青志》列其画为神品，称当代第一。沈氏的绘画，于临摹古迹以外，还有一种显示自己面貌的“本色画”，铁画银钩，元气充沛，精神饱满。他论画力主苍润，因为“苍而不润，神气便少”，所以传世的画迹多数是老笔纷披，墨渖淋漓，气韵苍莽的作品。

不能独饱[①]

沈周，字启南，号石田，人称石田先生。里中有急难，不问谁何，辄捐囊中钱佐之。天寒雨雪，望里中突不烟者，则呼苍头课其困廪而致焉[②]，曰："余固不能独饱也。"

①不能独饱：选自明姜绍书《无声诗史》。题目为译者所加。②课：征收（赋税）。这里作取其中一部分讲。

沈周，表字启南，自号石田，人们称他为石田先生。乡里发生急难事情，不管是哪一个，沈周常常拿出袋子里的钱帮助他们。寒冬腊月，雨雪交加，沈周望见有烟囱不冒烟的人家，就马上督促仆人拿出仓库里的粮食送去，他说："我不能只顾自己吃饱呀！"

无偿还书[①]

尝以重值购古书一部，陈之斋阁。一日客至，见而谛视之，问书所以得。先生曰："客何问也？"客曰："公幸无诧，书吾书也，失之久矣，不意乃今见之。倘得其所以，我将质焉。"先生曰："有验乎？"曰："某卷某页，某尝书记某事，或者犹存乎？"先生发而视之，果验，即全而归之。终不言售者姓名，亦不噍呵售者。

①无偿还书：选自明姜绍书《无声诗史》。题目为译者所加。

沈周曾经用高价买到一部古书，把它放在书斋的书架上。有一天来了个朋友，见了书仔细地看，问是怎么买到的，沈周说："你为什么问这个？"朋友说："请你不要惊讶，这是我的书呀，遗失已经长久了，想不到今天能见到它。如果知道其中的经过情况，我将要追根究底。"沈周说："有证据吗？"朋友说："有，在某卷某页，我曾经写着某一件事情，可能还留在那里呢。"沈周打开书来看，果然不错，于是就把整部书归还了他。始终不肯说出卖书人的姓名，也不呵责那卖书的人。

文徵明

文徵明（1470—1559），初名璧，字徵明，又字徵仲，后以字行，号衡山居士。明长洲（今江苏苏州）人。嘉靖二年，被荐举官翰林待诏。后辞官隐居。学画于沈周，画史称为明代四大画家之一。他对于古代绘画的技法传统有极其广博深入的研究，据文献记载，自唐之二李（思训、昭道）一王（维）、五代之荆（浩）、关（仝）、宋之二赵（伯驹、令穰）、三李（成、公麟、唐）、董（源）巨（然）、二米（芾、友仁），以至燕萧、王诜、刘松年、元之四大家及赵孟頫、高彦敬之流，无不取为师法，一一临摹。他吸取了各家技法的特长，运用到自己的作品中，形成了独有的清健秀润的风格。文氏绘画主张“师法古人”，但亦不限于描摹。他喜欢游山玩水，从文氏的诗集和画跋中，可以看到许多记游诗篇和不少的描绘真实景物的记游画图。他的画虽以山水为主，而对于花鸟、竹石以至人物，也都有所长。他的书法，具备了真草隶篆四体，特别是行草和小楷书，深得“二王”神体，而他在八十九岁时还能写“玉润珠圆”的蝇头细楷书。文氏传世的绘画作品特别多，虽然有不少真假难辨，譬如他的弟子朱子朗，因为家境贫穷，专门伪造他的画。

拒画[1]

衡山先生于辞受界限极严，人但见其有里巷小人持饼饵一箬来索书者，欣然纳之，遂以为可浼。尝闻唐王曾以黄金数笏，遣一承奉赏赍[2]，求衡山作画。先生坚拒不纳，竟不见其使，书不肯启封。此承奉逡数日而去。

①拒画：选自明何良俊《四友斋丛说》。题目为译者所加。②承

奉：官署中的书吏、差办。

衡山先生写字作画，对接受或推辞的界限极其严格，人们只看见那些小街小巷的平民拿了一小包糕饼来请他写字，衡山先生高兴地接受，就以为他是极容易请托央求的。我曾听说宗室唐王曾经用黄金几锭，派书吏携带着来到苏州，请求衡山画画。先生坚决拒绝接受，竟连书吏也不见，信也不肯开拆。弄得那个书吏进退两难，过了几天才回去。

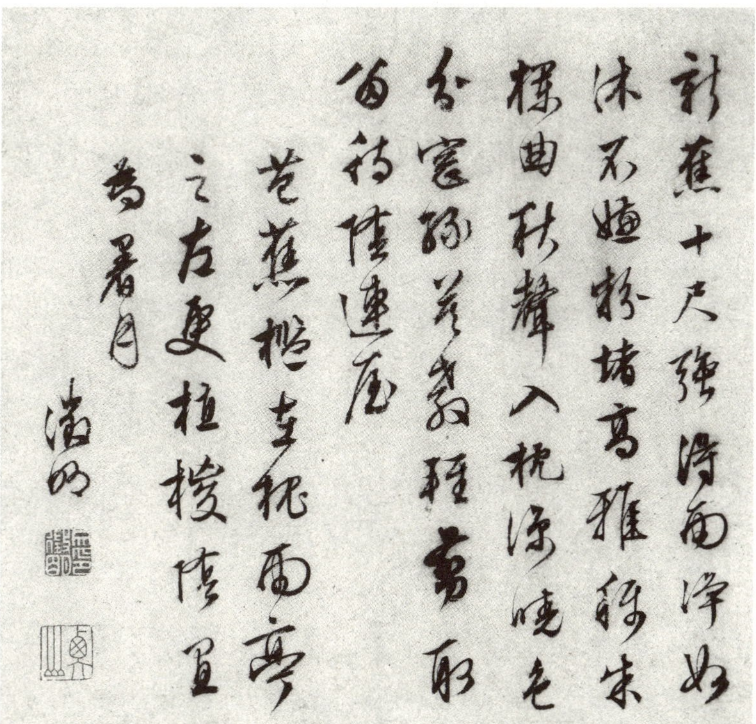

文徵明《山水诗画册页》

真衡山聊当假子朗[1]

朱朗，字子朗，文徵仲入室弟子。徵仲应酬之作，间出子朗手。金陵一人，客寓苏州，遣童子送礼于朗，求作徵仲赝本。童子误送徵仲室中，致主人求画之意，徵仲笑而受之，曰："我画真衡山，聊当假子朗，可乎？"一时传以为笑。

①真衡山聊当假子朗：选自姜绍书《无声诗史》。题目为译者所加。

朱朗，字子朗，是文徵仲的高足门徒。徵仲应付人的作品，其中就有子朗画的。南京有个人，在苏州做客，派书童送礼给朱朗，要求画一张冒徵仲名字的图画。书童把礼物误送到徵仲那里，向徵仲说明来意，徵仲接受了礼物，笑着说："我画真衡山，姑且当作假子朗，好吗？"一时间当作笑话流传。

为人所窘[1]

徵明画名，海宇钦慕，重金争求，缣素山积。在翰林，大为姚明山、杨方城所窘，时偶言众曰："我衙门不是画院[2]，乃容画匠处此。"然徵明生平，亦有三不肯应者，如宗藩、中贵、外国，是也。

①为人所窘：选自《中国历代画家人名大辞典》。题目为译者所加。②画院：宫廷中的绘画官署。宋雍熙元年（984）翰林院设图画院，后简称画院。

文徵明擅长绘画，国内外人都钦佩仰慕，抢着拿巨款来要求他作画，缣素像山一样堆积着。在翰林院任待诏时，很受到姚明山、杨大城这些人的窘辱。姚、杨有时对大家说："我们的翰林院不是画院，竟允许作画的画工在这里胡闹。"不过，徵明一生也有三种人不愿意替他们作画，那就是：宗室中的藩王、宦官中的得宠者和外国人。

文徵仲鉴定[①]

有以书画求文公徵仲鉴定者，虽赝物必称真迹。人问故，公曰："凡买书画者，多有余之家。此人贫而卖物，必待此举火。我一言沮之[②]，则其家受困矣！"

①文徵仲鉴定：选自清金埴《不下带编》。题目为译者所加。②沮：败坏，毁坏。

有拿书画作品请文徵仲鉴定真伪的，即使是赝品徵仲也说是真迹。有人问他为什么要这样，徵仲说："凡是买得起书画的人，一定是有钱人家。而卖者总是贫穷之辈，想要以此生

文徵明《山水诗画册页》

活，要是我的一句话坏了他的好事，他家不是要挨饿了吗？”

寒山飞雪图[①]

吾邑高念东先生有文徵明画《寒山飞雪图》[②]，国初诸老，题诗甚多。画短而题跋盈二丈余，为一长卷，诸家各体皆备，笔力驰骋。渔洋山人自书绝句[③]，字体欹斜。诗载《精华录》中未觉出色，与诸作对观，则洒然出尘，别具风神，方服其诗之妙也。诗云：“驴影凌竞冬气昏，危亭孤栈簇烟村。披图正有溪山梦，风竹萧萧雪拥门。”

①寒山飞雪图：选自清王培荀《乡园忆旧录》。②高念东：高珩，清淄川人，字葱佩，字念东，晚号紫霞道人。明崇祯进士。入清官至刑部侍郎，诗近元白，有《栖云阁集》。③渔洋山人：即王士祯（1634—1711），字贻上，号阮亭，自号渔洋山人。顺治十五年（1658）进士，官至刑部尚书，卒谥文简。士祯诗为一代宗匠，与朱彝尊并称“朱王”。

我县高念东先生藏有文徵明画的《寒山飞雪图》一幅，清初几位老先生都有题诗。画不大，题跋却有二丈多，成了一个长卷，各种书体齐备，极尽挥写之能事。渔洋山人亲笔写了首绝句，字体不很整齐。诗收录在他的《精华录》中，不觉得怎么出色，但与别人的诗对照着看，就觉得潇洒不凡，别有一种风格，这才知道他诗的好处。诗是这样写的：“驴影凌竞冬气昏，危亭孤栈簇烟村。披图正有溪山梦，风竹萧萧雪拥门。”

淡然忘老[1]

文衡山先生，每冬月着红绒衣卷檐毡帽，坐白纸屏下，终日拥炉，淡然忘老。

①淡然忘老：选自明陈继儒《太平清话》。题目为译者所加。

文衡山先生，每到冬天，总是穿着红绒衣服，戴着高檐毡帽，坐在白纸屏风下面，整天烤着暖炉，恬淡自得。

停云馆[1]

文衡山先生停云馆，闻者以为清閟[2]。及见，不甚宽敞。先生亦每咲谓人曰[3]："吾斋馆楼阁，无力营构，皆从图书上起造耳[4]。"

①停云馆：②清閟：即清閟阁。元名画家倪瓒的藏书阁。在江苏无锡县。后为祇陀寺。③咲：即"笑"字。④起造：构造。起，兴建。

文徵明先生有一座停云馆，听说的人都以为就像元人倪瓒的清閟阁。等到一见，却并不宽敞。徵明先生也每每笑着对人说：“我的书斋楼阁，因为无力兴建，所以就造在图书上。”

张思光

张思光，当为明初人，生平不详。

张思光自负如此[①]

张思光为中书郎，尝叹曰：“不恨我不见古人，恨古人不见我。”思光善草隶，太祖尝谓曰：“卿殊有骨力，但恨无二王法[②]。”答曰：“非恨臣无二王法，亦恨二王无臣法。”

①张思光自负如此：选自明曹臣《舌华录》。题目为译者所加。
②二王：晋王羲之、献之父子善书法，后人称为“二王”。唐张彦远《法书要录》二梁虞龢《论书表》：“洎乎汉、魏，钟（繇）张（芝）擅美，晋末二王称英。”

张思光任中书郎，曾叹息道：“不恨我看不到古人，只恨古人看不到我。”思光善于写草隶，太祖曾对他说：“你的字显得很有骨力，只可惜缺少‘二王’的章法。”思光答道：“非只可惜我缺少‘二王’的章法，也可惜‘二王’没有我的章法。”

唐　寅

唐寅（1470—1523），字伯虎，又字子畏，晚年号六如居士。明江苏吴县（今苏州）趋里人。是明代中叶杰出画家之一，与沈周、文徵明、仇英并称为“明四大家”。唐寅读书，早年就和祝允明、文徵明等砌磋琢磨，交谊深厚。为人性情高傲，轻视“举业”，补府学生后就不想应试了。后来经祝允明的劝说，他才又来整理“时业”，只用一年钻研工夫，就于弘治十一年（1498）考中应天府（今南京）解元。早年生活放纵，不愿受礼教束缚，往往遭到责难。自己曾说：“每以好饮（酒）遭鸠罚，每以声色花鸟触罪戾。”他虽然自负，但对文徵明却非常佩服，视为畏友。他说：“诗与画，寅得与徵明争衡，至其学行，寅将捧面而走矣。”他曾刻有两方图章，一是“南京解元”，一是“江南第一风流才子”，有时钤盖在所作的书画上面。唐寅才情横溢，目空一世，在科举途径上，遭到了冤抑挫折，他在中解元后，到北京去应进士试，考中后，因为有人嫉忌爱才的主考官程敏政，诬劾程受贿卖题，于是程氏罢职丢官，唐寅与同考的另一举子也被除名，罚往南京为吏，遂辞而不就。此后即全靠卖画来维持生活。

唐公韵事[①]

吴县城西北有桃花坞，旧志称为宋章粢别业，唐解元寅筑居于此。有梦墨亭，有祠祀六如居士及祝京兆、文待诏。天启中，杨端孝大濛改为准提庵。国初，宋中丞荦重加修葺[②]，增建才子亭。百年以来，隤废靡遗。嘉庆六年，善化唐陶山观察（仲冕）知吴县事，因拓庵东别室，移祀唐、祝、文三君像，颜其室曰桃花仙馆。且访得六如居士墓，在胥门外横塘王家村，封植而题识焉[③]。

①唐公韵事：选自清梁绍壬《两般秋雨庵随笔》。②宋荦（1634—1713）：字牧仲，号漫堂，又号西陂。清河南商丘人。官至吏部尚书。诗与王士祯齐名。善画水墨兰竹，兼长山水树石，也精于鉴别文物。③封植：给墓木壅土叫封植。

苏州城西北有个地方叫桃花坞，旧的地方志称是宋代章粢的别墅，唐解元寅曾在这里建屋居住。有一个梦墨亭，有一个祠堂用来祭祀唐寅、祝允明和文徵明。天启年间（1624—1627），杨端孝改建成准提庵。本朝初，宋牧仲巡抚重行加以修缮，增筑了一个才子亭。百年以来，破败无遗。嘉庆六年（1801），唐仲冕观察任吴县令时，又在庵东边建了屋子，

唐寅《落霞孤鹜图轴》

把唐、祝、文三人的像搬过来，把这间屋子叫作“桃花仙馆”。而且找到了唐寅的坟墓，在胥门外横塘的王家村，经过修葺后还立上墓碑。

秋香[1]

唐解元窃婢秋香事，小说家多艳称之。案南京旧院妓，有秋香，后从良。有旧相识求见，以扇画柳题诗拒之云：“昔日章台舞细腰，任君攀折旧枝条。如今写入丹青里，不许东风再动摇。”见梅禹金《青泥莲花记》。祝枝山有《题秋香便面》诗云：“晃玉摇银小扇图，五云楼阁女仙居。行间著过秋香字，知是成都薛校书[2]。”是盖又一秋香也。

①秋香：选自清梁绍壬《两般秋雨庵随笔》。②薛校书：薛涛（768—？）：唐女妓，字洪度。本长安良家女，随父郧宦蜀，父卒后，因家贫而入乐籍。熟谙音律，工诗词。韦皋镇蜀，召其侍酒赋诗，称女校书，出入幕府。

唐解元窃娶秋香的事，小说家对此津津乐道。据我考证，南京从前的妓院当中，有个叫秋香的妓女，后来脱籍嫁了人。有个从前的嫖客要求见面，秋香就拿一把画着杨柳并题上诗的扇子加以拒绝。诗云：“昔日章台舞细腰，任君攀折旧枝条。如今写入丹青里，不许东风再动摇。”此事见梅禹金的《青泥莲花记》。祝枝山也有《题秋香便面》诗云：“晃玉摇银小扇图，五云楼阁女仙居。行间著过秋香字，知是成都薛校书。”大概是另一个秋香了。

唐六如轶事[①]

余小时阅唐解元六如集，有云六如尝与祝枝山、张梦晋[②]，大雪中，效乞儿唱莲花，得钱沽酒，痛饮野寺中，曰，此乐惜不令太白见之。心窃异焉。然不知梦晋为何许人也。顷阅稗乘中，有一编曰《十美图》，乃详载张梦晋、崔素琼事，不觉惊怜叫跳，已而潸然雨泣，此真古今来才子佳人之轶事也，不可以不传，遂为之传。（传略）

①唐六如轶事：选自清张潮《虞初新志》。题目为译者所加。原题作《补张灵崔莹合传》。②张梦晋：张灵，明吴县人。字梦晋。善画人物、山水。间作竹石花鸟，笔秀绝尘。工诗。好交游，使酒作狂，与唐寅埒。

我小时候读唐解元《六如集》，说六如曾经与祝枝山、张梦晋，在大雪中模仿乞丐唱莲花落，将讨得的钱买酒，拿到野外的一个寺庙中痛饮，说："今天的事可惜李太白不曾看到。"我心里觉得奇怪。然而不知道这梦晋是怎么样的人？刚才阅读小说，有一篇叫《十美图》，是详细记载张梦晋与崔素琼的事的，不觉惊奇得跳了起来，接着又不觉潸然落泪，这真是古往今来才子佳人的事呀！不能不让世人知道，所以就为它写了这篇传。（传略）

唐六如诗[1]

唐六如画精极，尤佞佛，有诗曰："闲来写幅青山卖，不使人间作业钱。"吴鹿长指诗笑曰："问六如何处买来？"

①唐六如诗：选自明曹臣《舌华录》。题目为译者所加。

唐六如的画精美到极点，又颇信佛，有这样两句诗："闲来写幅青山卖，不使人间作业钱。"吴鹿长指着诗笑着说："请问六如，你的青山从何处买来？"

江南第一风流才子[1]

凡日用图章，总以稳切新颖为妙。唐六如之"江南第一风流才子"，袁子才之"钱塘苏小是乡亲"。佳话千秋，后人无敢学步。兴化郑板桥未第时，薄游扬州，人无识者。既贵复来，则持金帛乞书画者，户外履恒满。因自镌一印曰；"二十年前旧板桥。"昆山徐朗斋尝应试白下，夜宿妓家，三场不到，及阅落卷，则首二场，主司已拟中元[2]。因刻图章曰："下第江南第一人。"此皆游戏之中，寓感愤之意者也。近见王瘦石所用，为"天壤王郎"[3]，又李君某所用，为"短李"，则切其姓也。予曾有一印曰："我是个多愁多病身。[5]”语虽不伦，然于近时景况，颇为切合。

①江南第一风流才子：选自清黄协埙《锄经书舍零墨》。题目为译者所加。②中元：封建科举考试，乡试、会试、殿试都是第一名，叫三元，即解元、会元、状元。明时又以殿试的前三名为三元。徐朗斋两场都中，只等第三场了，可是他偏第三场没有参加，故曰下第。③天壤王郎；晋谢道韫嫁王凝之，看不起他。有次回娘家，叔父谢安加以劝慰。道韫曰：“不意天壤之中，乃有王郎！”④短李：唐李绅为人短小精悍，诗最有名，时号“短李”。⑤多愁多病身：多愁多病，旧时形容才子佳人的娇弱状态。元王实甫《西厢记》一本四折：“小子多愁多病身，怎当他倾城倾国貌。”

凡是平常用的图章，都把稳妥新颖认为是好的。唐伯虎的“江南第一风流才子”，袁枚的“钱塘苏小是乡亲”。历来当作名句流传，后来的人没有再敢模仿的。兴化县的郑板桥不曾考上进士时，曾经游览过扬州，没有一个人认识他。进士及第后再来，许多人就拿着金钱绢帛请他写字画画，门外常常站满了人。郑板桥因此就刻了枚图章叫“二十年前旧板桥”。昆山的徐朗斋曾经在南京参加进士考试，夜里住宿在妓院里，第三场考试没有赶上，等到前面两场的试卷发下来，才知道前面的考试成绩很好，主试官已准备将他排在三元当中。因此他就刻了枚图章叫“下第江南第一人”。这些都是在游戏当中寄托着牢骚。近来看到王瘦石所用的图章是“天壤王郎”，还有李君某所用的图章是“短李”，都是切合他们的姓氏的。我曾经有一枚印章叫“我是个多愁多病身”。话虽不很恰当，不过也与我近来的状况十分相符。

张　璞

张璞，字廷采，号友山。明江苏华亭（今上海松江）人。正统时历官陈州、沂州学正。笃志于学，工诗善画。

张廷采恋尔[1]

陈惟允家，有王叔明《泰山密雪图》[2]。张廷采闻知，往借观之，卧其下两日不去。使者促之，廷采临去顾曰："王先生尔岂知百岁后，有张廷采恋尔耶？"

①张廷采恋尔：选自明曹臣《舌华录》。题目为译者所加。②王叔明（1298—1388）：名蒙，字叔明（早年字叔铭）。元浙江吴兴人。对于文艺有精深的造诣，作文非常敏捷而不为陈规旧矩所缚束。当时的名士俞友仁看到他所作的诗称赞是"唐人佳句"，就把妹妹嫁给他做妻子。但他更大的成就却在绘画，特别是山水画，和同时的黄子久（公望）倪云林（瓒）吴仲圭（元镇）被后来人称为元代四大画家。他在至元年间曾做"理向"的官，不久就辞官避居杭州附近的黄鹤山中，自称为黄鹤山樵，过着隐士生活。洪武初年他又曾做泰安州知州官。洪武十五年宰相胡惟庸图谋颠覆明政权被杀，他虽只是在胡

家看过字画，经人检举有胡党的嫌疑，也被逮捕入狱。洪武十八年死在狱中。

陈惟允家里，藏有王叔明画的《泰山密雪图》一幅。张廷采知道了，就去借来看，躺在画下两天都不曾离开过。陈家催他走，他在临走时对着画幅说："王先生，你大概不会料到在百年之后，还有我张廷采在恋慕你吧？"

王 冕

王冕（？—1359），字元章，号山农，别号饭牛翁、煮石山农。明浙江诸暨人。幼年放牛时，两次丢了牛，因之被父亲赶出来，住在和尚庙里。会稽的名儒韩性就收他为弟子，多学识。王冕年长后，考中举人，屡次投考进士，都没有录取，就不再应考了。他曾历渡长江，经淮、楚而北上，到达北京。后来回到家乡，在九里山上，种植了千棵梅花和几百棵桃杏，把所住的房子叫做梅花屋，自称梅花屋主。他亲手培植养扶，从而使他所画的梅花能表现得形神兼备，和宋代的扬补之，可以齐驱并驾。当时求他画的人很多，他以画幅长短作为求画者润笔多少的标准。有人讥笑他这办法，他就说："我是用它来维持生活，岂愿意

王冕《墨梅》

做一个画师？”明初朱元璋攻下婺州，委他做咨议参军。后抑郁而死。

画梅冠绝古今①

会稽王冕元章有高才，其墨梅冠绝古今，断缣残楮人争宝之。其画梅多自题，有云：“我家洗砚池头树，个个花开淡墨痕。不用人夸好颜色，只留清气满乾坤。”其初见高庙应制题梅诗曰：“猎猎北风吹倒人，乾坤无处不沙尘；北人冻死长城下，谁信江南别有春。”上大赏之。

①画梅冠绝古今：选自明许浩《复斋日记》。题目为译者所加。

会稽地方的王冕（元章）是个才艺高超的人，他的墨梅可以说古今第一，即使是其残缺不全的作品，人都当作宝贝去争抢。他画梅都自己题诗，如云：“我家洗砚池头树，个个花开淡墨痕。不用人夸好颜色，只留清气满乾坤。”他初次拜见朱元璋时所作的诗云：“猎猎北风吹倒人，乾坤无处不沙尘；北人冻死长城下，谁信江南别有春。”朱元璋十分赞赏这首诗。

董其昌

董其昌（1555—1636），字玄宰，号香光。明松江华亭人。万历十七年进士，累官至南京礼部尚书，踰年告归。其昌工诗文，尤精书画。书法初学宋米芾，后能自成一家，画则集宋、元诸家之长，萧洒生动。

李存我书[①]

云间李待问[②]，字存我，工书法，自许出董宗伯上[③]。凡里中寺院有宗伯题额者，李辄另书，以列其旁，欲以示己之胜董也。宗伯闻而往观之，曰："书果佳，但有杀气，恐不得其死耳！"后李果以起义阵亡，宗伯洵具眼矣。又宗伯以存我之书若留于后世，必致掩己之名，乃阴使人以重价收买，得即焚之。故李书至今日殊不多见矣。

①李存我书：选自清王应奎《柳南续笔》。②云间：原江苏松江县（古华亭）之古称。③宗伯：官名。古代六卿之一。《周礼·大宗伯》："掌建邦之天神人鬼地祇之礼。"其昌曾任礼部尚书，故称之宗伯。又，受人推崇的大师，亦可称宗伯。

松江县李待问，字存我，擅长书法，自以为写得比董其昌好。凡是本县寺庙中有其昌写的匾额，存我就都另外写一幅，挂在旁边，要让人知道自己的字超过了其昌。其昌听到有这件事，就跑去观看，说："字的确写得很好，只是有杀气，怕不得好死！"后来，存我果然在一次起义战争中阵亡，其昌真有眼光呀！再说，其昌以为存我的字如果让它留到

董其昌《山水图卷》

后世，必定会掩盖自己的名望，所以就暗地里派人用重价去收买，买到后就把它烧掉。由于这个缘故，存我的书法至今很少能见到。

戴　进

戴进（1388—1462），字文进，号静庵，别号玉泉山。明浙江钱塘（今杭州）人。山水得诸家之妙，而更以模拟李唐、马远为多。神佛鬼怪则形像威仪勇猛，而衣纹、设色，转折轻重，可以比美唐宋名迹。人物、走兽、花鸟亦皆精工细致。临仿古画，更能乱真。明显宗时，戴进奉召至北京。相传有一次进呈画册，第一幅画题是《秋游独钓图》，画一个披着红袍的人。宣宗很称赏画的精工。谢环在旁道："此画佳甚，恨野鄙耳。"宣宗问其故，对曰："红品官服色也，用以钓鱼，失大体矣。"宣宗听信了谢环的谗言，罢免戴进的官职。戴进的画从此就很少有人过问，终于穷困身死。死后人们才又推重他的艺术称为"本朝画流第一"。

考试画师[1]

前明英宗试天下画师于京中，以“万绿枝头红一点，动人春色不须多”为题，诸画工皆于花卉上妆点，独戴文进画天松顶立一仙鹤；一人画芭蕉下立一美人，于唇上作一点红。朝廷竟取画美人者，时皆为戴惜不遇。余谓戴画用意固高，然于春色二字究未关会也。

①考试画师：选自清梁章钜《浪迹丛谈》。

前朝（明朝）英宗皇帝在北京招考全国的画师，拿“万绿枝头红一点，动人春色不须多”作为试题，那些画师都在花卉上动脑筋，独有戴文进画了一棵高大的松树，松树顶上站着一只仙鹤；另有一个人画的是芭蕉下站着一个美人，嘴唇染上一点红。朝廷竟把画美人的录取了。大家都为戴文进可惜。我说戴画的立意固然高尚，只是对“春色”二字究竟不曾理会到呀。

归　庄

归庄（1613—1673），初名祚明，字尔礼，又字玄恭。号恒轩，别号归妹、归去来子、普照头陀等。明末昆山人。他与同乡顾炎武友善，同为明末复社成员，被人称为“归奇顾怪”。清军渡江南下时，参加昆山抗清活动，失败后僧装逃亡，隐居乡野，结庐先墓旁，佯狂玩世。晚年寄食僧舍，虽厚不纳，穷困而终。他善作诗，精书法，长于行草。尤其作大字，虚和圆熟，被世人称为吴中高士。著有《悬弓集》《万古愁传奇》等。

归痴①

昆山归庄，字玄恭，依隐作达，结庐于墟墓之间，萧然数椽，与孺人相酬对。尝自题其草堂曰：“两口寄安乐之窝，妻太聪明夫太怪；四邻接幽冥之宅，人何寥落鬼何多。”吴俗每逢改岁，必更易红笺，以吉语书门。忽一元旦见其门有“北平都督佥事；南台御史大夫”一联，贺岁之客，讶而未解其意。玄恭曰：“我亦欲集福寿，求平安耳。”玄恭于行草法甚工，乞书者，每作极不羁之语应之，以是宝其墨妙，多藏庋于家，不敢轻以视人。一时遂有“归痴”之目，然玄恭实不痴也。

①归痴：选自清钮琇《觚剩》。

昆山人归庄，字玄恭，隐居不出，故作豁达，蛰居在乡野古墓旁边，几间简陋的屋子，与夫人相依为命。曾经亲自为草堂写过一副对联："两口寄安乐之窝，妻太聪明夫太怪；四邻接幽冥之宅，人何寥落鬼何多。"按照苏州的风俗，每到"过年"，必定除旧布新，在红纸上写几句吉利话贴在门上。有一年元旦，忽然看见他家门上有这样一副对联："北平都督佥事；南台御史大夫。"前来贺年的人看了这副对联，先是惊讶，再是莫名其妙。玄恭说："只是我也想有福有寿，祈求平安罢了。"玄恭在行书草书方面都很有功底，所以求他写字的人很多，他却常常写一些放纵不羁的话应付他们，因而珍视其墨宝的人都深藏在家里，不敢轻易给别人看。当时人把他看成是"归痴"，其实他一点都不曾痴！

周 臣

周臣，字舜卿，号东村。明吴县（今江苏苏州）人。曾和同乡陆暹学画，获得师传诀窍，画山水追摹宋人，峦头嶒崚，岚气厚重，类似李唐。有时也摹仿马远、夏珪的笔意。何良俊以为与明初戴进并驾齐驱，是院体中的高手。又能画人物，"古貌奇姿，笔致绵密"。明代四大画家之一的唐寅，早年学画时，曾拜他为师，出了名后，遇到人们求画繁多时，就请他代笔，流传的唐氏作品中，有不少就是他画的。他是职业画家，缺乏文学气息。

师不及弟子[1]

昔人谓唐子畏画师周臣，而雅俗迥别。或问：“臣画何以俗？”曰：“臣胸中只少唐生数十卷书耳。”余谓此论却未尽然。如吾邑乌目山人，彼胸中与周臣何异？而画却不俗。

①师不及弟子：选自清王应奎《柳南随笔》。题目为译者所加。

以前有人说过，唐寅的画是向周臣学的，然而雅俗差别如此之大。有人问：“周臣的画为什么俗？”答道：“周臣的肚子里只是少了唐寅的几十卷书而已。”我以为这种说法未必正确。譬如我县的乌目山人，他肚里与周臣有什么不同？而画却不俗。

解　缙

解缙（1369—1415），字大绅，又字缙绅，号春雨。明吉水（今江西吉水）人。自幼聪敏，洪武二十一年（1398）进士。授中书庶吉士，甚受太祖爱重。永乐初，进翰林学士兼右春坊大学士，主持纂修《永乐大典》。永乐五年（1407）以“廷试读卷不公”，谪出为广西参议，后改贬交趾。善书法，小楷精绝，行草皆佳。所书小楷《黄庭》全摹临右军，笔墨婉丽端雅。草书有独特风格，行笔流畅迅疾，笔画颠狂翻腾，气势奔放，一气呵成。著有《文毅集》《春雨杂述》等。传世墨迹有《草书卷》《草书轴》等。

《猛虎顾虎图》①

解缙题《猛虎顾虎图》诗：“虎为百兽尊，谁敢触其怒？惟有父子情，一步一回顾。”时成祖有歉于皇储②，味此诗意，遣迎仁宗，此则煞有关系也。

①《猛虎顾虎图》：选自清金埴《不下带编》。题目为译者所加。②皇储：皇太子。

解缙为《猛虎顾虎图》题诗：“虎为百兽尊，谁敢触其怒？惟有父子情，一步一回顾。”当时成祖朱棣对仁宗（朱高炽）颇有歉意，读了这首诗后，就派人把仁宗从外地叫回，与这首诗大有关系。

陈　淳

陈淳（1483—1544），字道复，后以字为名，别号白阳山人。明长洲（今苏州）人。为吴门画派领袖文徵明的弟子。工诗文词翰。年少时画山水，接受师门传授，学元王蒙、黄公望，笔意精工细致。中年后，改学米芾、高彦敬，“淡墨淋漓，写意而已”。陈淳不守师法，另辟途径，深为志在复古的老师文徵明所不满。

陈白阳[①]

陈白阳亦好着卷檐毡帽，帽檐中尝贮虾干。人欲乞画，往往具酒食，俟其醉豪，和墨舔之，若探虾佐酒，便是其盘礴时矣。

①陈白阳：选自明陈继儒《太平清话》。题目为译者所加。

陈淳也爱好戴一顶卷檐毡帽，帽檐中常藏着虾干。有人要求他绘画，往往要准备好酒食，等到酒酣兴豪时，就磨好墨诱他作画，如果他要向帽檐中取虾干下酒，就是他动手大笔一挥的时候了。

冯起震

冯起震（1553—？），字青方。明山东益都人。以墨竹著名。其子可宾，字桢卿，天启二年进士，官嘉兴府推官，工诗文，善画竹石，其继承家学，所画气力深厚，篆少叶肥，具得宋苏轼笔意，当时有“冯竹”之称。起震年八十余岁尚能作画，常与可宾合作。陈焯藏有他父子合作的《竹石图》。

冯竹[①]

益都冯君，名起震，善画竹。时人谓之冯竹，名动一时。余家有所画长卷，横斜偃仰，极萧疏浓郁之致。中有清流激湍，横贯其中，郑谷口簠题八分于卷首，置簏中，后失去。石刻甚多。其老笔挥洒，气象阴森，具风雨离披之状。挺秀者，新篁解箨，清润有骨，皆可宝贵。

①冯竹：选自清王培荀《乡园忆旧录》。题目为译者所加。

益都县冯先生，名起震，善于画竹。当时人称为“冯竹”，非常有名。我家有他画的一幅长卷，竹子纵横偃仰，极其潇洒茂盛的样子。有一条潺潺的清溪，横在竹子当中，卷首有郑谷口（簠）用八分书写的题词，放在竹篓当中，后来不见了。石刻很多。类皆笔意老练，气氛阴沉，具有被风雨吹得东离西散之状。也有挺拔秀丽的，刻画的是新竹丛脱叶后的情态，清润而有风骨，都是弥足珍视的。

祝枝山

祝枝山（1460—1526），名允明，字希哲。生而指枝，故自号枝山，又号枝指生。明长洲（今江苏吴县）人。五岁能作径尺字，九岁能诗，稍长，博览群籍，为文多奇气，尤工书法，名动海内。弘治五年（1492）中举人，官应天府通判；未几，致仕。著作有《怀星堂集》三十卷、《读书笔记》、《前闻记》等。

《离骚经》[1]

西溟出手卷二：一明祝枝山《离骚经》墨迹，一宋搨定武本《兰亭》。枝山《离骚经》纯本章草，其结构转换多得之孙过庭《书谱》[2]。西溟以为似藏真[3]，闻余言深以为然。自始至终二千余言，无一笔溢出规矩之外，绝无平日狂怪怒张之态，非此卷几不识枝山本领矣。

①《离骚经》：选自清刘献廷《广阳杂记》。题目为译者所加。②孙过庭：字虔礼。唐富阳（今浙江富阳）人，自称吴郡人。官至率府录事参军。其生也落寞，死亦凄然。他精于字学，所著《书谱》，融入前人草法，终成绝构。③藏真：指智永藏于梁间的王羲之兰亭真迹。

姜西溟拿出两件手卷给我看：一件是明代祝枝山的《离骚经》墨迹，一件是宋代所搨的定武本《兰亭》。枝山的《离骚经》全是用章草写成，在结构转换处大多取法于孙过庭的《书谱》。西溟以为像藏真，听到我的话又觉得我的话很对。《离骚经》从头至尾两千多字，没有一笔超出规矩之外，丝毫看不到他平时狂怪怒张的姿态，要是没有这份墨迹几乎不知道枝山的本领呢。

十九首真迹[①]

西溟跋云，此书虽本章草，其结构之法，多得之藏真。余所见枝山十九首真迹[②]，远不如此：脱尽蹊径，独造天然。明一代书法，推枝山第一。此帖又枝山第一。乙丑六月[③]，因暑展玩终卷，遂记之。

①十九首真迹：选自清刘献廷《广阳杂记》。题目为译者所加。②十九首：古诗十九首。③乙丑：清康熙二十四年（1685）。

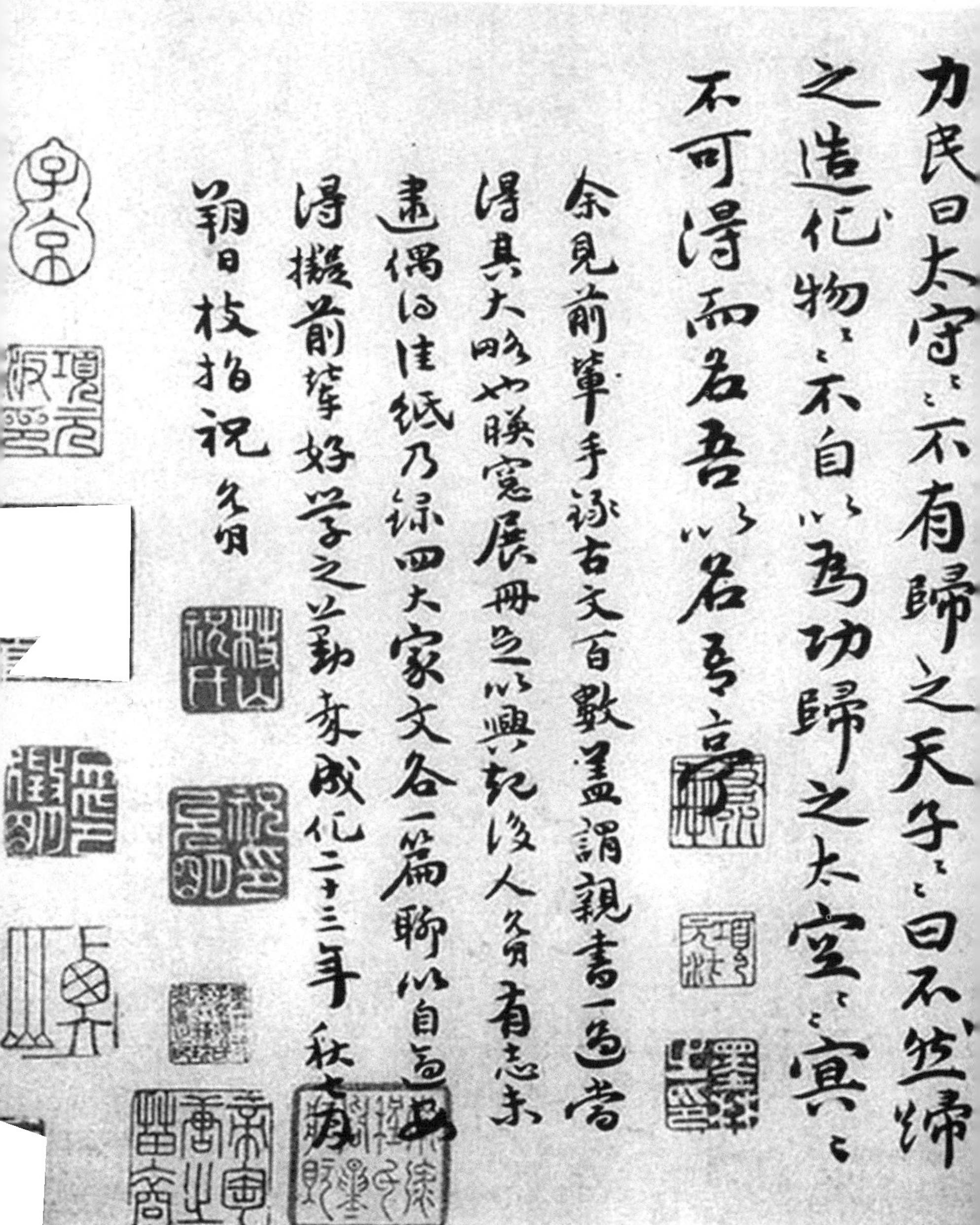
力民曰太守太守不有歸之天子天子曰不然歸
之造物造物不自以爲功歸之太空太空冥冥
不可得而名吾以名吾亭
余見前輩手録古文百數蓋謂親書一過嘗
得其大略也暇寬展冊乃以興起後人有志未
逮偶得佳紙乃録四大家文各一篇聊以自遺也
得擕前輩好學之勤敎成化二十三年秋
朔日枝指祝允明

祝枝山《六体书诗赋卷》

姜西溟在《离骚经》跋文中写道："此书虽然以章草写成，它的结构却离不开藏真。"我所看到的枝山《十九首》真迹，完全不是如此。毫无模仿痕迹，直达天然。明代的书法，要推枝山为第一，而此帖又是枝山写得最好的。乙丑六月，因为天热就拿此展玩消暑，因而写了这些话。

明孝宗（朱祐樘）

明孝宗（朱祐樘），明宪宗第三子。即位后，逮太监梁芳等谪戍死，停纳粟例。帝恭俭有制，勤政爱民。在位十八年，年号弘治。他喜欢弹七弦琴，又能画神像，多加盖"广运之宝"印章。他的画只是一时高兴，随笔点染，虽很精细工整，也只具形式而已。但他对于艺术却十分喜欢和欣赏。如瞒着御史赏给画工彩缎就是一个例。

兼长绘事[①]

孝宗敬皇帝，讳祐樘，宪宗第三子。建元弘治。帝万机之暇，间亦好琴，台谏时以为言。上笑谓近臣曰："弹琴何损于事，劳此辈言之。"然终不以为忤也。兼长绘事，曾赏画工吴伟彩缎数匹，命曰："急持去，毋使酸子知道[②]。"

①兼长绘事：选自明姜绍书《无声诗史》。题目为译者所加。②酸子：对贫士的讽嘲称呼。又称“酸丁”。

明朝孝宗敬皇帝，名叫祐樘，是宪宗朱见深的第三个儿子。年号弘治。孝宗每天处理国家大事，有闲暇的时间，也偶尔弹弹琴，御史们经常向他提出意见。孝宗笑着对身边的臣子说：“弹琴对国家大事有什么妨害，烦劳这些人来多嘴。”仅管如此，他也没有认为御史们做得太过分啊。孝宗还擅长绘画。有一次，他奖给画工吴伟彩色绸缎几匹，并且说：“赶快拿去，不要给那些穷读书人看见。”

滕用亨

滕用亨，明吴县（今苏州）人。永乐时，以工书善画被召为“内廷供奉”，又精于鉴别。

书画精鉴[①]

虞山钱曾云：“唐太宗临右军书，作戬字，虚其戈，以令虞世南足之，示魏徵，徵曰：‘圣作惟戈法逼真。’明成祖观一画，群臣皆以为赵千里[②]，滕用亨独定为王晋卿，展视卷尾，果有诜名，必如此始可谓之精鉴。”

①书画精鉴：选自清梁章钜《浪迹丛谈》。②赵千里：名伯驹，宋宗室，字千里，曾任浙东路钤辖。绍兴初以绘画享盛名。高宗曾命他画集英殿屏风，赏赉甚厚。他的山水画效法唐大小李将军而更精工细密；色彩虽也“金碧辉煌”，然清润活泼。人物画承袭着周文矩、李公麟以来的传统，线条紧密，造型秀丽古雅。此外花木、禽兽、舟车、楼阁等也无不精工。

虞山钱曾说：“唐太宗临摹王羲之的书法，写戬字，把半边‘戈’空着，叫虞世南补上，拿给魏徵看，魏徵说：‘圣上的字只有戈的写法与法帖极其相似。’明成祖观赏一幅画，臣子们都说是赵千里的，只有滕用亨说是王晋卿的，翻到卷尾，果然有王诜的署名。只有这样才可以说是精于鉴赏。”

赵寒山

赵寒山（1559—1625），名宧光，字凡夫，又字水臣，号广平，卜居寒山。明吴县（今苏州）人。工书法，擅行草，尤精篆书字学。经过潜心研习，独创草篆书体，别具风格，自成一家。其改易后的篆书，既不失古意神韵，又笔法奇特，以流畅的行草书体书写，脱去了传统小篆古雅浑穆的气格，而显现出刚健奇伟、活泼稚拙的风貌。所创草篆的大胆尝试，在明代书坛独树一帜，并对后人是一种有益的启迪，在篆体书法的发展中，有着革新之功。明陶宗仪在《书史会要》中评之曰："宧光笃意仓、史之学，创作草篆，盖《天玺碑》而小变焉。繇其人品已超，书亦不蹑遗迹。"著有《篆书指南》《寒山帚谈》《刻符经》《劫草篆》等。

赵寒山草篆[①]

与青来言赵寒山草篆。予之恶草篆者，非恶寒山之草篆，恶今人之学寒山者耳。若寒山者，所谓从容于法度之中，故能变化于规矩之外。今人未尝一日从事于玉筋[②]，执笔辄拟寒山，所谓学邯郸之步[③]，未有不失其故者也。

①赵寒山草篆：选自清刘献廷《广阳杂记》。题目为译者所加。②玉筯：书体名。即李斯所作的小篆。③邯郸之步：即"邯郸学步"，比喻仿效别人不成，反丧失原有的本领。

与青来谈论赵寒山的篆体。我之所以讨厌草篆字，不是讨厌寒山的草篆字，是讨厌现在人的模拟寒山而已。像寒山这样，所谓"从容于法度之中，故能变化于规矩之外"。现在人不曾练过一天小篆，拿起笔来就想仿照寒山，所谓邯郸学步，就没有不丢掉本色的。

明世宗（朱厚熜）

明世宗（朱厚熜），明宪宗孙。兴献王祐杬长子。即位后，诛江彬，追尊兴献王为恭穆献皇帝。母为章圣皇太后。曾宿曹妃宫，宫婢杨金英伺帝熟寝，以组缢帝项。未绝。皇后驰救得苏。收曹妃、金英等磔于市。时大权一归严嵩。久之，始罢之。帝晚年求方术益急，分遣御史求方书。后服方士王金等所献丹药，遂崩。在位四十五年，庙号世宗，年号嘉靖。

金铃小犬图[①]

先伯祖谏庵公藏明世宗所画金铃小犬图一帧，秀丽明媗[②]，想见几暇宸翰之精。下缀七言绝句二首云："猎罢西山万马屯，不教狐兔占秋原。金铃小犬虽无力，此际还知报主恩。""小吠花阴为守宫，苍鹰搏击志相同。君恩已是难酬报，况复图形纪汝功。"末署曰"臣嵩奉敕谨题[③]"，居中御印篆"天河钓叟"四字，世宗别号也。《书画谱》载明宣、宪、孝三宗能画，而世宗无闻焉。得此可补纪载之缺。考嘉靖号尧斋，万历号舜斋，天启号禹斋，嘉靖又号雷轩，又号天河钓叟，俱见《万历野获编》。

①金铃小犬图：选自清梁绍壬《两般秋雨庵随笔》。②明嫿：娴静美好。③嵩：即严嵩。

已故伯祖谏庵公收藏着明世宗画的《金铃小犬图》一幅，秀丽明媚，可见世宗在万机之余还善于绘画。下面还写有七言绝句两首。诗云："猎罢西山万马屯，不教狐兔占秋原。金铃小犬虽无力，此际还知报主恩。""小吠花阴为守宫，苍鹰搏击志相同。君恩已是难酬报，况复图形纪汝功。"末尾署名为"臣嵩奉敕谨题"，当中钤有篆文御印"天河钓叟"四个字，这是世宗的别号。《书画谱》记载明朝宣（朱瞻基）、宪（朱见深）、孝（朱祐樘）三宗能绘画，而世宗能画却不曾听说过。有了这幅画就可以弥补记述的缺漏。据查考，嘉靖（世宗）别号尧斋，万历（神宗）别号舜斋，天启（熹宗）别号禹斋。嘉靖又号雷轩，又号天河钓叟，都见于《万历野获编》的记载。

王孟津

王孟津（1592—1652），名铎，字觉斯，一字觉之。号嵩樵、十樵、痴庵、痴仙道人。别署烟潭渔叟。明孟津（今属河南）人，因又称王孟津。明天启二年（1923）进士，福王时为东阁大学士，任礼部尚书。顺治年间，降清，授礼部尚书。其有生之年，处国家动荡之时，常困居乡里，以书画自乐。他认为“书不宗晋，终入野道”，因此，取法高古，无帖不学。书法之外，还工于诗文、绘画，善画山水兰竹梅石，以沉雄见力。存世书迹颇多，有《琅琊馆帖》《拟山园帖》《草书诗卷》等。

入理深谈[①]

杜移年早岁曾识王孟津，述其言曰：“书法之始也，难以入帖；继也，难以出帖。”可谓入理深谈矣。然诗文又何独不然耶。

①入理深谈：选自清刘献廷《广阳杂记》。题目为译者所加。

杜移年早年曾认识王孟津，转述他的话道：“书法之始也，难以入帖；继也，难以出帖。”可以说是中肯而又深刻的话。然而吟诗作文又何尝不是如此。

徐　渭

徐渭（1521—1593），字文长，又字天池，晚号青藤道人。明浙江山阴（今绍兴）人。资质聪明，有文艺天才，十余岁时即能仿扬雄解嘲作《释毁》。考中秀才后，文名甚盛。浙闽总督胡宗宪招聘为书记，作《进白鹿表》，获得明世宗的称赏。徐氏才情横逸，诗文超拔，善草书，笔势奔放，于苍劲中含有姿媚，虽从米芾入手，但能不拘形式，追求精神。袁宏道称为“八法之散圣，字林之侠客”。中年后才开始学画花卉，善于运用水墨，能表达出自然生动的情趣。有时也画山水人物，线条纵放洗练，墨气淋漓，极少流传。他作画多自题诗句，所署的别名很多，如田水月（即“渭”字）、漱老、墨三昧、孺子、漱仙、金垒、佛寿等。他对自己的评论是：“书第一，诗次之，文次之，画又次之。”但杨翰说：“青藤当以画为第一。”在他四十五岁时，赏识他的胡宗宪被捕下狱，徐氏受到刺激，神经有些失常，曾几次自杀未遂，又因为打死了继妻，被判为死罪，关在监狱里八年，获得同乡张元汴的营救，释放时已是五十三岁了。此后他“愤益深，佯狂益甚”“时携钱至酒肆，呼下隶与饮”“深恶诸富贵人，自郡守丞以下求与见者皆不得”，甚至连救命恩人张元汴“导以礼法”，他也是一怒而去。

鬻文自给[1]

贫则鬻文自给，稍裕，即百方不能得。一巨贾购其草书，谋诸邻老，邻老曰："是因予能得之。"值大雪，挈樽酒一鲤访文长；文长大喜，热酒煮鲤，出其纸，尽书之。

①鬻文自给：选自明顾景星《白茅堂文集·书徐文长遗事》。题目为译者所加。

徐文长穷到没法生活的时候，就写字卖钱来过活，稍微宽裕一点，即使人们想尽办法要他写都不可能。有个富商想要购买他的草字，与住在文长贴隔壁的老人商量，老人说："这个我可以办到。"当时，正遇到一场大雪，老人带了一壶酒、一条鲤鱼去访问文长；文长非常高兴，就煮了鱼、热了酒，取出老人带来的纸，一下子把字写好。

出入皆一俗字[1]

文长之椎杀继室也，雪天有童踞灶下，妇怜之，假以亵服[2]。文长大詈，妇亦詈。时操欋收冰[3]，怒掷妇，误中妇死。县尉入验，恶声色问欋字作何书？文长笑曰："若不知书生未出头地耳[4]。"盖俗书欋作生也。尉怒，报云："用生杀。"文长遂下狱。他日，太守出素罗帏，令书艳句；文长箕踞咄咄[5]。太守怒，戒勿与食，文长即不食，就柱下蝨木[6]，日齧方寸而已。旬日，颜色如常。其后御史欲出文长，虑狱词久具[7]。一老吏曰：“改‘用生’作‘甩生’[8]，便属误杀。”盖俗书抛作甩也。文长遂得出。出入皆一俗字。甚矣，俗书之弊也。

①出入皆一俗字：选自明顾景星《白茅堂文集·书徐文长遗事》。题目为译者所加。②亵服：古人（在家）穿的内衣。③欋：原注：“欋音瞿，《释名》：四齿耙也。”今越中通称“铁耙”。④书生未出头地：语意双关，从表面上看，是说“生”字的写法，其实是说读书人倒霉。生，读若芝。⑤箕踞：伸开两足，以手据膝，形状如箕，古人以为傲慢不敬。⑥蝨：即古文“蠹”字。蛀虫。⑦狱词：判决书。⑧甩：摆动，扔。

徐渭《国色天香》

文长击杀后妻，事情的经过是这样的：下雪天有个仆人蹲在灶下烘火，后妻可怜他，就把自己随常穿的一件内衣披在他身上。文长见了大骂后妻，后妻也骂他。当时文长正好拿着欋除冰，一时发起怒来，就把欋向后妻丢去，恰巧击中后妻就死了。县尉来验尸，恶狠狠地问文长欋字是怎么写的，文长笑着说："你不知道书'生'一直不出头吗？"因为俗字把"欋"写作'生'。县尉恼羞成怒，就上报说"用生杀"。文长就这样被关进了监狱。有一天，太守拿来一顶白色的罗帐，叫文长在那上面写艳句，文长大模大样地坐着，态度十分傲慢，只是不住地叹息。太守大怒，命令不给他饭吃，文长就抱着屋柱子啃烂木头充饥，每天只啃一小块。过了十来天，气色还同平常一样。后来，有个御史张元汴想要救文长，只怕判决书上明明写着"用生杀"，事情难以挽回。一个有经验的吏人说："把'用生'改写作'甩生'，就属于误杀了。"因为俗语是把"抛"说成"甩"的。文长就这样出了狱。文长的出入监狱都是由于一个俗字。太可怕了！俗字的流弊呀。

徐文长之书[①]

喜作书，笔意奔放如其诗，苍劲姿媚跃出，欧阳公所谓妖韶女老自有余态者也。间以其余旁溢为花鸟，皆超逸有致。

①徐文长之书：选自明袁宏道《袁宏道集笺校·徐文长传》。题目为译者所加。

文长喜欢挥写书法，笔意雄健活泼像他的诗篇一样，在苍老有力当中显现出妩媚，就是欧阳修说过的漂亮女人上了年纪总有遗留下来的风韵呀。他有时把多余的精力漫向旁的方面画些花卉禽鸟，都超凡脱俗富于情趣。

会稽徐渭[①]

会稽徐渭，嘉靖间为胡梅林公幕客[②]，甚被亲遇。胡谓徐曰："君文士，君无我不显。"徐曰："公英雄，公无我不传。"又语公曰："公惠我以一时，我答公以万世。"徐渭真长者哉！

①会稽徐渭：选自明曹臣《舌华录》。题目为译者所加。②胡梅林：即胡宗宪。明绩溪人。字汝贞。嘉靖十七年进士，历知益都、余杭二县，擢升御史，巡抚浙江。以平倭有功，加右都御史，太子太保。宗宪多权术，厚结严嵩，嵩败，下狱死。

会稽人徐渭，嘉靖年间在胡宗宪那里做幕僚，颇受信任重用。胡对徐说："你是个文人，你没有我不可能显亲扬名。"徐说："你是个英雄，你没有我不可能名传千古。"又对胡说："你对我的优惠只是一时，我报答你的却是万世。"徐渭真是个值得尊敬的前辈啊！

陈继儒

陈继儒（1558—1639），明江苏华亭（今属上海）人，字仲醇，号眉公，一作麋公，又号雪堂，别号空青子、白石山樵。资质聪颖，能诗文，通经史诸子百家之说，旁及书画琴棋，无不精工。书法仿苏（轼）、米（芾）两家。善画水墨梅竹。有时亦作山水，气韵空远。但他不以绘画为重，故作品流传不多，而文艺作品则十分丰富，有《晚香堂集》《白石樵真稿》《明书画史》《书画金汤》等。

答客问[①]

有客过陈眉公岩栖草堂，问：是何感慨而甘隐遁（dùn）？陈拈古句答曰："得闲多事外，知足少年中。"问：是何功课？曰："种花春扫雪，看录夜焚香[②]。"问：是何利养[③]？曰："砚田无恶岁，酒谷有长春。"问：是何往还？曰："有客来相访，通名是伏羲[④]。"

①答客问：选自选自明曹臣《舌华录》。题目为译者所加。②录：即《录图》。传说上古黄帝祓斋七日，至于翠妫之川，大鱼折溜偃而至，泛白图，兰叶朱文，以授黄帝，名曰《录图》。③利养：以利养身。④伏羲：传说中的中古帝王。即太昊。风姓。相传他始画八卦，教民捕鱼畜牧，以充庖厨。

有客人经过陈继儒的岩栖草堂，问陈继儒：是什么想法甘心做个隐士？陈拿古人诗句作为回答，说："得闲多事外，知足少年中。"问：平时做些什么事？说："种花春扫雪，看录夜焚香[3]。"问：靠什么来过活？说："砚田无恶岁，酒谷有长春。"问：和哪些人来往？说："有客来相访，通名是伏羲。"

西京田叟

西京田叟，真姓名不详。

掐画[1]

西京田叟，自号瓦盆子，年七十余，所作《尧民图》，青缣为地，掐（tāo）桦皮为之[2]。暗室中作小窾取明，与主客谈笑为之。尝戏于袖中掐虱数枚，乱掷客衣上，客以为真虱而拾之，其伎如此。性刚狷（juàn）[3]，自神其艺，不轻与人。已所不欲，虽千金，不就也。盖搯画不见于书传，当自此人始耳。

①搯画：选自金元好问《续夷坚志》。元好问（1190—1257），金太原秀容人。字裕之，号遗山。兴定五年进士，官至尚书省左司员外郎。金亡，不仕。他的诗和古文都很有名，著有《遗山集》四十卷。又采录金代诗人作品，编有《中州集》。②搯：抽，探取。桦皮：桦树皮。桦，落叶乔木或灌木，树皮白色、灰色、黄色或黑色，有的是片状或纸状分层剥落，叶子互生。在我国多生长在东北地区。有白桦、黑桦、红桦。③刚狷：刚强执拗。

长安地方有个农民，自称瓦盆子，年纪七十多，他所做的《尧民图》，是用青色的缣帛打底，再用桦树皮做原料。暗室中挖一个小孔采光，与客人一边谈笑一边做这玩意儿。曾经与人开玩笑，在袖管中做了几个虱子，乱放在客人的衣服上，客人以为是真虱子捕捉起来。他就有这样的技巧。他为人刚强执拗，自以为这技术教人了不起，不肯随便教人。自己不想做的，即使给他一千两银子，他也不会动手。这种搯画在书本没有记载，应该算是由他创造。

陈　录

陈录，明浙江绍兴人，字宪章，后以字为名，号静斋，别号如隐居士。工诗。善画松竹、兰蕙，而墨笔梅花，更有专长，与同时王谦齐名。当时人们以为两家的意境风格虽各有不同，但陈录的笔力实在王氏之上。子英，能继承他画梅的技法。故宫博物院绘画馆曾展出他画的《烟笼玉树图》轴。他的作品经影印流传的还有《墨梅》《万玉争辉》《高玉》等图，可供参考。

陈宪章善画梅[①]

陈宪章善画梅，人持纸求索者多无润笔[②]，宪章题其柱曰："鸟音人多来。"或诘其旨，乃曰："不闻鸟声曰，白画，白画。"客为之绝倒。又杭之陈秋鸿，标于座曰："人来求文字，难推不会得。无物润枯肠，似觉没气力。"又有刘士亨大书门曰："老年卖诗为业，求者当求善价。"卒无一人能承其意者。至慈溪冯损之，乃曰："老去精神真勉强，闲来文字没思量[③]。"其意境宛而可取，然终一挂榜，便自坏了。果手段服人，人自迹至，何事招呼哉。

①陈宪章善画梅：选自明顾元庆《檐曝偶谈》。顾元庆，明长洲（今江苏苏州）人，字大有，家阳山大石下。学者称曰大石先生。名其堂曰夷白。藏书万卷，择其善本刻之。著有《瘗鹤铭考》《云林遗事》《山房清事》《夷白斋诗话》等十余种。②润笔：唐宋翰苑官草制除官，例事润笔物。后来泛指酬谢别人写作文字书画的财物。③没思量：不考虑，即没商量。

陈宪章擅长画梅花，别人拿纸来要求他画画的大多不付报酬，宪章就在庭柱上写着：“鸟音人多来。”有人问他这是什么意思？他就说：“你不听到鸟的叫声：白画，白画。”那人笑得前仰后合。还有杭州的陈秋鸿，在座位上写着：“人来求文字，难推不会得。无物润枯肠，似觉没气力。”还有刘士亨用大字在家门口写着：“老年卖诗为业，求者当求善价。”终于没有人能按照他说的去做。至于慈溪的冯损之，却说：“老去精神真勉强，闲来文字没思量。”说的虽然比较委婉可取，可是也终于一贴出去，就把自己的名声给毁了。画技真的让人佩服，人自己会找上门来，何必用种种方法去兜拦呢。

黄道周

黄道周（1585—1646），字幼平，号石斋。明漳浦（今属福建）人。天启二年（1622）进士。忠鲠负气节，崇祯时，屡廷争不屈。福王时，官礼部尚书。南都亡，与郑芝龙等在福建拥立唐王，拜武英殿大学士。率师出衢州，在婺源与清兵遇，战败被俘至南京，不屈死。道周学问宏博，工书画。

拘禁中[1]

黄石斋先生被执，拘禁中，洪承畴往视之[2]。先生闭目不视，洪既出，先生举笔疾书一联，曰："史笔流芳，虽未成名终可法；洪恩浩荡，不得报国反成仇。"[3]盖成仇与承畴同音也。

①拘禁中：选自清刘献廷《广阳杂记》。题目为译者所加。②洪承畴：福建南安人。明万历进士。崇祯时任兵部尚书、蓟辽总督。与清兵战于松山，兵败被俘，降清。③对联的大意是：上联歌颂史可法，下联贬斥洪承畴。

黄石斋先生被清兵俘获，在拘押期间，洪承畴去看望他。先生闭上眼睛看也不看一眼。等洪承畴走后，先生就拿起笔来写了一副对联："史笔流芳，虽未成名终可法；洪恩浩荡，不得报国反成仇。"因为"成仇"与"承畴"同音。

项圣谟

项圣谟（1597—1658），字孔彰，号易庵，别号胥山樵、松涛散仙、莲塘居士、烟波钓徒等。浙江嘉兴人。明项元汴之孙，德达之子。幼年接受家庭熏染，摩挲家藏名家真迹，对绘画艺术的优秀传统，有深刻的体会。画山水，早年学文徵明，后进一步追摹宋人笔法，元人气韵，笔力秀劲，意境清雅，具有深厚的工夫。又擅长画花木、竹石，也十分精妙。董其昌评论他的画册说："屋宇、花卉、人物皆与宋人血战（对抗），山水又兼元人气韵。虽其天韵自合，要亦功力深至。"徐沁认为他的画既具有画家的真实本领，又富有文学气味。秦祖水以为他的画以小幅为好，而大幅就"邱壑散漫，未能精神团结，盖以驾驭之未臻其极也"。入清不仕，家贫志洁，卖画为生。曾有题大树诗云："风号大树中天立，日薄西山四海孤。短蓑且随时旦暮，不堪回首望菰蒲。"可以想见他的志趣。清故宫所藏他的《且听寒响》《天寒有鹤守梅花》《仿唐棣红树青山》《云壑乔松》等图卷，都已散失，只有《芦雁》《桃花》《古木幽篁》图现归故宫博物院保存，有影印本流传。

画空坛[①]

秀水项圣谟，子京孙也。字孔彰，号易斋，又号胥山樵。善画，初学文衡山，后扩于宋而取韵于元。其花草、松竹、木石，尤精妙。客有以酒饷之者，越数日，索其坛，已为游兵所击。孔彰遂画一空坛偿之，中作桃花两三枝，或斜倚，或倒垂，丰姿婉约，绰有余妍，上题五言长古以纪之。

①画空坛：选自清徐珂《清稗类钞》。题目为译者所加。

嘉兴人项圣谟，是子京的孙子。表字孔彰，别号易斋（一作易庵），又称胥山樵。擅长绘画，开始向文徵明学习，后来扩大到宋代画家，还学习元代画家的气派。所画花草、松竹、木石，特别美妙。曾经有一次，有个朋友送给他一坛酒，几天后，朋友来取酒坛，酒坛却被兵匪击破。孔彰就画了一只空酒坛还他，那酒坛上画着桃花两三枝，有的倾斜，有的倒挂，姿态柔美，颇为巧妙。坛上还写首五言长篇古诗记载了这件事情。

刘世儒

刘世儒，字继相，号雪湖。明山阴（今浙江绍兴）人。幼年即好绘画，见王冕所画梅花，十分喜爱，心摹手追，至于废寝忘食。年长成，又遍游名山幽谷，观览梅花，对景写真，可见工夫的深厚。徐沁称赞说："笔力几如拗铁，花蕊纷披，苍老中益见幽致。"所画雪梅更精工，曾作《铁干回春图》赠送胡元瑞，胡赋诗比之华光和尚及王冕。生卒年不详，大概略早于王思任。王思任说他享年九十，画梅八十年，著有《梅花谱》四卷。

刘雪湖画梅[1]

山阴刘雪湖，少时见王元章画梅而悦之，至忘寝食而学之。成，遂负笈买履，走名山幽壑，遍访梅花之奇，尽得其情态。曾有广文严某，泛舟展视其图，值花蝶翩来，依依数里许。又曾画倪中丞之壁[2]，越半载，蜂食其华殆尽。

①刘雪湖画梅：选自明王思任《王季重十种·刘雪湖〈梅谱〉序》。题目为译者所加。②倪中丞：似即“倪元璐”。中丞，官名。汉御史大夫下设两丞，一称御史丞，一称中丞。

山阴县的刘雪湖，幼年时一见王冕画的梅花就爱上了，从此认真学习，到了废寝忘食的地步。学成以后，又背着画箱、准备了登山鞋，跑到各个有名的风景区，看尽了各种各样的梅花，掌握了它们的姿态与情调。曾经有个姓严的儒学教官，在船上打开雪湖的梅花来看，恰好有一只美丽的蝴蝶翩然飞来，见了梅花，竟依依不舍跟了好几里路。另外，雪湖曾经在倪中丞家的墙壁上画梅花，过了半年时间，那些花瓣几乎被蜜蜂吃了个精光。

陈洪绶

陈洪绶（1599—1652），字章侯，号老莲，题画又有悔迟、老迟、勿迟、莲子等别号。明浙江诸暨枫桥人。明万历四十九年秀才。明亡后，曾在绍兴云门山为僧。因又自号悔僧、莲沙弥。陈洪绶是一个早熟的、具有文艺天才的人物，十五岁时就有人请他做寿文。传说他在四岁时，就曾在墙壁上画一幅关羽像。他十岁左右曾从“浙派”名画家蓝英学画。这位大画家对这个小学生横溢的天才，大是惊奇，叹为“天授”，并且“终其生不写生”。同时以善画花竹著名的孙杖见到童年的陈洪绶作品，亦十分惊讶，曰：“使斯人画成，道子（吴道玄）子昂（赵孟頫）均当北面，吾辈尚敢措一笔乎？”他在十四岁时，“悬其画市中”，就已经能够立致金钱了。他在十九岁时就创作了著名的《九歌图》。陈洪绶年长后更具备了精深渊博的绘画造诣，人物、花鸟、竹石等等都达到高度的艺术水平。《图绘宝鉴续纂》称赞其曰：“花鸟人物，无不精妙，中年遂成一家；奇思巧构，

陈洪绶《花鸟画》

变幻合宜，人所不能到也。”龚鼎孳说他的仕女画“风神衣袂，奕奕有仙气”。周亮工题他的梅竹卷则以为“作花卉、禽鸟、蛱蝶尤有生趣”。而他的人物画尤为当时所倾佩。人物衣服圆劲，设色古雅，尤具特点。与莱阳崔子忠并称“南陈北崔”。

牵牛花画册[①]

老莲渡江，常寓吴山火德庙之西爽阁。徐丈紫山云：“长桥湖湾牵牛花最多，当季夏早秋间，湿翠盈盈，颇饶幽趣。老莲在杭极爱此花。每日破晓出郭，徐步长桥，吟玩篱落间，至日出久乃返。”余曾见其牵牛花画册，姿态娟妙，而着色处尤非他手所及。盖其性之所好，故能神似也。

①牵牛花画册：选自清朱彭《吴山遗事》。题目为译者所加。

陈老莲渡过钱塘江来到杭州，经常借住在吴山火德庙的西爽阁。前辈徐紫山说：“长桥湖湾一带牵牛花最多，每到夏末秋初，那饱含水分的花朵，色彩鲜丽，很富于幽美的情趣。老莲在杭州的日子，最喜欢这些牵牛花。每天天未亮出城，慢慢来到长桥，在开满牵牛花的篱笆旁沉吟赏玩，直到太阳出来后很久才回到城里去。”我曾经见到过陈老莲的牵牛花画册，花的姿态画得秀丽美妙，那着色的地方更加不是别的画家画得出的。原来他对牵牛花是那样爱好，所以才能画得传神啊！

喜为贫不得志人作画[1]

生平喜为贫不得志人作画，周其乏，凡贫士藉其生者数十百家，若豪贵有势力者索之，虽千金不为搦管也[2]。尝有一显者诱之入舟，云将鉴定宋、元人笔墨。舟既发，乃出绢素强之画，章侯科头裸体，漫骂不绝口，显者不听，遂欲自沉于水。显者怫然乃自先去，浼他人求之，终一笔不施也。以此多为人诟詈。

①喜为贫不得志人作画：选自清陶元藻《越画见闻》。题目为译者所加。②搦管：执笔。也指写诗文绘画。

陈洪绶一生喜欢替穷苦不得志的人画画，有缺衣少食的就救济他们，贫困的读书人依赖他生活的有数十上百家。如果有钱有势的人向他要画，即使出千两银子他也不肯拿起画笔。曾经有个显贵做大官的人，哄骗他到一只船上，说是请他鉴定宋、元人的画卷。等船离岸出发，那个显贵就拿出白绢来硬要他画画。这时，陈洪绶帽也不戴、赤身露体，不住口地乱骂起来。那个显贵置之不理，陈洪绶就想投水自尽。那个显贵忿怒地自顾自走了，随后请旁人来向他求情，陈洪绶到底连一笔也不画。但也因此遭到许多人的责骂。

陈章侯[1]

崇祯乙卯八月十三，侍南华老人饮湖舫[2]，先月早归。章侯怅怅向余曰："如此好月，拥被卧耶！"余敕苍头携家酿斗许，呼一小划船再到断桥。章侯独饮，不觉沾醉。过玉莲亭，丁叔潜呼舟北岸，出塘栖蜜橘相饷，畅啖之。章侯方卧船上嚎嚣，岸上有女郎命童子致意云："相公船肯载我女郎至一桥否[3]？"余许之。女郎欣然下，轻纨淡弱，婉嫕可人。章侯被酒挑之曰："女郎侠如张一妹[4]，能同虬髯客饮否？"女郎欣然就饮。移舟至一桥，漏二下矣，竟倾家酿而去。问其住处，笑而不答。章侯欲蹑之，见其过岳王坟，不能追也。

①陈章侯：选自明张岱《陶庵梦忆》。陈章侯即陈洪绶。②南华老人：为作者张岱的叔祖父。③一桥：按一般习惯，苏堤六桥从南往北数，第一桥为映波桥。但从下文看，似是指北岸的跨虹桥。④张一妹：就是红拂女，隋朝宰相杨素的家妓，她看出李靖人才出众，去投奔他。逃亡路上在客店里遇到一个奇人虬髯客，事见杜光庭《虬髯客传》。

崇祯十二年（1639）八月十三日，陪着南华老人在西湖船上喝酒，月亮升起之前就提早回家。陈章侯感到不痛快，就对我说："这样好的月色，难道就裹着被头睡觉吗？"我吩咐老家人带上一小坛子家酿好酒，叫了一条小划子重新去到断桥那边。陈章侯自斟自酌，不知不觉地有点醉醺醺了。船划到玉莲亭边，丁叔潜从北岸招呼我们，拿出塘栖蜜橘给我们吃。我们就尽情地大吃蜜橘。陈章侯正躺在船上大喊大叫，岸边上有个姑娘叫一个童儿隔水打招呼：“少爷们的船肯顺便带我们的姑娘到第一桥去吗？”我同意了她的请求。她很高兴地下船，穿着薄绸子的衣裳，显得淡雅温柔，叫人看了适意。陈章侯借酒三分醉地挑逗她：“姑娘你豪爽得像那张大妹子，能够跟虬髯客一道喝喝酒吗？”那姑娘高高兴兴地坐下来喝酒。小划子到了第一桥，已经是二更天了。那姑娘居然把一小坛子酒喝光，上岸走了。问她家的住址，只是笑笑不回答。陈章侯本来想要跟踪她去，只见她走过了岳王坟，就没法追了。

章侯画古佛[①]

甲戌十月，携楚生住不系园看红叶。至定香桥[②]，客不期而至者八人：南京曾波臣、东阳赵纯卿、金坛彭天锡、诸暨陈章侯、杭州杨与民、陆九、罗三，女伶陈素芝。余留饮。

章侯携缣素为纯卿画古佛。波臣为纯卿写照。杨与民弹三弦子。罗三唱曲。陆九吹箫。与民复出寸许界尺，据小梧，用北调说《金瓶梅》一剧，使人绝倒。

是夜，彭天锡与罗三、与民串本腔戏[③]，妙绝；与楚生、素芝串调腔戏[④]，又复妙绝。章侯唱村落小歌，余取和之，牙牙如语。

纯卿笑曰：“恨弟无一长以侑兄辈酒。”余曰：“唐裴将军旻居丧，请吴道子画天宫壁度亡母[⑤]。道子曰：‘将军为我舞剑一回，庶因猛厉以通幽灵。’旻脱缞衣，缠结上马驰骤，挥剑入云，高十数丈，若电光下射，执鞘承之，剑透室而入。观者惊慄。道子奋袂如风，画壁立就。章侯为纯卿画佛，而纯卿舞剑正今日事也。”

纯卿跳身起，取其竹节鞭（重三十斤）作胡旋舞数缠，大噱而去。

①章侯画古佛：选自张岱《陶庵梦忆》，原题为《不系园》。今题为译者所加。②定香桥：在杭州西湖苏堤南端第一桥（映波桥）附近。③本腔戏：即昆腔。④调腔戏：即余姚腔。⑤裴将军旻：裴旻舞剑舞得出神入化，跟李白的诗歌、张旭的草书合称“三绝”。⑥吴道子：画艺高明，称“画圣”，画山水，也画佛像。

崇祯七年（1634）十月，我带领着朱楚生坐着不系园那条大船去看红叶。到达定香桥那边，不邀不约赶来的客人有八个：南京人曾波臣、东阳人赵纯卿、金坛人彭天锡、诸暨人陈章侯、杭州人杨与民、陆九、罗三，女演员陈素芝。我招待他们喝酒。

陈章侯拿出白给赵纯卿画了一幅古佛。曾波臣替赵纯卿素描了一幅人像。杨与民弹奏三弦子。罗三唱了一首曲子。陆九吹箫。杨与民后来又拿出寸把长的惊堂木，坐定在一张小几面前，用北方腔调说了一段《金瓶梅》的故事，叫大家听了笑得前仰后合。

这天晚上，彭天锡跟罗三、杨与民扮演了本腔戏，唱得妙透妙透；又跟朱楚生、陈素芝扮演了调腔戏，也是妙透妙透。陈章侯唱了乡下的山歌，我拿过一张古琴来与他伴奏，咿咿呀呀地好像在和他对话。

赵纯卿笑着说："可恨我没有一点本领好来助你们的酒兴。"我就说："唐朝裴将军裴旻替母亲守孝，请吴道子替他画一幅天宫景物的壁画来超度刚去世的母亲。吴道子说：'将军你给我舞一趟宝剑，才好凭借这股猛劲来跟阴曹地府沟通起来。'裴旻脱下了麻衣孝服，结束停当，跨上马背赶马飞奔，向高空甩出宝剑，高到十几丈，像闪电灼亮地射向下方，跟着举起剑鞘迎接那落下来的宝剑，那宝剑正巧落向鞘套子插进去。旁边观看的人都给吓得打哆嗦。"吴道子就一阵风地用力挥动袖子，壁画天宫图马上就画好了。章侯给纯卿画了古佛，纯卿舞了一趟宝剑，正是今天的节目呀。"

赵纯卿跳身站起来，拿出他的三十斤重的竹节鞭舞了几手胡旋舞，哈哈大笑着走开了。

魏之璜

魏之璜（1568—？），字考叔。清江苏江宁人。明代遗民，幼年孤贫，以作画为生，供奉双亲，抚养兄弟，全赖十指所出，受到时人钦佩。能诗，行书学《集王圣教序》，楷学欧阳询。山水以宋人为师法，而能自创规格，不沿袭前人旧稿，岩壑树石，变化不穷。晚年好用浓墨、秃笔，意在矫正早年秀媚之习，以趋苍老，但风韵则稍逊。又善以淡墨画花木，清逸秀雅，多仿王若水笔意。相传他每月必画观音像施送寺观，则亦能画人物。秦祖水以为他的山水画“境界微嫌疏碎，无浑沦气象，故笔墨浅薄，殊少古韵”。

又一画工矣①

考叔尊人尧臣，亦工画，尤精人物神像，今天界殿后壁，洞神宫斗母殿壁，尚是其手笔，见者谓非近今所能办。考叔周晬日，其尊人臂之嬉，有叩户者，趋应之，则吴门友人寄画笔至，考叔手之坚不舍。尊人叹曰：“又一画工矣。奈何！”

①又一画工矣：选自清周亮工《读画录》。题目为译者所加。

魏考叔的父亲尧臣，也擅长绘画，尤其是画人物、神像更是精妙。现在天界殿后面墙壁上的佛像、洞神宫斗母殿墙壁上的佛像，还是他的真迹，看到过的人都说，这样出色的图画不是近来的画家能够画得出的。考叔过周岁那一天，他父亲抱他在手上跟他玩耍，听到有敲门的人，就赶快去开门，原来是苏州的朋友寄来了画笔，考叔拿了画笔坚决不肯松手。他父亲叹息道：“又是一个画工了！真没有办法。”

傅　山

傅山（1602—1683），字青竹，改字青主，别号有真山、啬庐、公之它、朱衣道人等。明末清初阳曲（今属山西）人。秀才出身。明亡后，穿朱衣，住土穴，坚决不做清朝的官。康熙五十四年，荐举博学鸿词，时年七十余，以病辞不应试，故世称“征君”。幼年颖悟，勤于学业。文章书画都很有名，家居以医谋生。有《霜红龛集》十二卷。

非遇良辰不下笔[①]

傅青主征君山以书画著[②]，不轻为人作。尝有友求画，傅谓：“画虽末艺，然必须笔补造化，我每作画，先择其时，非遇良辰不下笔。今重违君意，约以中秋夕为期，如天气晴爽，风定月明，当准备纸笔。”至日，果晴爽，友大喜，知其嗜酒，乃与痛饮，自晡至昳始罢席。乃命侍者为研浓墨，骈两几，铺丈长玉版纸于上，又取铁界尺镇纸四角。谓俟月上东向，秉烛为之。少焉，月出，乐甚，命侍者取所研浓墨一巨钵，置旁几，屏退诸人，独自命笔。友远立窃窥，但见舞蹈踊跃，其状若狂。友径趋至背后，力抱其腰。傅狂叫，叹曰：“孺子败吾清兴，奈何？”遂掷笔搓纸而辍。友见其满头皆墨，汗下如雨，急取水为之浣濯，遣人送归。

①非遇良辰不下笔：选自清徐珂《清稗类钞》。题目为译者所加。②征君：旧时称曾经朝廷征聘而不肯受职的隐士为征君。

傅青主以书法绘画出名，只是不肯轻易写作。曾经有个朋友请他作画，青主说：“作画虽然是小玩艺儿，也必须对天地、自然有所补益。我每次作画，先要挑选日子，非遇到美好的辰光不落笔。如今不能违背了你的心意，就以中秋晚上作为约定的日子吧。如果天气晴朗清凉，没有风，月亮又明亮，你就准备好纸笔。”到了中秋节那天，果然晴朗清凉，那个朋友非常高兴，因知道青主喜欢喝酒，就先跟他喝个痛快，从午后一直喝到太阳偏西才停止。于是叫人把墨磨得浓浓的，拼了两张桌子把丈把长的玉版纸摊在上面，又拿铁界尺压住四只角。青主说等到月亮从东边升起时，点了蜡烛作画。一会儿，月亮出来了，青主非常高兴，就叫人把磨好的一大缸浓墨放在另一张小桌子上，赶走所有的人，独个儿画起画来。那个朋友远远地站着偷看，只见青主手舞足蹈，跳着蹦着，看样子像是发了疯似的，于是一直走到他背后，用力抱住他的腰。青主狂叫起来，叹息说：“小子破坏了我的雅兴，为什么要这样做呢！”就抛下画笔揉绉画纸停了下来。那个朋友看见他满面都沾了墨迹，汗水像雨一样淌下来，赶快拿水给他洗涤，还派人送他回家。

傅山《山水画》

为人所卖[①]

京师打钟庵落成，僧慕傅名，丐书庵额。以僧无行，不许。僧谂某与傅善，啗以重金[②]，令转乞。某不敢遽达，又虑无以报僧，既思得一法，乃沽佳酝招饮，又预作五绝诗一首，以打钟庵三字嵌诗中，乘微醺，自握笔书此诗，屡书，屡自拉弃之。傅睨之而笑，某曰："家有屏，欲书此诗刻其上，顾不善涂鸦。"时傅醉矣，曰："我为汝代笔如何？"某喜曰："幸甚。"遽索纸，纵笔为之。某请曰："既赐书，即求署款。"傅笑而许之。某刓此三字授僧[③]，榜于门。一日，傅偶过庵前，讶额署已款，笔意确是，注视之，沉思良久，忽忆前为某书屏中有此三字，始悟为某所卖，遂与绝交。

①为人所卖：选自清徐珂《清稗类钞》。题目为译者所加。②啗：拿利益引诱人。③刓：挖、刻。

北京的打钟庵刚建成，和尚仰慕傅青主的书法大名，就请他代写庵名。因为和尚平时行为不端，傅青主没有同意。和尚知道某人与傅青主有交情，就拿大笔钱作为报酬，要他辗转请求傅青主。某人不敢直接向傅青主提出，又怕和尚那边不好交代，就想出一个办法，买了好酒来请傅青主喝酒，同时又预先做了一首五言绝句，把"打钟庵"三个字嵌在里面。趁傅青主喝酒喝得有点醉的时候，某人就握笔写那首诗，每次写，每次都把纸头扯碎抛掉。傅青主在一旁看着不禁微笑。某人说："家里有一座屏风，想要写了这首诗去刻在那上头。可惜我拙于书法。"这时，傅青主已经喝醉，说："我替你代写怎么样？"某人高兴地说："再好没有了！"傅青主当即叫人拿纸头来，很快把诗写好。某人说："既然承蒙写了这首诗，那就请署上大名吧。"傅青主也笑着照办。某人就从诗中挖出"打钟庵"三个字来交给和尚，和尚就把它刻在大门上。有一天，傅青主偶尔从庵门前经过，奇怪庵额写着自己的名字，看笔迹也的确是自己的字。看了好久，也想了好久，忽然回忆起那一天某人请他写的诗中有这三个字，才觉悟到是被某人骗了，从此就与某人不再来往。

菜画[①]

先生门外有磨豆腐为业者，人甚勤而家最贫。先生悯之，画一白菜与之，且嘱曰："可悬于店内，慎勿贱售。"后果得银三百两。盖晴日视之，黄枯欲萎；雨日视之，青翠欲滴。识为神品，故不惜重赀也。

①菜画：选自清青城子《亦复如此》。题目为译者所加。

傅先生住屋外面有一家豆腐作坊，店主人很勤劳，却仍然一贫如洗。傅先生可怜他，就为他画了一棵菜，还嘱咐他："将此画挂在店堂里，千万不要贱卖。"后来果然卖了三百两银子。这棵菜晴天看上去像是黄瘪兮兮的，到了下雨天，就变得鲜嫩无比。懂行的人知道是件了不起的艺术品，所以肯出重价买它。

傅山父子①

傅山，字青主，山西阳曲人，母梦比丘而生②，生数月不啼，有瞽僧造门祝曰："既入人世，安得无声。"乃啼。稍长，博通经籍。值明亡，不复应试。康熙时征试博学宏词③，以疾辞。官吏弗听，用绳床舁之北行，距都城三十里，因称疾笃，不肯入城。大学士冯溥、魏裔介亲诣床前候视，山张目作瞀语。裔介奏其情，乃授中书放归。山文章有奇气，雅不喜庐陵文④，曰："此所谓江南人文也。"尤恶赵孟頫书，曰："此所谓心不正而手随之者。"子眉，亦有文学。每日樵于山，置书担上，休则读之。一日，有故人某官诣山，眉担薪归，山令肃客，客怪其废学而樵。眉言间亦读书，与论经史及乡邦文献，辨答不穷，客惊叹去。

①傅山父子：选自清朱克敬《儒林琐记》。题目为译者所加。②比丘：梵语。佛教指出家修行的男僧。按照佛教的章制，少年出家，初受戒，称为沙弥；到二十岁，再受具足戒，成为比丘。③博学宏词：又作"博学弘辞"。科举的一种名目。④庐陵：郡名。故城在今江西吉水县境。亦是宋人欧阳修的故乡。后人以庐陵代称欧阳修。

傅山，字青主，山西阳曲县人，母亲生他时梦见和尚；生后几个月不会啼哭，有一个盲僧上门来祈祷，说："既然来到人世间，哪有不开口的道理。”才开始啼哭。稍稍长大，就通晓四书五经。正好碰上明朝灭亡，就不再参加科举考试。康熙年间，朝廷增设博学宏词科，叫他参加考试，他以有病为理由加以推辞。官吏不准，用绳床抬着让他上路，到了离北京城三十里处，他坚称病得厉害而不肯进城。大学士冯溥、魏裔介亲自前来察看，他张开眼睛胡言乱语。裔介把情况禀报朝廷，就给了个中书的官衔放回山西。他的文章奇警不凡，很不喜欢欧阳修的文章，说："这就是所谓江南人的文章。"尤其讨厌赵孟頫的书法，说："这就是所谓心不正手也就歪了。"儿子眉，也懂得文学。每天上山砍柴，把书籍放在担上，休息时就阅读。有一天，他有个老朋友某官来看他，眉刚好砍柴归来，他就叫儿子过来陪客。客人对眉的废学砍柴感到奇怪。但是在言谈当中，知道眉不仅没有废学，与他谈论经史以及乡邦文献，也都辨答不穷，客人才惊叹而去。

傅征君[①]

傅征君山，字青主，山西人，擅皇甫玄晏之重名[②]，秉司马子微之高节[③]，兼以笔精墨妙，为世所珍。康熙己未（1679），诏求博学鸿儒，当事竞为推荐，青主以老病辞。强之再三，乃令其子执鞭，乘一驴车，至崇文门外，称疾荒寺。八旗自王侯以下，及汉大臣之在朝者，履满其门，坚卧不起。朝廷遂听其还乡。是年应试中选者，俱授翰林院检讨，然其人各以文学自负，又复落拓不羁，与科第进者前后相轧，疑谤旋生，多不能久于其位，数年以后，鸿儒扫迹于木天矣[④]。

天下莫不叹征君贞志迈俗，而有先见之明也。

①傅征君：选自清钮琇《觚剩》。征君：指被征召授予官职的人。②皇甫玄晏：即皇甫谧（215—282），字士安，号玄晏先生。魏晋间朝那（今甘肃平凉）人。汉太尉嵩曾孙。年二十余始力学，受业于乡人席坦，有志著述，屡征不就。后得风痹疾，犹手不释卷。③司马子微（655—735）：即司马承祯。字子微，号白云。唐洛州温人。从潘师正学辟谷导引。先后为武后、睿宗、玄宗召见。晚居黄屋山，置坛室以居。死谥贞一先生。④木天：指翰林院。清周召《双桥随笔》一："文徵仲先生以布衣征入史局，同事诸公皆以其不由科目，滥竽木天而嗤笑之。"

傅征君山，字青主，山西人。具有皇甫玄晏的声名，秉持司马子微的气节，再加上笔精墨妙，受到世人的珍重。康熙己未（1679）那年，朝廷向民间征求博学鸿儒，许多人竭力推荐，青主却以年老多病推辞。在再三催逼下，就叫儿子执鞭，坐上一辆驴车，到了北京崇文门外，就说病重投宿在一荒寺中。满族八旗从王侯以下，还有汉人在清廷做官的，都前来拜访，但青主硬是躺着不肯起来。朝廷没法，就只好让他回到山西去。这一年应试录取的，都做了翰林院检讨的官，他们都自以为博学多能，再加上放浪不羁，与由科第进取的人相互倾轧，因而毁谤很快发生，大多数不能任职长久，几年以后，所谓鸿儒全都被清除出翰林院了。天下人没有不赞叹傅山清高脱俗，又有先见之明。

朱　耷

朱耷（1624—1705），原名统銮，字人屋，自号雪个、个山、驴汉、书年、洛园等。明朝宗室，宁献王朱权后裔。明亡后，一度为僧，继为道士。性颠狂孤介且嗜酒。其擅书法，工绘画。书画艺术成就极高，为一代宗师。诗文题跋含蓄隐晦，亡国之痛，狂放之态，寄于纸上。其书法学唐宗晋，师法“二王”、钟繇，且具自家面貌。清邵长衡在《八大山人传》中说：“山人工书法，行楷学大令、鲁公，能自成家，狂草颇狂伟。”

八大山人①

山人江西人，或曰姓朱氏，名耷，字雪个。故石城府王孙也，甲申后号八大山人。或曰山人固高僧，尝持《八大人觉经》②，因以为号。余每见山人书画，款题“八大”二字，必联缀其画，“山人”二字亦然，类“哭之”“笑之”字意，盖有在也。

朱耷《松鹤图》

①八大山人：选自清张庚《国朝画征录》。题目为译者所加。②《八大人觉经》：佛经名。东汉沙门安世高译。八大人觉，谓八法为菩萨、声闻、缘觉之大力量人所觉悟，故名。

八大山人是江西人，有的说他姓朱，名耷，字雪个，原是石城府亲王的子孙，明亡后取别号为八大山人。有的说，山人本来是道行很高的和尚，曾经坚持《八大人觉经》的经义，因此作为自己的别号。我每次看见山人的书法绘画，常常署名“八大”两字，而且必定把笔画联在一起，“山人”两字也是如此，像“哭之”“笑之”的字样，大概寄托着亡国之痛的。

卞　赛

卞赛，明末清初人。秦淮名伎。明亡入清后，为女道士，号玉京道人。善鼓琴，工书法，擅长画兰花，有时也画山水。相传她作画“落笔尽十余纸”，说明她画艺是精纯熟练的。

玉京道人①

卞赛一曰赛赛，后为女道士，自号玉京道人。知书工小楷，善画兰、鼓琴，喜作风枝袅娜，一落笔画十余纸。年十八游吴门，居虎丘，湘帘棐几[2]，地无纤尘。见客，初不甚酬对，若遇佳宾，则谐谑间作，谈词如云，一座倾倒。

①玉京道人：选自清余怀《板桥杂记》。题目为译者所加。②棐：木名。通“榧”。

卞赛又叫赛赛，后来做了女道士，就自称玉京道人。她有文化有知识，擅长写小楷字，画兰花、弹琴也很拿手；兰花喜欢画成柔软细长在风中飘动的样子，一落笔就是十几幅。十八岁那年到苏州旅游，住在虎丘山，挂着用湘妃竹编的帘子，摆着用棐木做的茶几，地上看不到一点灰尘。见客人，刚开始时不怎么应酬，如果话语投机，就仿佛遇到了好朋友，有说有笑的，出口成章，在座的人没有一个不倾慕。

卞　敏

卞敏，为卞赛之妹，身世与其姊略同。
“亦善画兰鼓琴”，不同的是“以少为贵”，
性格似显得稍为和顺婉约。

以少为贵[1]

玉京有妹曰敏，颀而白如玉肪，风情绰约，人见之如立

水晶屏也。亦善画兰鼓琴，对客为鼓一再行[②]，即推琴敛手面发赪，乞画兰，亦止写篆竹枝兰草二三朵，不似玉京纵横枝叶，淋漓墨渖也。然一以多见长，一以少为贵，各极其妙，识者并珍之。

①以少为贵：选自清余怀《板桥杂记》。题目为译者所加。②行：乐曲。《史记·司马相如传》："为鼓一再行。"索隐："古乐府《长歌行》《短歌行》，皆曲行也。此言鼓一再行，谓一二曲。"

卞玉京有个妹妹叫卞敏，身子修长白皙，好像一块羊脂白玉。她姿态柔美，人见了就像对面立着一张水晶屏风。卞敏也擅长画兰花，弹琴，当有客人到来，她便弹琴一二曲，一二曲后就推开琴、缩回手，面孔发红；请她画兰花，也只画小竹子、兰花二三朵，不像玉京那样纵横交错，满纸墨汁。但是玉京以多体现她的长处，卞敏用少显示她的珍贵，都达到高超美妙的境地，有见识的人都同样珍重她们的作品。

顾　媚

顾媚（1619—1664），字眉生，又字眉庄，号横波，又号智珠。明末清初江苏吴县（今苏州）人，南京秦淮河伎女，归合肥龚鼎孳为侧室。后改姓徐，故世又称"徐夫人"。通文史，善画兰，独出己意，不抄袭前人法，与马湘兰同时齐名。秦祖永见到她的兰花长卷，称赞说：“各种风情雨露，均极传神。”又说：“姿态闲逸，丰致绝佳，脱尽闺阁妍丽之习。”

迷楼[①]

顾眉，字眉生，又名眉。庄妍靓雅，风度超群。鬓发如云，桃花满面。弓弯纤小，腰支轻亚。通文史，善画兰，追步马守真，而姿容胜之。时人推为南曲第一。家有眉楼，绮窗绣帘。牙签玉轴，堆列几案；瑶琴锦瑟，陈设左右。香烟缭绕，檐马丁当。余尝戏之曰：“此非眉楼，乃迷楼也。”人遂以迷楼称之。当是时，江南侈靡。文酒之宴，红妆与乌巾紫裘相间[②]，座无眉娘不乐。

①迷楼：选自清余怀《板桥杂记》。题目为译者所加。迷楼，隋炀帝在扬州所建的宫殿名。《古今诗话》记载：炀帝在扬州建新宫。新宫既成，帝幸之，顾左右曰：“使真仙游其中，亦当迷也。可目之曰迷楼。”②乌巾紫裘：乌巾，乌纱帽；紫裘，贵官公服。此代指贵官。

顾眉，字眉生，又单称为“眉”。人长得美丽典雅，风度翩翩出众。鬓发如云，脸泛桃红。双脚纤小，腰支轻盈。她通晓文史，擅长画兰，可以与马守真相比，而姿质容貌还要超过些。人们说她在江南青楼中数第一。家里有一座眉楼，装饰得十分精致。桌上堆放着书画；各种乐器都一一放在身边。兽炉中香烟袅袅，屋角上檐马丁当。我曾经开玩笑地对她说："这哪里是眉楼，简直就是迷楼呀！"从此大家就都把它叫作迷楼。在这时候，江南生活奢侈。文人举行酒宴，都请美女与贵官一道参加，而最少不了的是眉娘！

范　珏

范珏，明末南京伎女。

女中范宽[①]

范珏，字双玉。廉静，寡所嗜好。一切衣饰、歌管艳靡纷华之物，皆屏弃之。惟阖户焚香瀹茗，相对药炉、经卷而已。性喜画山水，摹仿史痴、顾宝幢，槍枒老树，远山绝涧，笔墨间有天然气韵，妇人中范华原也[②]。

①女中范宽：选自清余怀《板桥杂记》。题目为译者所加。②范华原：即画家范宽，宋华原（今陕西耀县）人。详情可见前注。

范珏，表字双玉。为人廉洁文静，没什么嗜好。所有衣服、首饰、乐器凡是高档奢侈的东西，她都抛弃不用。只是关起门焚焚香、品品茶，要么就煮药念经。有时画画山水树石，仰慕前辈画家史忠和顾源，或画屋前的老树，或画山间的溪流，清新自然，真不愧为是女中的范宽。

陶　成

陶成，字孟学，一作懋学，号云湖，称云湖山人。明宝应（今属江苏）人。成化辛卯（1471）举人。资质聪颖，工诗词，精篆隶，善绘画。绘画才能极为广博，山水、人物、花竹、鸟兽，无不精通，笔意逼肖宋人。所画山水，好用青绿重色，更喜用勾勒法画竹兔及鹤鹿之类。性情豪迈狂放，不为财势所屈，作品不易轻得。何良俊称赞他画的兔、鸭及坡草、菊花，以为妙极一时，但树石则不足观。

芙蓉入神品[①]

陶成，字孟学，号云湖，宝应人。其花鸟人物尤工，而芙蓉入神品，然疏狂与物多忤。有富翁欲求其芙蓉，不敢言，乃于其游历处满栽芙蓉，秋日花盛开，成过之喜甚。主邀坐花下，以匡床眠而玩之[②]，问主人有绢无？主人已预具，即张于庭，立成二十幅，笔不停缀。乃出酒畅饮。将去，索盥水，其家出铜盆以进，云：“杨贵妃盥器也。”成曰：“不然，此其溺器盖耳！”恶其不雅，曰：“辱吾画。”悉取投火中焚之，主人仅夺得一幅，其迂怪至此。

①芙蓉入神品：选自明姜绍书《无声诗史》。题目为译者所加。②匡床：方正而安适的床。疑即今所谓太师椅。

陶成表字孟学，自号云湖，江苏宝应人。画花卉、禽鸟、人物特别擅长，而画芙蓉简直是出神入化。但是他为人迂阔狂妄，往往不近情理。有个富翁想要请他画芙蓉，不敢开口，于是就在他经常游览的地方成片种上芙蓉，秋天芙蓉盛开，陶成见了十分喜欢，主人邀请他坐在花旁，并让他在大床上躺着赏玩。陶成问主人有白绢没有，主人早已经准备好，马上把白绢铺在院子里的桌上，陶成很快画了二十幅，笔也不停一停。这时候，主人摆出酒来，让陶成痛痛快快地喝个够。临走时，陶成向主人要水洗手，主人家捧了个铜盆给他，说：“这是当年杨贵妃洗过手的。”陶成说：“不对，这是她的便桶的盖子罢了！”陶成嫌它不正派，说：“污辱了我的画了。”就把所画的芙蓉全都丢到火里烧掉，主人连忙抢夺，仅仅夺得一幅。他的迂阔古怪到了这种地步！

不以世务经心[1]

（陶成）不以世务经其心。乡荐赴南宫试[2]，二月五日矣，语其婿朱应登升之曰：“闻张家湾某氏丁香盛开，子其同游乎？”升之曰：“去试仅三日，公更何往？”成不许。明日升之他避，笑曰：“彼欲进士急耶。”买舆径往，醉其家五日。及揭晓，升之登第，其乡人醵钱为贺曰：“公婿捷矣，幸为我辈作图以往。”成曰：“善。”即举笔模丁香一本，尤妙绝。

①不以世务经心：选自明姜绍书《无声诗史》。题目为译者所加。②南宫：尚书省。

陶成不把俗务放在心上。有一次，他中了举人后到尚书省应进士考试，已经到二月五日了，还对他的女婿朱升之说：“听说张家湾某家丁香花盛开，你与我同去游玩好吗？”升之说：“离考试时间只有三天了，丈人还到哪里去？”陶成不答应。第二天，升之故意避开他，陶成笑着说：“他是急于要想做进士啊！”说罢，就雇了一顶轿子到张家湾去了，在那家人家又是赏花又是喝酒，足足住了五天。等到考试发榜，升之考中，乡里的人凑起钱来贺喜，说：“你的女婿高中了，希望你能替我们画张图画再走。”陶成说：“好。”就当场提起笔来，对照丁香花画了一幅画，那真是画得再妙也没有了。

为人肮脏不羁①

说者谓，其幼从师，见师母，即图之。曾见其女，又图之。皆逼真。师怒，逐去。及师母殁，传神者皆弗逮，卒用其所图焉。为人肮脏不羁，有米南宫、郭忠恕之风，而豪荡过之。

①为人肮脏不羁：选自《中国画史人名大辞典》。题目为译者所加。肮脏不羁，犹“刚直不羁”。

有人说，陶成幼年时跟老师学习，看见师母，就把师母画下来。见了老师的女儿，又把师妹画下来，都画得惟妙惟肖。老师为这事大为发怒，竟把他赶了出去。可是等到师母去世，那些替师母画的肖像没有一张比得上他的好。所以终于采用了他的那一张。陶成为人刚直不修边幅，极像米南宫、郭忠恕作风，而且豪纵放诞的性格还要超过他们。

王维宁

王维宁，清江苏常熟人，字古臣，别号寒溪子。明代遗民，与王翚为诗画友。善画山水，能得黄公望笔意。相传他喜好游览，凡是到过的地方对景写生，留下画稿。晚年爱好杭州西湖风景，与友人组织西湖看花社，歌咏吟啸，自得其乐。

此中有佳趣[①]

仪真王维宁，善诗赋，草书尤精绝。家赀（zī）钜万，性豪侈，嗜酒，每日宴客续至者常增数席。人或劝其后计，王曰："丈夫在世当用财，岂为财用。"及业尽，不能自存，犹好酒不已。人又劝其耕砚可以自给。曰："吾学书岂为口耶。"一日无酒不能耐，出步江上，见落日射水瞵瞵（lín）[②]，大喜曰："此中有佳处，龙宫贝阙[③]，或可乐吾也。"遂跃入死焉。

①此中有佳趣：选自明曹臣《舌华录》。题目为译者所加。②瞵瞵：形容水石等明净。③贝阙：以贝装饰的宫门前两侧的楼观。

仪真人王维宁，擅长诗赋，草体字尤其精湛。家财万贯，性格豪爽奢侈，喜欢喝酒，每天宴请客人为迟到者添摆好几桌子。有人劝他要为日后的生活考虑，他就说："男子汉活在世上就该花钱，怎么能为钱所控制呢。"等到家财花尽，生活就成了问题，但还是喝酒不停。有人又劝他以笔耕来解决生计。他却说："我学习书法难道就是为这张嘴吗？"有一天，无酒可喝难以忍耐，就跑出门去来到江边，看见夕阳照得水面一片光亮，就高兴得了不得，说："水中央有好去处，龙王爷的宫殿富丽堂唐，也许能够使我快乐的。"就这样跳进水里淹死了。

清世祖（福临）

清世祖（福临）（1638—1661），清皇太极（太宗）第九子。六岁即位，年号顺治。由叔父多尔衮辅政。顺治元年入关，镇压李自成起义军，定都北京。多尔衮死，越年福临亲政，追论多尔衮罪。先后灭南明福王、唐王、鲁王、桂王等政权。庙号世祖。

善绘事[1]

今画家之“速写”，能以寥寥数笔绘人状貌，神情逼真，妙技也。彭孙贻《客舍偶闻》云：“世祖幸阁中，中书盛际斯趋而过，世祖呼使前跪，熟视之，取笔画一际斯像，面如钱大，须眉毕肖，以示诸臣。咸叹天笔之工。际斯拜伏，乞以赐之。笑而不许，焚之。世祖御笔，每图大臣像以赐之，群伏天纵之能。”顺治帝之画盛像，殆即犹今之速写欤？

①善绘事：选自近代徐凌霄、徐一士《凌霄一士随笔》。题目为译者所加。

现在画家的速写，能够用寥寥数笔画出人的状貌，神情惟妙惟肖，真是一种绝技。彭孙贻《客舍偶闻》说：“世祖来到内阁，中书盛际斯迎驾后刚要走开，世祖叫把际斯叫到前面来跪着，看了他很久，拿起笔为际斯画了一幅像，面孔只有铜钱那么大，却眉毛胡须十分清楚，然后拿给大臣们看。大家都赞叹皇帝的技术高超。际斯拜伏在地，向世祖讨这幅画。世祖笑笑没有应，当即点火烧了。世祖的亲画笔每每画了大臣的像，就赏赐给他们，大臣们都佩服皇帝的天才。”顺治皇帝为际斯画的像，大概就是现在的速写吧？

状元归去驴如飞[①]

帝工绘事，其为傅以渐作《状元归去驴如飞》一图[②]，尤有风趣。张祥河《关陇舆中偶忆编》云："顺治开科状元，为东昌傅相国（以渐）。相国尝扈随圣驾，骑蹇驴归行帐。上在高处眺望，摹写其形状，戏题云'状元归去驴如飞'。画幅仅二尺许，设色古茂。余道出东昌，登傅氏御画楼，其裔孙傅秋坪前辈（绳勋）出赐件获观，恭纪一诗，允宜采入画苑为佳话云。"张氏见此时，盖在嘉、道间，所述犹未详。光绪间见而述之者复有陈代卿，其《御画恭纪》云："光绪丙申夏四月，东昌府学博（士）王君少炜邀余至相府街傅宅，恭阅世祖章皇帝御画。一绫本山水，峰峦树石，纯是董北苑家法，气韵之厚，绝非宋元人所能，神品也。一纸本达摩渡江图，科头左顾，双手拥袂向右，赤足踏一苇，衣纹数笔如屈铁，气势飘逸，直逼吴道玄，能品也。一绢本青绿，大树下一人面如冠玉[③]，微须，若四十许人，跨黑卫，二奴夹持，一执鞭拥驴项而驰，一回顾若有所语，骑者以手扶其肩，即开国殿撰傅相国以渐也。神采如生，尤为妙品。上书唐人七绝，末'状元归去马如飞'，'马'易作'驴'，盖世祖戏笔也。家传中谓相国官翰林时，尝乘驴扈跸。两奴左右侍，若防倾跌。世祖顾之而笑，因绘图以赐。相国衣履悉如今式，惟貂冠朱缨无顶戴，盖国初制尚未定，至雍正十年始加顶戴也。山水上题顺治乙未御笔赐傅以渐。朱印三，一'广运之宝'，方三寸；一'顺治乙未御笔’，长四寸，广一寸二分；一‘顺治御笔’，方一寸五分。达摩图题印皆同，但无寸五方印。”叙述特详，兼及赐画他幅。又自跋云：“章皇帝自乙酉（按：应作甲申）入关登极，至是方十有八龄。万几之暇，娱神丹青。天纵多能，直合顾、陆、关、荆为一手。观于赐图跸路④，犹想见君臣相得之乐。千载一时，令人敬慕无已。是日又见傅相国自画盆景凤仙花二本，朱粉阅二百余年，如新设色，工妙绝伦。”盖傅氏亦能绘事也。陈氏于顺治帝之画，推崇容逾其量，而帝之有绘事天才，固自不虚。

①状元归去驴如飞：选自近代徐凌霄、徐一士《凌霄一士随笔》。题目为译者所加。②傅以渐：清聊城人，字于磐，号星岩。顺治间进士第一。官至秘书院大学士。以清勤著。学者称星岩先生。有《贞固斋诗集》。③冠玉：装饰在帽子上的玉。或表示虚有其表，或比喻美男子。④跸路：古代帝王出行时，禁行人，清道路，谓之跸路。

顺治皇帝擅长绘画，他为傅以渐画的《状元归去驴如飞》，特别具有风趣。张祥河《关陇舆中偶忆篇》说：“顺治年间，首次科考状元是山东东昌府的傅以渐相国。以渐曾经随从世祖出巡，骑着驴子，回到营帐。世祖在高处看到了，就把他的样子画下来，还题了一句诗在画上：‘状元归去驴如飞’。画只有二尺多长，色彩古色古香。我路过东昌，上过傅家的御画楼，他的裔孙傅秋坪（绳勋）前辈拿出世祖的画来给我看，我还写了一首诗，可以算是画苑的一段佳话吧。”张氏看到这画时，大概在嘉庆、道光年间，讲的还不怎么详细。光绪年间看到并加以描述的还有陈代卿，他在《御画恭纪》中说："光绪丙申（1896）夏四月，东昌府学博士王君少炜请我到相府街傅宅，观看世祖章皇帝的御画。一幅绫本山水画，山峰树木岩石，全是董北苑家的手法。气韵之厚实，绝不是宋元画家所画得出的，真是神品。一幅纸本达摩渡江图，画中人光着头向右眺望，双手向右撩起衣服，光脚踩着一根芦苇，衣纹像扭曲的铁丝，气势飘逸，接近吴道子，真是杰作。一幅绢本人物画，大树下一人面如冠玉，稍微有点胡须，像个四十左右的人，骑一条黑驴，两个仆人左右保护着，一个手执鞭子并抚着驴的项颈在跑，一个回过头去好像想说什么话，骑驴的人用手扶着他的肩膀，此人就是开国殿撰傅以渐相国。神态鲜活，绝对称得上是妙品。画上题唐人七绝一首，末句'状元归去马如飞'中的'马'字改为'驴'字，这是世祖的戏笔。家传中说相国在翰林院做官时，曾经坐着驴子跟随皇帝出巡。两个仆人两边保护，怕他从驴背上摔下来。世祖见了好笑，就画了张图画送给他。相国衣服鞋子全跟今天一样，但头上只有貂冠朱缨没有顶戴，这是因为国初体制还没有定下来，到雍正十年才有加顶戴这回事。山水画上写着顺治乙未（1655）御笔赐傅以渐。红色的印章三颗，一颗'广运之宝'，三寸见方；一颗'顺治乙未御笔'，四寸长，一寸二分宽；一颗'顺治御笔'，一寸五分见方。达摩图上题字印章都与山水画上的相同，只是没有一寸五分的方印。"这些都说得特别详细，还连带说到赏赐的别的图画。同时，自跋中还说："章皇帝从乙酉（按：应作甲申）入关做了皇帝，到这时候正好十八岁，日理万机之余，还以绘画消遣。天生多能，简直把顾（恺之）、陆（探微）、关（仝）、荆（浩）合成一手。看看随皇帝出巡并被赐给图画的事，还能想见君臣和睦相处的情景。真是千载难得的一刻，令人敬佩羡慕不止。这一天又看了傅相国自画的盆景凤仙花二幅，粉红的颜色经过二百多年，就像新画的一样，真是好到极点。”看来傅以渐也是能绘画的。陈氏对世祖之画的推崇虽然有点过分，不过世祖具有绘画天才，确是事实。

御画牛①

戊申新正五日，过宋牧仲慈仁寺僧舍②，恭观世祖皇帝画渡水牛，乃赫蹏纸上用指上螺纹印成之③，意态生动，笔墨烘染所不能到。又风竹一幅，上有广运之宝。

①御画牛：选自清王士祯《池北偶谈》。王士祯（1634—1711），清山东新城人，卒后因避胤祯（雍正）的讳，追孜士正。乾隆时，命改士祯，字子真，一字贻上，号阮亭，别号渔洋山人。顺治十五年进士，官至刑部尚书。善文、词，尤工诗，以神韵为宗，主诗坛数十年，与朱彝尊并称“朱王”。著有《带经堂集》《池北偶谈》《渔洋诗话》等数十种。②宋牧仲（1634—1713），即宋荦。清河南商丘人。字牧仲，号漫堂，又号西陂。官至吏部尚书。诗与王士祯齐名。善画水墨兰竹，兼长山水树石，精于鉴别文物。有《西陂类稿》三十九卷。③赫蹏：西汉末年流行的一种小幅薄绢。

清康熙七年正月初五，我到宋牧仲寄寓的慈仁寺僧舍，观看世祖皇帝画的渡河的水牛，那是在赫蹏纸上用手指上的螺纹印成的，姿态生动，有笔墨挥洒所达不到的效果。另有一幅《风竹》，上面印有“广运之宝”的图章。

朱文震

朱文震，字青雷，号去羡，别号平陵外史。清山东历城（今济南）人。官詹事府主簿。幼年丧父，家境贫穷，好学不倦，诗文都有成就。善作隶书，仿郑板桥笔意，自称为六分半书，又精篆刻。他在北京任职时，为清宗室画家慎郡王（紫琼主人）门客，结识同在门下的画家余洋、周之礼等，得其指点，学会作画。初画写意花鸟，后专画山水，以元四家为师法，几可与王翚、王原祁两家比美。曾仿吴梅村《画家九友歌》作《画中十哲歌》，称颂他所钦佩的高翔、高凤翰等十位画家，品评得很有分寸，传诵一时。

善画又工篆刻①

历城朱青雷文震，精篆隶，工画，又善雕图章。尝宿随园，为袁子才镌小印二十余方，其神速，众莫逮也。《红桥晚步》云：“西风开遍野棠花，垂柳丝丝数点鸦。多少画船归欲尽，夕阳犹恋玉钩斜。”《过扬子江》云：“笑对篷窗酒一罂，黄梅时节恰扬舲。凭君说尽风波恶，贪看金焦漫不应。”青雷与郑板桥善。板桥在扬州为八人会，在座者程绵庄、黄瘿瓢、王梦楼、金棱亭、于石乡、张仲谋。板桥画兰八叶以符人数，误多一撇，笑曰：“今日岂有后来者乎？”午后，青雷不期而至。郑大喜，乃画九畹兰以纪其盛[2]。作诗云：“何须芍药夸金带，自是千秋九畹青。”

①善画又工篆刻：选自清王培荀《乡园忆旧录》。②九畹：《楚辞·离骚》：“余既滋兰之九畹兮，又树蕙之百亩。”《注》：“十二亩曰畹，或曰田之长为畹也。”后来九畹就成为种兰的典故。又直接用以称兰花。（按文章所写，郑板桥在内只有七人，后来加上青雷，也不足九数。疑不能明。）

济南朱文震，字青雷，精于篆隶，善于绘画，又精于刻图章。曾经住在随园，替袁子才刻小印二十余颗，速度之快，别人无法比得上。《红桥晚步》云：“西风开遍野棠花，垂柳丝丝数点鸦。多少画船归欲尽，夕阳犹恋玉钩斜。”《过扬子江》云：“笑对篷窗酒一罂，黄梅时节恰扬舲。凭君说尽风波恶，贪看金焦漫不应。”青雷与郑板桥相友善。板桥在扬州举行“八人会”，在座的是程绵庄、黄瘿瓢、王梦楼、金棱亭、于石乡、张仲谋。板桥画了八瓣叶子的兰花，是想指与会的八个人，结果多画了一瓣，笑道：“今日难道还有个人要来？”午后，青雷不期而至。郑板桥很高兴，就画了一幅九片叶子的兰花作为此次盛会的纪念。作诗云：“何须芍药夸金带，自是千秋九畹青。”

苏廷煜

苏廷煜，清安徽蒙城人，号虚谷，官巢县教谕，工指画，梅兰菊竹无不精妙。子士墉，字容堂，得父传指画技法，能画梅，又擅长画山水。

指头画[①]

苏虚谷（廷煜）工指头画，每以巨擘（bò）为大笔[②]，食指、中指为中笔，无名指、小指为细笔，相其机宜，运以神气，高古之致，超出恒蹊，似管城君反让一头地[③]。前于白门相晤，见示短幅[④]，上自题识，书法苍劲可爱，洵（xún）称双绝。近约庵亦善此法，东桥有题《指墨渔翁》云："本朝高侍郎（其佩）专长指头画[⑤]，人物花鸟，信手而成，皆有奇趣，如初平《叱石成羊》[⑥]，如《海神吐雾成市》，奇奇怪怪，有笔墨所不能到者。然苍莽有余，细润不足，未若此渔翁须眉隐约，有江湖散人趣[⑦]。而浓柳垂阴，微波生浪，钓竿渔具，箬笠棕蓑，色色精巧，使俗手为之，恐鼠须细笔，未必若此生动也。因叹天地一指，生出如此奇巧。而我十指如铁，且不能握管作画，奈何？俗传一人遇吕仙，指石成金。师问汝欲金否？其人曰：“不要师金，只要师一指。”我亦不愿得约庵画，只愿得约庵一指。”

①指头画：选自清诸联《明斋小识》。②擘：大拇指。③管城君：即“管城子”。韩愈《毛颖传》：“遂猎，围毛氏之族，拔其毫，载颖而归——秦始皇使（蒙）恬赐之汤沐而封诸管城，号曰管城子。”《毛颖传》以笔拟人，后人遂以管城子为笔的别称。一头地：相差一个头。④短幅：篇幅短小的图画。⑤高其佩（1672—1734），清山东高密人，先世移家辽东铁岭（今属辽宁），隶属汉军镶黄旗籍，官至刑部侍郎，谥恪勤，字韦之，号且园，又号南村。幼年天资聪敏，八岁时就喜好作画。中年以后，又创造了用指头醮墨作画的技巧。⑥初平：姓王名初平。余未详。⑦散人：闲散不为世用之人。

苏廷煜擅长指头画，常常用大拇指当大号笔，食指、中指当中号笔，无名指、小指当小号笔，相机行事，施以神韵，流派高古，超出平常蹊径，好似毛笔反倒要自认不如。从前在南京相遇，看到他的一张短幅，上面自己有题字，书法苍老有力，看了十分喜欢，实在堪称双绝。近来约庵也擅长这种画法，东桥对他的《指墨渔翁》题字道：“本朝高其佩侍郎特别擅长指头画，人物、花卉、鸟兽，随便一画就成，而且特别有趣，譬如王初平的《叱石成羊》，如《海神吐雾成市》，奇出怪样，有用笔墨所达不到的效果。不过苍莽是苍莽，细腻润泽却不够，不如这张渔翁图眉毛胡须隐约可见，有江湖上隐逸之士的风致。而且密柳低垂，水波粼粼，钓竿渔具，箬笠棕蓑，样样精巧，要是让一般画家来画，恐怕细描细写，不一定能如此生动。所以我因此慨叹，天地间这一根手指，变化出这样奇怪巧妙的东西来。但是我也有十根硬邦邦的指头，却不能拿起笔来画，这是怎么回事情呢？民间传说，有个人遇到神仙吕纯阳，吕仙指石为金。并问他你也要金吗？那个人说：‘我不要你的金子，只要你的一根手指头。我也不想要约庵的画，只想能得到约庵的一根手指头。’”

杨　翰

杨翰（1812—1879），字伯飞，又字海琴，号樗盦，别号息柯居士。清直隶新城（今属河北）人。道光二十五年（1845）进士，官湖南兵备道。族祖生，字白生，工书善画，与龚贤为诗画友。翰能继承家学，亦工诗文，好研究考订金石文字。长于书法，摹仿何绍基，几可乱真。能画山水，曾与秦祖永同客广东，谈诗论画，极相契合。秦祖永题他所画仿莲心（王宸）十品，说是“笔意恬雅，皴染松秀，有出蓝之美”。光绪五年（1879）卒，年六十八。

杨海琴①

杨翰字海琴，直隶新城人。道光乙巳进士，由翰林院编修改官湖南永州府知府，升辰永沅靖兵备道。为政宽易，与民相忘，喜音乐及游眺山水，终岁不倦。工书，求者尝数年不得，积纸至数十箱，奴婢窃以糊壁，翰弗知也。性多可，士挟一艺，即与为布衣交。罢官贫居，宾客不绝。著有《抱遗草堂诗集》。

①杨海琴：选自清朱克敬《儒林琐记》。题目为译者所加。

杨翰，字海琴，河北新城人。道光乙巳（1845）进士，由翰林院编修改任湖南永州府知府，提升辰永沅靖兵备道。为官宽松平易，与民相安，爱好音乐及游山玩水，对此一年到头都不厌倦。擅长书法，求他写字的往往多年得不到，纸堆积有几十箱，奴婢们偷偷地拿来糊壁，翰却一点也不知道。对人并不苛求，读书人只要有一艺之长，就会跟他交上朋友。罢官后过着清贫生活，但还是宾客不断。著作有《抱遗草堂诗集》。

姜宸英

姜宸英（1628—1699），字西溟，号湛园，又号韦间。清代慈溪（今属浙江）人。康熙三十六年（1698）七十岁始举进士，为探花，官编修。次年为顺天考官，因科场案牵连入狱，死于狱中。能诗文，工书法，小楷尤精，亦善绘画，还精于鉴赏。书画名重一时。与陈邦彦、汪士鋐、何焯并称康熙时四大书家。书法宗魏、晋、唐。多有米芾、董其昌笔意，飘逸秀俊。清梁同书在《频罗庵论书》中称其书法“能以自家性情，合古人神理，不似而似，所以妙也”。近人马宗霍在《霋岳楼笔谈》中称其书“虽莹秀可悦时目，而清光淡韵，则涵山林之气为多”。著有《西溟全集》《湛园题跋》等。

柴上林还帖[①]

四明姜编修西溟宸英，墨妙为世所珍。其生平翰迹本少存，时已难得之，矧身后耶！本朝书家，久推第一。有寒士迫于饥穷，其父执某怜之，慨然以姜帖一册畀之。士私喜曰：“以之易粟，吾八口可饱半载。”而忽落于袖，沿途号泣不能归。埴友柴子上林梓廷，鄞之好义君子也。见有老兵持姜帖易酒，上林喜甚，即以家酿两瓮得之。方开卷摩玩间，忽闻有号于门者，叩之，即失帖者也。急取帖还之。士林赋《柴上林还帖诗》，传为佳事。

①柴上林还帖：选自清金埴《不下带编》。题目为译者所加。

慈溪姜西溟编修（宸英），书法为世人所喜爱。他一生的墨宝流传的本来较少，在世时就已经很难得，何况他死了以后呢。我朝的书法家，很久以来都推举西溟为第一。有个士人迫于饥寒，他父亲的一个朋友可怜他，慨然将西溟的一幅字送给他。他心里暗暗高兴：“把它换成粮食，我家八口可以活上半年！”但是忽然从袖中丢失了，于是一路哭喊着不敢回去。我的朋友柴上林（梓廷），是鄞县一个十分仗义的人，看见老兵拿着西溟的字帖换酒，上林很高兴，就用家酿的两坛好酒换了下来。正在抚摩展玩时，忽然听到门外有人哭喊，问他，正是那个丢失字帖的人。上林立即将字帖还给失主。士人中有人写了首《柴上林还帖诗》，一时当作佳话流传。

李岩

李岩，清江苏青浦（今属上海）人，字筑夫，号南山。早年为油漆工人，彩画栋柱屋宇，精巧突出寻常。后改学画，山水、人物、肖像都有高度成就，更擅长画栈道、行旅、驴马等景物，用笔浓密，时负有盛名。

漆工学画[①]

李筑夫（岩）初业漆工，为人彩绘栋宇、人物、花鸟，肖状精巧，故值倍常工。既而悔曰：“吾瘁我心力，徒得糈（xǔ）耳[②]，徒供伧（cāng）父玩耳[③]。乌得传我名。吾十指自有所托。”遂徙而学画，用笔浓密，名噪一时。

①漆工学画：选自清诸联《明斋小识》。②糈：粮食。③伧父：粗野的人。犹俗人。

李筑夫李岩，先前是做油漆工的，替别人用油彩画屋栋、人物、花鸟，形状维妙维肖，所以工钱要比一般人多一倍。后来他懊悔说："我用尽心思，只是糊糊这张嘴巴，白白的供俗人玩玩而已。为什么不扬名天下，使我这十根手指头不白长一场。"从此他就改学绘画，用笔又浓又密，名声哄动一时。

吴　历

吴历（1632—1718），字渔山，号墨井道人、桃溪居士。清常熟（今江苏常熟）人。一生布衣，淡漠仕途、名利。其诗、书画、竹刻、鼓琴皆善。其书法初学苏轼，继学褚遂良、黄庭坚，学书常入迷境。其书作清丽秀雅，俊逸风致，神韵寓中。绘画长于山水、墨竹。与王时敏、王鉴、王翚、王原祁、恽寿平合称"清六家"。著有《墨井诗钞》《三也集》《墨井画跋》等。

墨井道人[①]

吴历，字渔山，邑人也。所居有言子墨井[②]，遂自号墨井道人。工诗善画，兼精书法，得东坡笔意。尝游吴兴，谒其郡守，谒入未即见，信步至一僧舍，见东坡《醉翁亭》真迹，喜甚，即僦居焉。就其处布席展卷，临摹三四日无倦色。太守遣人遍索墨井道人，无有也，逆旅之人亦不知其所往。摹竟，欣欣如有得，不果见太守去矣。其高致如此。

①墨井道人：选自清王应奎《柳南随笔》。题目为译者所加。②言子：言偃，春秋吴人，字子游，孔子弟子。

吴历，字渔山，本县人。住处有言偃的墨井，所以就自称墨井道人。能诗善画，还擅长书法，学到了东坡的笔法。有一次到吴兴旅游，欲拜见那里的太守，名片已经递进去，却还未曾得到召见，就信步来到一个寺院，看见有东坡的《醉翁亭》真迹，十分高兴，就在那里住了下来，就地铺了席子拿出纸笔，临摹了三四天毫无倦意。太守派人找寻墨井道人，找不到，连客栈里的人也不知道他的去向。吴历摹下了《醉翁亭》的真迹，欣欣然如获至宝，太守见不见都无所谓而自顾自回去了。他的高雅就是这样。

孙原湘

孙原湘（1760—1829），清江苏饕文（今常熟）人，字子潇，又字长真，号心青。乾隆六十年（1795）举人，嘉庆二年（1797）进士。以诗得名，善隶楷书，有时画墨笔梅花，学王元章（冕）笔意，点缀水仙、兰花，风韵清幽，署款为“姑射仙人侍者”。

诗与景合[①]

余尝暮游湖上，水色山光，深浅一碧，红霞如火，岸柳俱作白色。欲写之，苦无好句。偶读孙子潇太史诗，云：“水含山色难为翠，花近霞光不敢红”，适与景合，真诗中画也。

又尝夜登吴山，风月清皎，烟雾空濛，颇惬（qiè）游骋。今读屠修伯大使（秉）《吴山夜眺》句，云：“江湖两面共明月，楼阁半空横断烟”，亦恍如置身其间。

①诗与景合：选自梁绍壬《两般秋雨庵随笔》。

我有一次傍晚在西湖上游览，水的景色，山的光景，有深的浅的一片碧绿，红彤彤的晚霞像烧着一把火，堤岸上的桃花都变成了白颜色的。我想要描写这番景致，只恨没有好诗句。偶然读到孙子潇太史的诗篇，里面有“水含山色难为翠，花近霞光不敢红”，恰巧跟这番景致一般无二，真是诗句里有画面呀。

又有一次，我曾在夜里登上吴山，风儿清凉，月光洁白，烟雾迷蒙，使我游目骋怀非常惬意。如今读到屠秉大使《吴山夜眺》的诗句：“江湖两面共明月，楼阁半空横断烟”，也活像身临其境一样。

李　鱓

李鱓（？—1762），字宗扬，号复堂，别号懊道人。清江苏兴化人。康熙五十年（1711）举人，官山东滕县知县。早年学画山水，摹拟元黄子久笔意，后在高邮从兄嫂学画花卉。他曾向蒋廷锡学习“院体”的花鸟画，但他不喜欢这种规规矩矩色彩浓艳的作风，就转向指画大家高其佩学习，并且上溯明代林良的画法。这样他摆脱了成规墨矩的束缚，“纵横驰骋而多得天趣”。他宁可抛弃“内廷供奉”的职衔，创出适合自己个性的豪放写实的风格。这就使得一些“正统派”认为奇怪，因之他的名字也就被列为“扬州八怪”之一了。

他的画在布局方面不拘一格，看去好像散漫，但每一幅却有自己的中心和规律，用笔惯于粗细并举，用墨则浓淡相间。这种相反相成的手法，与其说他学林良，不如说他从宋代简笔画大师梁楷、牧谿那里吸取来的。他把画人物的笔墨灵巧地搬到画花卉上面，可以说是善学古人了。此外他的书法也很古厚朴实，而又善于琢磨画面上的地位，决定题字的大小、多少，配合得恰如其分，因之也增加了画面的美感。

郑燮与李鱓①

潍县令郑板桥燮，滕县令李复堂鱓，二君皆兴化人，皆工画，又同官山东，最相得。雅雨先生自扬州寄板桥诗云："一代清华盛事饶，冶春高宴各分镳。风流暂显烟花在，又见诗人郑板桥。"板桥得钱辄分与亲戚故旧，告归囊空无立锥地，寄居复堂之宅。赠李诗有云："声色荒淫二十年，丹青纵横三千里。两婴世网破其家，黄金散尽妻孥恚。剥啄催租恼吏频，水田千亩翻为累。途穷卖画画益贱，佣儿贾竖论是非。昨画双松半未成，醉来怒裂澄心纸。"将复堂情态写得须眉俱动。二君笔迹，流传山东最多。郑师徐青藤，纵横恣肆，任其天趣而不离法；李师蒋南沙相公，疏秀中带细致，亦淡着色，可称异曲同工。

①郑燮与李鱓：选自清王培荀《乡园忆旧录》。题目为译者所加。

潍县县官郑板桥燮，滕县县官李复堂鱓，二位都是江苏兴化人，都善于绘画，又一起在山东做官，而且还是好朋友。卢雅雨先生从扬州寄诗给板桥说：“一代清华盛事饶，冶春高宴各分镳。风流暂显烟花在，又见诗人郑板桥。”板桥有了钱就分赠给亲戚故旧，罢官回来囊空如洗，也无处安身，只得寄寓在李鱓家里。他有送李鱓诗云：“声色荒淫二十年，丹青纵横三千里。两婴世网破其家，黄金散尽妻孥恚。剥啄催租恼吏频，水田千亩翻为累。途穷卖画画益贱，佣儿贾竖论是非。昨画双松半未成，醉来怒裂澄心纸。”把李鱓的情态写得活灵活

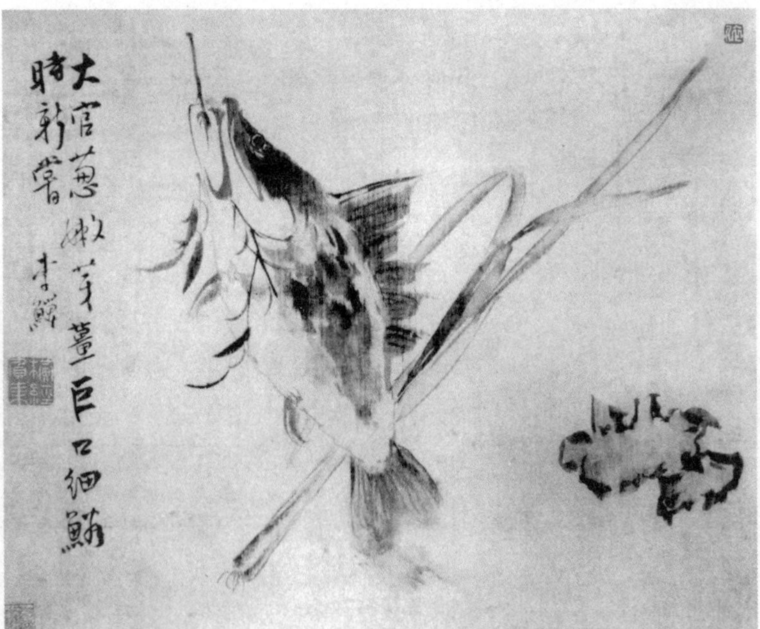

李鱓《洋菊野鱼图》（局部）

现。二位的墨迹流传在山东的最多。板桥学习徐青藤，任意挥洒，听凭自然而不离程法；复堂学习蒋南沙，疏秀中不忘细致，也是淡淡着色，可以说是异曲同工。

郭　麐

郭麐（1767—1831），字祥伯，号频伽，晚号蘧庵居士，苧萝长者。一眉白色，因又号白眉生。清江苏吴江人。少时从姚姬传学古文，年长工诗文，更以填词得名。学使阮元对他十分推重。当时知名之士也都纷纷交往。工书法，学黄庭坚，骨力峭劲。能画竹石，有时也写山水小景，笔墨隽逸清润。著有《灵芬馆集》。

“万梅花拥一柴门”①

郭频伽名麐，吴江才人。尝以《水村图》索人题咏，同县女士汪玉轸题之云：“深闺未识诗人宅，昨夜分明梦水村。却与图中浑不似，万梅花拥一柴门。”频伽乃倩奚铁生补为《万梅花拥一柴门图》②，以代前轴，亦可谓风流好事矣。

①万梅花拥一柴门：选自陈康祺《郎潜纪闻二笔》。题目为译者所加。②奚铁生：即奚冈（1746—1803）。清浙江钱塘（今杭州）

人，原籍安徽新安。初名钢，字纯章、铁生。改名后，号萝龛，别号蒙泉外史、蒙道士、鹤渚生、散木居士。资质聪慧，九岁时就能写隶体字，年长后更精篆刻，与黄易齐名，被称为“西泠八家”之一。他的诗书画在乾嘉之际，有“三绝”的声誉，特别是山水画更有大名，“杭人得其片纸皆珍若拱璧”，甚至“估舶携至海外，皆悬金购之。”

郭频伽，单名麐。他是吴江地方的才子。曾经拿《水村图》要求人题诗，同县有个汪女士叫玉轸的题诗云：“深闺未识诗人宅，昨夜分明梦水村。却与图中浑不似，万梅花拥一柴门。”频伽于是就请奚铁生补画了一幅《万梅花拥一柴门图》，用来换掉《水村图》，这也可以算是一桩风流韵事吧。

杨　涵

杨涵，字水心，又名辅峭，字云峭，号云笠。清山东益都人。擅长绘画，更以画墨竹最为精彩。他经常坐在竹下，观察它偃仰、欹斜的神态，日久有了深刻的体会。这样，他随手纵笔就能表现出雨叶风枝，尽管是千层万叠，但脉络都十分清爽，当时有“神品”之称。

何必远求[①]

杨涵，字水心，又字云峭，益都贡生。性简傲，狂放不羁。善画，田西圃同之评其卷云："烟波无际，芦月苍凉。"其逸品超诣，令人不忍释手。尤长于墨竹，常坐卧竹下，会其偃仰欹侧之态，久之，忽然有得。故其所作，纵手而成，雨叶风枝，千层万叠，寻脉络丝毫不爽，胸有成竹故也。称为神品。与某僧善，每为作画，遇得意之笔，辄挼为纸团藏裤中，僧搜得之，相与大笑。贵家求之，终不得。然性喜游。仇尚书家有园亭，使与之狎者引至，游观酣饮。偶至一室，纸墨皆具，问何为，主人曰："将倩人画屏，未得佳手。"水心奋然曰："何必远求？"挥毫落墨，势若风雨，观者骇愕。其屏十二幅，通为一气，今为余族中禹珍叔所得。余爱坐其下，若有凉风袭衣裾也。先生好黄白术[②]，有道者来扣门，观之曰："可住世矣！未九转也[③]。"丹成，一夕卒。家贫，张蓬海葬之放鹤园侧，题曰："青州高士杨云笠先生之墓"。为名流所重如此。

①何必远求：选自清王培荀《乡园忆旧录》。题目为译者所加。②黄白：指道家所谓炼丹化成金银的法术。③九转：即"九转金丹"。道家谓炼烧金丹，以九转为贵。转，循环变化之意，如把丹砂烧成水银，将水银又练成丹砂。烧炼时间愈久，则转数愈多，效能愈高。

杨涵，字水心，又字云峭，益都县贡生。为人傲慢，狂放不羁。善于绘画，田西圃（同之）评论他的画说：“烟波无际，芦月苍凉。”他的顶尖作品具有卓越的造诣，教人爱不释手。最擅长画墨竹，常坐卧在竹下，领会它偃仰欹侧的姿态，久而久之，自然有会于心。所以他画墨竹，唾手可得，雨叶风枝，千层万叠，两相对照，丝毫不差。这是“胸有成竹”的缘故。称得上是“神品”。水心与某个和尚有交情，每次替他作画，遇到得意之作，就将它揉成纸团藏在裤子当中，被和尚搜到了，彼此大笑一场。有钱有势的人想要他作画，却不容易。然而，他爱好游览。仇尚书家有个花园，就叫跟水心接近的人把他带到那里，又游玩又喝酒，忽然到了一间房间，里面摆着笔墨纸砚，问：“这是为什么？”仇尚书说：“想要请人画屏风，只是找不到高手。”水心自告奋勇地说：“何必到外面去找呢。”拿起笔来就画，笔势又快又猛，围观的人都吓呆了。画屏共有十二幅，互相联系在一起，现在归我族人禹珍叔所收藏。我坐在画屏下观看，好像有习习凉风吹动我的衣裳。水心喜欢黄白术，有道士来敲门，看了他的烧炼后说：“可以歇手了，但是还未到九转的地步。”丹炼成了，此后某一天夜里就过世了。家境贫困，张蓬海把他葬在放鹤园旁边，墓碑上写着：“青州高士杨云笠先生之墓。”他就是这样被名流看重的。

杨致祺

杨致祺，字征和。清山东历城（今济南）人。通天文学，曾创制星晷。书法入“神品”，写兰竹更为佳妙。弟恩祺，字子惠，擅长画花鸟，并工于刻印。

历下三才子①

历下杨征和致祺，兄弟三人有“三才子”之目。征和善书能文，随笔画兰，不数作也。好丝竹，酒间花下，清歌悠扬，宾客乐与酬酢。次善雕刻图章，工揭裱，家藏书画多手自装潢，非俗工可及。其季弟，画美人绝佳，画扇一柄，值四金，而不轻落笔，求之经年，或并肩亡去，不汲汲于利也。家极贫，入其室，图书鼎彝，位置都雅，有若素封。一堂怡怡，萧然有以自乐。

①历下三才子：选自清王培荀《乡园忆旧录》。题目为译者所加。

济南杨致祺，字征和，兄弟三人被称为“三才子”。征和擅长书法，又能文章，有时画点兰花，但不经常画。喜欢弹琴吹箫，每当花前月下，灯红酒绿，清歌悠扬，宾主同乐。老二擅长雕刻图章，又善于裱褙，家里收藏的书画大多是他亲手装潢，不是一般职业裱工可比。他的三弟画仕女是拿手，画一把扇子，值银四两。但不轻易动手，有要求几年得不到画的，有的干脆就一走了之，因为他对钱并不在乎。家境极其贫困，到他家里去，只看见图书鼎彝，摆放得整整齐齐，好像是百万富豪的样子。兄弟和睦，一家人以清贫为乐。

王原祁

王原祁（1642—1715），字茂京，号麓台。清代江苏太仓人。王时敏之孙。康熙九年（1670）进士，官户部左侍郎，人称“王司农”，为清初山水画大家“四王”之一。康熙四十四年（1705）修《佩文斋书画谱》，与孙岳颁、宋骏业等同任修纂官。时敏经常讲授六法纲要和古今画法丰富原祁对于绘画艺术的知识。原祁考中进士后，时敏便要他专心研求画理以继承他的衣钵。原祁对绘画艺术的理解和主张，占主导地位的自然是承袭其祖父的“师法古人”，但另一方面却表现出重视写实的倾向，这可能是由于他透彻地了解古人画法之渊源。他反对生吞活剥地临摹古画，认为“临画不如看画。遇古人真本，向上研求，视其定意若何，出入若何，偏正若何，安放若何，积墨若何，必于我有一出头地处，久之自与吻合矣”。他很重视对自然景物的观察和体验。他看到了江西的风景，就说：“溪山回抱，村墟历落，颇似梅道人（吴镇）笔，刻意摹仿，未能梦见。十年来心神间有合处，方信古人得力以天地为师也。”

王麓台作画[①]

太仓王侍郎童时，偶作山水小幅，粘书斋壁。祖奉常见之，讶曰：“吾何时为此耶？”询知，乃大奇之，曰：“是子业必出吾右。”琅琊元照见公画，谓奉常曰：“吾两人当让一头地。”奉常亦曰：“元季四家，首推子久，得其神者，惟董宗伯，得其形者，予不敢让，若形神俱得，吾孙其庶几乎？”元照深然之。公每作画，必以宣德纸、重毫笔、顶烟墨，曰：“三者一不备，不足以发古隽浑逸之趣也。”公官京师时，每岁初冬，辄赠门人、幕宾画，人人一幅，以为制裘之需。好事欲得之，往往缄金以俟焉。

①王麓台作画：选自清王应奎《柳南续笔》。

太仓王麓台幼小时，偶尔画了一小幅山水，粘在书斋的壁上。祖父时敏看见了，惊讶地说：“我啥时候画过这幅

王原祁《桃源春昼图》

画？”问清楚后感到十分惊奇，说：“这小孩的画将来必定在我之上。”瑯琊的元照见了麓台的画，对时敏说：“我们两人可要低他一头了。”时敏也说：“元代四大画家，第一当推子久，学到神韵的只有董其昌，得其形貌的，我就不敢推让了，要是形神俱备，很可能就是我的孙子了吧。”元照很同意这种说法。麓台每次作画，必定要用宣德纸、重毫笔、顶烟墨，说：“三者缺一，就激发不出古隽浑逸的灵感来。”麓台在京城做官时，每到初冬，就为门人幕宾画画，每人一幅，作为他们添置冬衣的费用。消息灵通的人想得到麓台的画，往往准备了钱等候这机会向他的门人幕宾收购。

麓台论画[①]

麓台论画，每右渔山而左石谷。常语弟子温仪曰：“近时画手次第无人，吴渔山其庶几乎？”仪举王石谷为问，曰：“太熟。”又举查二瞻为问，曰：“太生。”盖以不熟、不生自处也。又曰：“山水用笔须毛，毛则气古而味厚矣。”尝自题《秋山晴爽图》云：“不在古法，不在吾手，而又不出古法吾手之外，笔端金刚杵[②]，在脱尽习气。”观此数语，则其造诣可知。

①麓台论画：选自清王应奎《柳南续笔》。②金刚杵：古印度所用武器。密宗用为护法摧魔的法器，用金属或硬木制成。寓无坚不摧之意。

麓台评论画坛的画家，往往看好渔山而贬低石谷。他常对弟子温仪说："近来画家，看来实在找不到上档次的人，吴渔山还勉强算一个吧。"仪举王石谷为例来问，说："太熟。"又举查二瞻来问，说："太生。"他以为自己才是不生不熟恰到好处的。他又说："画山水用笔要毛，毛就显得古朴而又味醇。"曾自题《秋山晴爽图》云："不在于师法古人，不在于只凭我随意挥洒，而又不出古法与我手之外，笔头刚健，在于摆脱尽习以为常的不良技法。"看他说的这几句话，就知道他在绘画上的功力了。

刘　墉

刘墉（1720—1805），字崇如，号石庵、青原、香岩、日观峰道人。清山东诸城人。乾隆十六年（1752）进士，先后为翰林院编修、协办大学士、体仁阁大学士、太子太保。卒谥文清、入祀贤良祠。其书法由苏、董、赵而遍涉各家，集碑学之大成。尤擅长小楷。书作用墨厚重，以浓出拙，以燥出巧，笔法以搭锋养势，以折取姿，结体自然，貌腴骨劲，别具面目。时称"浓墨宰相"。与翁方纲、梁同书、王文治并称"四大家"；并与翁方纲、成亲王永瑆、铁保并称为"翁刘成铁"。著有《石庵诗集》。

刘墉书名天下[1]

刘石庵先生，以书名天下，每日必挥毫，以为课程。盖深耽其中之趣，故无厌倦，年八十四矣，犹临右军帖。晓岚协揆谓其心忘乎手，手忘乎笔[2]，兴趣超町畦之外[3]，临摹特寄焉耳。是语深得书画三昧。先生墨迹，所见甚多，然往往杂赝作，浅学莫能辨其真伪。

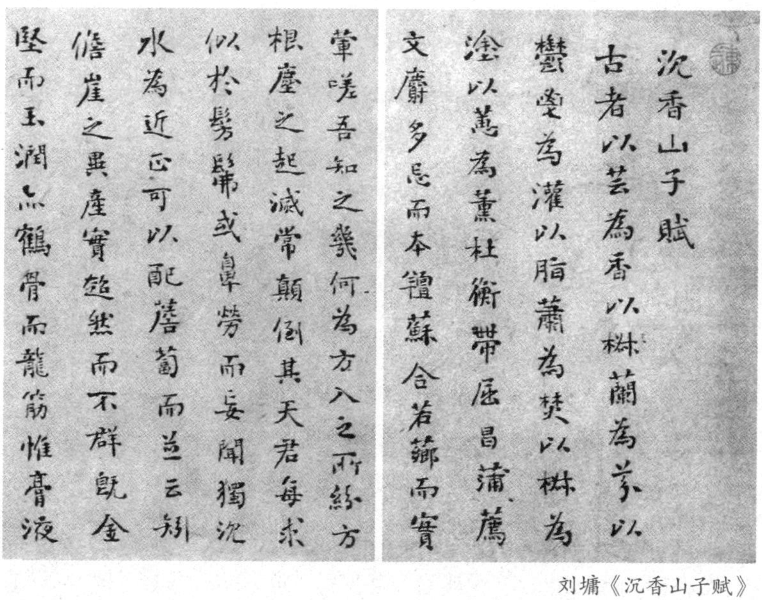

刘墉《沉香山子赋》

①刘墉书名天下：选自清王培荀《乡园忆旧录》。②“心忘乎手”数语：言其习惯成自然，已臻出神入化之境。③町畦：田界，即田塍。比喻界限、规矩、约束。

刘石庵先生，书名远扬四海，每天坚持书写，当作一种课程。因为他体会到其中乐趣，所以不会厌倦，到了八十四岁的高龄，还在临摹王羲之字帖。纪晓岚协揆说他心忘乎手，手忘乎笔，兴趣已摆脱规矩、约束，临摹只是一种寄托而已。这番话真正领会到创作书画的奥妙。先生的墨迹，流传的很多，不过往往夹杂着赝品，一般人难辨真伪。

张大镛

张大镛，字鹿樵。清江苏昭文（今常熟）人。乾隆五十九年（1794）举人，官山西河东道。善画山水，为太仓顾容堂弟子。精鉴别，收藏丰富。著有《自怡悦斋书画录》。

张梅[①]

薇省前辈工书者多[②]，善画者少，盛甫山（惇大）善画山水[③]，人亦风雅。闻其在典籍厅时，有人愿得画扇一柄，代直一夜，未知信否。张鹿樵（大镛）天资超迈，谈笑风生，工书，尤善汉隶，而迄未知其能画梅。语云良贾深藏，又曰真人不露相，岂谓是欤。然共事十余年，不识木兰[4]，终是眼钝。庚辰夏，授河东观察，以自题画梅灯十六幅留别，悬之数年，虑有缺损，因装册以存真迹。

①张梅：选自清李光庭《乡言解颐》。②薇省：紫薇省的略称。唐开元元年，改中书省曰紫薇省，中书令曰紫薇令。后因简称中枢机要官署为薇省。清初布政司也有此称。③盛惇大：清代江苏阳湖（今常州）人，字仲甫，号甫田，又号南墅，纲次子。嘉庆二年（1797）进士，官至内阁侍读学士。书法学董其昌，画山水亦效法黄公望，善用干笔焦墨，苍厚高古。其得意之作，极似王原祁，与同时盛大士被称为"二盛"。④木兰：花木兰，曾女扮男妆代父从军。

薇省前辈中擅长书法的人多，善于绘画的人少。盛甫山（惇大）善画山水，人也风雅。听说在典籍厅时，有人愿得到他的画扇一把，就代为值班一夜，不知道真有此事否？张鹿樵（大镛）天资出众，谈笑风生，擅长书法，尤其是汉隶，但从不知道他还会画梅。常言道"良贾深藏"，又说"真人不露相"，难道不就是说他吗？不过我与他共事十多年，不识花木兰的真面目，也到底算是没眼力。庚辰（1820）夏天，他升任山西河东观察，以自题画梅灯十六幅赠给我留念，我挂了好几年，怕会损坏，就装成册子以保存原貌。

王圆照

王圆照，字婉佺。清山东福山人。主事郝懿行室。懿行，字兰皋，嘉庆己未进士，有才名。婉佺，书仿欧、柳，工古文，得六朝人笔意。尤精汉学，日与懿行考订经史，疏《尔雅》，笺《山海经》，名噪都下。有《列女传补注》八卷，《叙录》一卷，《列仙传校正》一卷，《叙赞》一卷，《梦书》一卷。

“婉佺先生”[①]

阮芸台先生之母林太夫人性耽坟典，绘有“石室藏书小照”，独坐石上，芸台先生执书侍立[②]。婉佺题诗有云：“斋名积古从公定，室有藏书是母留。”芸台先生“绩古斋”后改名“积古”，故云。齐河女史郝秋岩，寄以诗，小序云：“嫂，栖霞族兄懿行室也[③]。兄以著述驰声天下，嫂亦文章博洽，名能与兄偶，学者称为婉佺先生。甲戌冬，嫂自京师以所注《梦书》、《列女传》见寄，赋此志谢：‘文星夜朗银河北，贤媛声华溢京国；续史无惭世叔妻[④]，生花肯让江郎笔[⑤]。怜尔文章播上清，蛾眉不愧号先生；遥遥原识琼枝色，眷梦无因到凤城。’”

①婉佺先生：选自清王培荀《乡园忆旧录》。题目为译者所加。②芸台：即阮元（1764—1849），字伯元，号芸台。清江苏仪征人。乾隆五十四年（1789）进士。嘉庆、道光年间，任户、兵、工部侍郎，浙、闽、赣诸省巡抚，两广、云贵总督，体仁阁大学士，卒谥文达。倡修《清史儒林文苑传》。历官所至，以提倡学术自任。③郝懿行：清代山东栖霞人。字恂九，号兰皋。嘉庆进士，官至户部主事。精于名物训诂之学。著有《尔雅义疏》《山海经笺疏》《春秋说略》等书。④世叔妻：班昭，字惠班，一名姬。班彪女，班固、班超妹。嫁曹世叔，早寡。固著《汉书》，八表及《天文志》未成而卒，和帝命昭就东观藏书阁续成之。屡受诏入宫，为皇后及诸贵人当教师，号曰大家。著《女诫》等。⑤江郎：江淹（444—505），字文通。南朝梁济阳考城人。出身孤寒，历任南朝宋、齐、梁三代。以文章见称于世，晚年才思衰退，诗文无佳句，时人谓之江郎才尽。其诗长于杂拟；其抒情赋中以《恨赋》《别赋》最著名。

阮芸台先生的母亲林太夫人喜欢读古书，画了一幅《石室藏书小照》，独个儿坐在石头上，芸台先生手里拿着一册书站在旁边。婉佺在题诗中有这样两句：“斋名积古从公定，室有藏书是母留。”芸台先生的“绩古斋”后来改名“积古”，所以婉佺这么说。齐河县的才女郝秋岩，寄诗给婉佺，在小序中说：“嫂嫂是栖霞堂兄懿行的妻子。堂兄因为著作名扬天下，嫂嫂也是博闻多识，诗文不在堂兄之下。学者称为‘婉佺先生’。甲戌（1874）那年冬天，嫂嫂从京城把注释的《梦书》和《列女传》寄给我，我就写了诗表示感谢：‘文星夜朗银河北，贤媛声华溢京国。续史无惭世叔妻，生花肯让江郎笔。怜尔文章播上清，蛾眉不愧号先生。遥遥原识琼枝色，春梦无因到凤城。’”

荆先生

荆先生，当是清代人，生平不详。

荆红叶[①]

荆先生，无名，不知何许人。客济宁，人有持白团扇扑蝇，为血所渍，因绘为红叶，题诗云：“新霜枫叶醉殷红，记得题诗出后宫。绕遍御沟寻不见，被风吹入月轮中。”[②]人遂目之为“荆红叶”。

①荆红叶：选自清王培荀《乡园忆旧录》。②红叶题诗：唐人小说记红叶题诗故事颇多，对照荆先生的诗句，似以指卢渥的事为适合。唐宣宗时，卢渥赴京应试，偶临御沟，拾得红叶，叶上题诗云：“流水何太急，深宫尽日闲；殷勤谢红叶，好去到人间。”后宣宗放出部分宫女，许从百官司吏，渥得一人，即题诗红叶上者。

荆先生，不知道其名为何。他在山东济宁作客，有人拿白团扇扑苍蝇，沾上了血迹，他就因之画成一片红叶，还题了一首诗在上头。诗云："新霜枫叶醉殷红，记得题诗出后宫。绕遍御沟寻不见，被风吹入月轮中。"人就把他叫作"荆红叶"。

张　琢

张琢，字璞山。清山东曲阜人。善画山水、花卉，能作大幅，下笔迅捷，为张问陶所推重。

张璞山[①]

张璞山琢，曲阜人。家无立锥，只身走辽东，取坊间粗纸，随意作画，得数钱糊口。无师传，非素习也。画竹、画松，笔力遒劲，价渐高。转之京师，入云林阁冒古人得重值。久之，士大夫多知其名，画益贵重。蓄妻子，援例捐职，官四川典史。各上宪亦重其画。市间多赝作欺人，而璞山之名益噪。告归，置田宅，扬扬然列缙绅间矣！尝见所画五松，古干离奇，空中三瀑布飞落，气势雄伟，卓然大方。竹则人多有之。

①张璞山：选自清王培荀《乡园忆旧录》。题目为译者所加。

张璞山，名琢，山东曲阜人。家无立锥之地，单身跑到辽东，用坊间的粗纸，随意作画，卖钱糊口。他画画没有师傅，也从未学习过。画竹画松，笔力遒劲，身价也逐渐提高。转身来到北京，进了云林阁仿冒古画赚到大钱。时间一长，士大夫都知道他的名气，画也更加贵重。这时候，他不仅娶了妻，还花钱买了官，在四川省任典史之职。上司也都看重他的画。市场上多拿赝作骗人，而璞山的名气更高。退职后回到辽东，置办了田地房屋，扬扬得意地成为当地的一名绅士。我曾见他画的一幅松树，古干奇特，空中有三条瀑布从高处飞落，气势雄伟，非同一般。至于他画的竹，很多人都有，并不稀罕。

金　史

金史，字古良，号射堂，后以字行。清浙江山阴（今绍兴）人。史学诗才，都有高度造诣。善画人物，学陈洪绶，曾画汉代至宋的历史上名流四十人像为册，名叫《无双谱》。每幅附以诗歌，苏州朱圭刻版印行，诗家毛奇龄称为“三绝”。当时人们以为可以和嘉兴朱宾占所画的《凌烟阁功臣图》比美。长子可久（字德公）、次子可大（字业侯），都能继承他的技法，获有声誉。

金无双[①]

吾宗古良，初名史，寻以字行。仪伟器宏，精绝绘事，而题跋独胜。其尤表表传世者，画《无双谱》，类陈老莲《博古酒牌图》，而姿态过之。《无双谱》者，谱其古来独一者也。以子房椎击秦始皇之类，凡四十事，事绘一图，且各有赞。阮亭王尚书极赏之，呼为“金无双”。越客游都者，谒朝彦钜公，必询之曰：“君行笈中有金无双画谱携来耶？”其为名流倾慕若此！二子可久、可大并继美，人物为丹青家称首。同时有里中王山眉崿图墨竹，风致俨然其人，一披展间而山眉欲出矣！秀水友人张浦山庚[②]，以山水名，作《画征录》二卷，搜辑本朝图绘名家，各立小传，金、王并载入之。

①金无双：选自清金埴《不下带编》。题目为译者所加。②张庚：清代浙江秀水（今嘉兴）人，原名焘，字浦山，别号瓜田逸史、白苎村桑者、弥伽居士。幼年孤贫，母金氏为人缝制衣裳，抚养成立。雍正十三年（1735），荐应博学鸿词科试。与钱陈群家为近亲。少时与钱维城、钱载等均从陈群母陈书学习绘画。又工诗文，五言古绝更见长。著有清代《画征录》三卷，《续录》二卷。记叙了清初画家五百余人的传记，有时也附记些他对画家和画艺的评论与意见。

族人金古良，初名史，后来以字流行。人高大轩昂，精通绘画，不过题跋更是拿手。特别为世人所知的，是《无双谱》的创作，有点与陈洪绶的《博古酒牌图》相像，不过姿态还要超过些。所谓《无双谱》，就是编排记录了自古以来独一无二的人。如张良椎击秦始皇之类，共有四十人，每人画一张图，还各有评论。王士祯极其欣赏，称它为“金无双”。凡是绍兴人游北京，拜见朝中大臣时，他们一定会问：“行李中带来无《双画谱》否？”可见是怎样的为人倾慕了！两个儿子可久、可大都能继承父业，画人物得到了画家们的肯定。与古良同时，同乡人王山眉（崿）画的墨竹，画的风格情态和作者一样，一打开画就像见到山眉了。嘉兴的朋友张浦山（庚），以画山水出名，著有《画征录》二卷，搜辑清初的绘画名家，为他们每个人写了一篇传，再加上自己的评论与意见。金（古良）、王（山眉）二人也都被收录在内。

董、张二君

董、张二君，当是清人，生平不详。

笑枋[①]

里有董、张二君，一以书，一以画，名于时，而居相比邻。某以鹅酒饷里人，独不及二君，而乞书乞绘不已。或题诗于两家之壁云：“绘壁沙门百瓮酒，写经道士一笼鹅[②]。无鹅无酒求书画，徒惹沙门道士呵。”某见之大惭，遂不再乞。嗣后有不持润毫代鹅酒而渎求书画文咏者，人辄诵此诗以为笑枋。

①笑枋：选自清金埴《不下带编》。题目为译者所加。笑枋：即笑柄。枋。通“柄”。②绘壁：会觉上人以酒百瓮乞吴道子画菩萨寺壁。写经：王羲之为山阴道士写《道德经》，换取鹅一笼。

乡里有姓董和姓张两位先生，一位以书法出名，一位以绘画出名，而他们又都是邻居。有个人拿鹅肉和老酒请乡里人吃饭，只是没有请董、张。而他是经常要向董、张乞书乞画的。不知道谁在两家的门上各贴了一首诗。诗云：“绘壁沙门百瓮酒，写经道士一笼鹅。无鹅无酒求书画，徒惹沙门道士呵。”那个人看了这首诗后感到惭愧，以后就不再向董、张乞书乞画了。从此之后，要是有不拿润笔代替鹅酒而冒昧求书求画的，人就往往读这首诗作为取笑。

汤豹处

汤豹处，初名孙振，字雨七。清江苏吴江盛泽人。工诗及鼓琴。家富资财，好收藏法书名画，朝夕摩挲，因又擅长书画，行草书学祝允明体势。以画水最为擅长。曾说：“古今的画家，只是在体现林岩、楼阁、花鸟上面用功夫。至于写无形为有形，写无声为有声，就办不到了。”于是他就专心研究最难刻画的水。钮琇（玉樵）曾藏有他画的水一百幅，称赞说：“灵幻恢奇，殆难名状。东坡（苏轼）所云活水非死水也。”

画水[①]

我邑盛泽镇，牙侩所集，然往往有畸人才士挺生其间。自卜舜年、汤三俊后，三俊之孙豹处，号雨七，沉思好古，散其素封之业，遍购法书名画，日夕摩玩，故所作行草，得枝山笔意，而画尤入神。尝以为古今绘事，唯于林岩栖阁花鸟求工，至若写无形而为有形，写无声而似有声，则未能也。乃独创意绘水，余家藏有百幅，灵幻恢奇，殆难名状。其题为“严滩急濑”“盘谷回泉”“习池影月”“桃源落英”，则往哲栖隐之水也。其题为“雁荡飞泉”“匡庐瀑布”“三峡惊湍”“五湖夕照”，则胜地垂名之水也。其题为“晓月乘潮”“晚虹收雨”“风卷寒漪”“烟含秋浸”，则晴雨朝昏之水也。其题为“炎浦蒸霞”“寒溪飞雪”“秋水驾浦”“夏淙盈谷”，则水之寓景于四时也。其题为“暖沙卧鸳”“芳洲飞蝶”“萍渚繁英”“海滨群介”，则水之假形于百物也。若夫曲渚平川，长波郁浪，触其溯拜，忽若撼城，引其沦涟，辄欲放艇，临其潋滟，花月迷江，遡其潆洄，云烟涌壑，而水之变态极矣。余族兄素庵雅擅丹青，见而惊叹曰：“此旷世仙笔也，人间画师皆凡品耳。”雨七体貌清瘦，挥毫余暇，复耽长生之学，饵石茹丹，年未五旬，呕血而卒。

①画水：选自清钮琇《觚剩》。

我县盛泽镇，虽然是个商贩集中地，却出过不少奇人才子。从卜舜年、汤三俊之后，三俊的孙儿豹处，别号雨七，也是个善于思索且喜爱传统文化的人，利用家中富有的资产，购买大批法书名画，日夜爱不释手，他所写的行书草书，极像祝枝山的笔法，而绘画尤其出奇。他常以为古今人绘画，只在林岩、楼阁、花鸟上下工夫，至于把无形的画成有形的，把无声的画成有声的，就办不到了。于是他就专心研究画水。我家藏有他画的水一百幅，空灵神奇，难以形容。题作“严滩急濑”“盘谷回泉”“习池影月”“桃源落英”的，是前贤隐居处的水啊！题作“雁荡飞泉”“匡庐瀑布”“三峡惊湍”“五湖夕照”的，是名山胜地的水啊！题作“晓月乘潮”“晚虹收雨”“风卷寒漪”“烟含秋浸”的，是晴雨朝晚不同时分的水呀！题作“炎浦蒸霞”“寒溪飞雪”“秋水驾浦”“夏淙盈谷”的，是水的寓景于四时啊！题作“暖沙卧鸳”“芳洲飞蝶”“萍渚繁英”“海滨群介”的，是水的假形于百物啊！至于曲渚平川，长波郁浪；触其溯拜，忽若撼城；引其沦涟，辄欲放艇；临其潋滟，花月迷江；遡其潆洄，云烟涌壑，真是把水的千姿百态描摹到极致了。我的堂兄素庵平素擅长绘画，见了雨七的这百幅画水，惊赞不已。说：“这是从来没有的仙笔啊！世上画师所画的都只是平常的东西而已。”雨七体貌清瘦，除了绘画，还对长生不老感兴趣，长年饵石茹丹，不到五十岁，就吐血而死。

奚 冈

奚冈（1746—1803），初名钢，字纯章，后更字铁生。号萝龛，别号奚道士、蒙道士、鹤渚生、散木居士等。排行第九，人称“奚九”。清安徽歙县人，后移居浙江钱塘（今杭州）。其性耿介，不应科举，终生不仕，与方薰并称“浙西两高士”。四十岁后画名益噪，曾游日本，海外估舶，悬金购其画。其山水画属娄东派，又吸收黄公望、沈周、文徵明、李流芳等人长处，形成自己风格。花卉画受恽寿平影响，是继“四王”之后乾嘉时期的重要画家之一。工书法，九岁即能作隶书，年长后书法四体皆善，尤喜学褚遂良的楷书。且精篆刻，宗秦汉，推崇丁敬，为“西泠八家”之一。

鄙弃贵官①

其所作书画，必视其人可与乃与之。邑有贵官慕其名，延请数四，不得已而往。至则贵官犹高卧未起，铁生已心鄙之。及见，命家人持绢素，出索画，且刻期。铁生大怒，谩骂之，贵官亦怒，以铁生愬于令，令谓铁生宜稍贬，往谢过，铁生坚不肯。令亦素闻铁生名，曰："吾岂以贵人故，辱高士哉！"释之。

①鄙弃贵官：选自清吴德旋《初月楼闻见录》。题目为译者所加。

铁生替人写字作画，一定要看此人的为人如何而定。同县有个贵官听说他的大名，几次来请他才不得已去了一趟。到时贵官还高卧未起，奚冈心里就很卑视他。等到见了面，贵官就叫家人拿出绢素来，不仅向他要画，还限定时间。铁生大怒，还骂了他，贵官也发怒，竟把铁生告到县官那里去。县官劝铁生作些退让，去向贵官道歉，奚冈坚决不答应。县官也听说奚冈的为人，就说："我怎么能因为贵官的缘故，而让先生受到屈辱呢！"就这样把铁生放了。

汤　鹏

汤鹏（1801—1844），字天池。清安徽芜湖人。以锻铁为业，与画家萧云从为邻，得暇就去看萧作画。发奋研求画理，锻铁作山水、花卉、人物以及虫鱼鸟兽，制成屏条堂幅，十分精致，几乎和用笔画成的没有什么差别，称为铁画。后来许多人仿效。

汤鹏铁画[①]

芜湖铁工汤鹏，字天池，煅铁作草虫、花竹及山水屏幛，精妙不减名家图画。山水大幅，非积岁月不能成，其流传者，多径尺小景，以木范之，若琉璃屏状，名曰铁画。或合四面，以成一灯，曰铁灯。每幅数金，一时争购之。炉锤之功，前代未有也。相传鹏家煅灶与画家邻，画师自高其技，每相傲睨。鹏意颇不平，闭门构思，铿铮屈曲，遂成绝艺。

①汤鹏铁画：选自清陈康祺《郎潜纪闻三笔》。

芜湖打铁工汤鹏，字天池，煅铁制成草虫、花竹以及山水屏障，精致不比名画家的图画差。大幅的山水画，非长时间不成功，所以流传的，大多数是尺把长的小景，用木头做框子，好像琉璃屏的样子，称为铁画。有的四面合起来，做成一盏灯，称为铁灯。每一幅要卖几两银子，许多人争着购买。这种煅铁的功夫，从前没有过。据说汤家的煅炉设在一个画家的隔壁，画家自以为了不起，瞧不上汤鹏。汤鹏颇不服气，苦心孤诣，百折不回，终于练成了这门绝活。

张之洞

张之洞（1833—1909），字孝达，一字香涛，号壶公、无竞居士。清直隶南皮人。同治二年（1863）进士，授编修。后历任湖北、四川学政，翰林侍读、侍讲及内阁学士。自光绪十年（1884）起，先后任两广、两江、湖广总督二十三年，光绪末为军机大臣，体仁阁大学士。谥文襄。之洞讲洋务，倡中学为体，西学为用，反对维新。著有《辅轩语》《劝学篇》《书目答问》《广雅堂集》等。

张文达工画山水[①]

南皮张文达公[②]，工画山水，笔致超逸，远不让云林，近亦不亚鹿床居士[③]。年届八旬，有以便面索画者，辄欣然应之。书法亦秀洁，如所谓美女簪花格，不露一毫老态，足为寿征。

①张文达工画山水：选自清继昌《行素斋杂记》。题目为译者所加。②南皮：县名。秦置。故城在今直隶南皮县东。③鹿床居士：即

戴熙（1801—1860）。清浙江钱塘（今杭州）人。字醇士，号榆安、松屏，别号鹿床居士、井东居士。道光十一年（1831）进士，官至兵部侍郎，谥文节。诗书画都有高度造诣。咸丰十年（1860）太平军进杭州时，死于兵乱。

南皮张之洞，擅长画山水，笔致超逸，远的可以比倪云林，近的也不在戴熙之下。年纪到了八十岁，有人请他画扇面什么的，都没有不欣然应诺的。书法也秀丽整洁，正像所谓美女戴花格，丝毫没有一点老态，这是他长寿的证明啊。

童二树

童二树（1721—1782），名钰，字二如，号璞岩，一作札岩，别号借庵子、白马山长、太平词客。幼时读书抱影庐，其父在庭前种梅树二株，因又号二树。清浙江绍兴人。资质聪慧，力学好古，擅长画梅，笔力雄健，气韵古厚。童钰一生所画的梅花据说不在万幅以下，而其所作诗也大多数是以所画梅花为题的，所以他刻有“万幅梅花万首诗”和“一幅梅花一首诗”两方印章，钤在画幅上。

童钰重青藤[①]

郑板桥爱徐青藤诗，尝刻一印云："徐青藤门下走狗郑燮。"童二树亦重青藤，题青藤小像云："抵死目中无七子[②]，岂知身后有中郎[③]。"又曰："尚有一灯传郑燮[④]，甘心走狗列门墙。"

①童钰重青藤：选自清袁枚《随园诗话》。题目为译者所加。②七子：明代嘉靖年间，李梦阳、何景明、徐桢卿、边贡、康海、王九思、王廷相号前七子；李攀龙、谢臻、梁有誉、宗臣、王世贞、徐中行、吴国伦号后七子。③中郎：即袁宏道。童钰厌恶前后七子，佩服"三袁"，有题袁香亭诗集云："楚中昔日称三道（注，谓中郎兄弟），吴下今知有二袁。"二袁，即香亭与随园。④灯传：即传灯。佛家谓佛的教旨可以破除迷暗，像灯照明一样，因称传法曰传灯。

郑板桥喜欢徐青藤的诗，曾经刻过一枚闲章云："徐青藤门下走狗郑燮。"童二树也推崇青藤，在青藤的画像上题诗道："抵死目中无七子，岂知身后有中郎。"又说："尚有一灯传郑燮，甘心走狗列门墙。"

童猫[①]

往时于故人秦秋伊处见二树山人画猫，题句云：“食有鱼腥卧有毡，琐窗日午恼衔蝉，宵来黠鼠跳梁甚，却向花阴自在眠。”二树山人童钰，乾隆中山阴布衣，诗书画称三绝。先以画猫名，有童猫之目，因弃其故技而画梅，前志画猫截句盖少作。山人画必有诗，画梅诗尤多，尝叠须字韵至八十余首，随园称为神工鬼斧，愈出愈奇。先有“万树梅花万首诗”小印，晚年自料恐浮其数，因改镌为“一树梅花一首诗”。嫁女同郡吴氏，惟以画梅百幅充奁，集中有句云：“但有梅花藏书箧，并无黄犬作奁资”，盖纪实也。吴氏得之大喜过望。余外舅息巢钟先生先世与吴氏有连[②]，尝分得其一，余及见之，先生因为余言如此。

①童猫：选自清孙彦清《寄龛丁志》。题目为译者所加。②外舅：即岳父。

从前在旧友秦秋伊那里看到二树山人的画猫，题着一首诗：“食有鱼腥卧有毡，琐窗日午恼衔蝉。宵来黠鼠跳梁甚，却向花阴自在眠。”二树山人童钰，乾隆年间山阴的一个平民，诗书画称为“三绝”。开始因为画猫出名，被人叫作“童猫”。接着抛弃画猫而改学画梅，前面记载画猫的绝句大概是年轻时的作品。山人每幅画必定配上诗，画梅诗尤其多，曾经用须字韵写诗八十多首，袁枚称赞是鬼斧神工，一篇比一篇出色。先有“万树梅花万首诗”的一枚小印，晚年时只怕达不到这个数目，就改刻为“一树梅花一首诗”。女儿嫁给同郡一户姓吴的人家，只拿画梅百幅当作嫁妆，诗集中有“但有梅花藏书箧，并无黄犬作奁资”的句子。大概是实有的事。吴家拿到这百幅梅画，高兴得不得了。我的岳父钟息巢先生与吴家是世交，曾经分到一幅，我见到过这幅画，岳父因此就对我说了上面这些事。

《画梅行》为童二如作[①]

尝致札姚芝乡云：“吾画梅蒙海内诸君子赏鉴，辄赐诗篇，惟陶篁村无一言之赠，但此老不可无诗，恳吾子力图之，倘得其一语品题，则吾死可无恨。”芝乡即以札示余，余感其意，赋赠七古一首云云，仍属芝乡转寄二树。嗟乎，余诗何足为二树增重，二树乃拳拳不忘若斯。闻其捐馆即在是秋之杪[②]，鱼鸿迢递，未知赍书人到扬时二树犹及见吾诗否，倘书未开函而人先易箦[③]，则吾诗即以当徐君冢上之剑可也[④]。

①《画梅行》为童二如作：选自清陶元藻《越画见闻》。②捐馆：即捐馆舍，舍弃所居之屋舍，为死亡之婉称。③易箦：古时曾子病重将死时调换寝席。箦，竹席。后因以易箦喻将死。④徐君冢上之剑：犹云挂剑。《史记·吴太伯世家》：“季札之初使北，遇徐君。徐君好季札剑，口弗敢言。季札心知之，为使上国，未献。还至徐，徐君已死，于是乃解其宝剑，系之徐君冢树而去。”后用挂剑比喻心

许亡友、生死不变的意思。

二树曾经写信给姚芝乡说："我画梅花承国内诸君的赏识，还往往以诗相赠，只有陶篁村先生没有题过一句诗。老先生不能没有诗。所以恳求您大力帮忙，倘若能得到陶先生一言半语的品题，我死也可以无憾了。"芝乡拿信给我看，我为二树的话所感动，就写了篇古诗送给他。诗仍然托芝乡转交。咦！我的诗不足以为二树增光，二树却总是那么恳切地念念不忘。我听说二树去世是在这一年的秋末，书信来往不便，不知道送信人到扬州时二树还来得及见到我的信否？倘若信未到而人已仙去，那么我的诗也就只能当季札挂剑于徐君墓上了。

曾 鲸

曾鲸（1568—1650），字波臣。清福建莆田人，客居南京。明末专精传神（画肖像），负有盛名。他继承古代着重墨骨（线条），勾出部位的传统画像技法，同时吸取和消化了当时欧洲天主教徒带进来的晕染法，使它变成我们自己的东西，丰富和提高了我们的传神艺术。姜绍书赞叹地说他："写照如镜取影，妙得神情；其傅色淹润，点睛生动，虽在楮素，盼睐颦笑，咄咄逼真，虽周昉之貌赵郎不是过也！若轩冕（官员）之英，岩壑（隐士）之俊，闺房（妇女）之秀，方外（僧道）之踪，一经传写，妍媸维肖，然对面时精心体会，人我都忘。每图一样，烘染数十层，必匠心而后止。其独步艺林，倾动遐迩，非偶然也！”曾鲸的门徒很多，最著名的就有谢彬、郭巩、徐昌、沈韶、刘祥生、张远、沈纪、金谷生、王宏卿、顾云仍、顾宗汉等十多人。

写真[①]

吾闽曾波臣以传神擅名，如镜之以影，为写真绝技，《图绘宝鉴》称其开辟门庭，前无古人。先此惟戴文进为妙艺[②]，相传永乐间文进初到南京，将入水西门，转盼之际，一肩行李被脚夫挑去，莫知所之。文进遂向酒家借纸笔，追写其像，聚众脚夫认之，众曰：“此某人也。”同往其家，果得行李。又相传吴小仙春日同诸王孙游杏花村[③]，酒后渴甚，从竹林中一妪索茶饮之。次年，复至其地，妪已下世，小仙目想心存，遂援笔写其像，与生时无异。妪之子为哭失声。

①写真：选自清梁章钜《浪迹丛谈》。②戴文进（1388—1462）：名进，浙江钱塘（今杭州）人，号静庵，别号玉泉山。山水得诸家之妙，而更以模拟李唐、马远为多。神佛鬼怪则形象威仪勇猛，而衣纹、设色，转折轻重，可以比美唐、宋名迹。③吴小仙（1459—1508）：名伟，明江夏（今武昌）人，字士英，一字次翁，号鲁夫，别号小仙。幼年家贫，流落江苏常熟，为布政使钱昕所收

养，伴其子读书时，就喜好画些人物与山水。成化时，成国公聘请他为门客，欣赏其画艺，称为“小仙”，他也就以之为号。后来他的画获得宪宗赏识，任锦衣卫镇抚，待诏仁智殿。但因不肯敷衍权贵，遭谗言而罢职。孝宗时又召见，命其作画，也十分欣赏，任为锦衣卫百户，赐予“画状元”的印章。不久，称病告退，居住南京秦淮河东岸，终日饮酒征歌。正德三年，武宗即位时又派人召之，在起行前饮酒过量而死，年五十岁。

我们福建的曾波臣以画肖像出名，仿佛镜子能照出人的影子，真是具有写真的绝技，《图绘宝鉴》说他是别开生面，自古以来所没有的。在他之前只有戴文进有过这样的好技艺，相传永乐年间文进刚到南京，快要进水西门，张望之际，一捆行李被脚夫挑走，也不知去向。文进就向酒家借了纸笔，根据回忆画了脚夫的肖像，招集许多脚夫请他们指认，大家说：“这个就是某人啊！”一同到了他家，果然拿回了行李。另外，听说吴小仙春天同几个贵公子游玩杏花村，酒后口渴，到竹林中一个老太太那里讨茶喝，第二年又到这地方，老太太已经去世，小仙还记得起她的模样来，就拿起笔来画了幅肖像，与活着时没有什么不同。老太太的儿子看了，还悲悲切切地哭了一场。

胡君

胡君，当是清代人，生平不详。

解铜官画蟹[1]

云南解铜官胡君，至叙州永宁[2]，以事留滞月余。善画蟹，为沈珏斋画三幅。题诗云："不见双螯已廿年，每当提笔便流涎。何时重返江南地，明月芦花系钓船。"字亦甚佳。

①解铜官画蟹：选自清王培荀《听雨楼随笔》。②叙州：唐置巫州，改名叙州。故治即今湖南黔阳县。

云南有个解铜官胡君，到叙州永宁地方，因为有事停留了一个多月。他擅长画蟹，替沈珏斋画了三幅。题诗云："不见双螯已廿年，每当提笔便流涎。何时重返江南地，明月芦花系钓船。"字也写得很好。

龚有融

龚有融，字晴皋。清四川巴县人。乾隆四十四年（1729）举人，官山西崞县知县。通经史，工诗文。善书，师法王（羲之）欧（阳询），尝于溪畔，执竿逆流划水，以增强腕力。擅长画山水，摹拟北宋人法，云峰栈道，纯用干笔皴擦；更长泼墨，所作大幅，随手挥洒，笔力横恣，又好写芭蕉湖石。郭尚先称其画得徐渭、石涛、八大意趣。

巴县龚晴皋[1]

龚晴皋（有融），巴县孝廉也。善画，泼墨淋漓，生气远出。字极奇肆，而性孤僻不谐俗。重庆李太守寿日，绅士将制屏以祝，李公曰："以素纸倩龚先生书画足矣。"晴皋是时设馆于城，闻之，先期避于乡，阅月乃返，则寿期已过。太守景慕綦切，亲拜其门，辞不见。已而瞰亡答拜，太守无如何。后官直隶县令。越二年，得买山之资[2]，急告归。自作生圹，置石卧岭上，横书大字曰："龚晴皋之墓"。

①巴县龚晴皋：选自清王培荀《听雨楼随笔》。题目为译者所加。②买山：《世说新语·排调》：支道林（遁）因人就深公买印山。深公答曰："未闻巢由买山而隐。"后以买山指归隐。

龚晴皋，名叫有融，四川巴县的一名举人。善于绘画，用泼墨法挥洒自如，生气勃勃。字极奇特恣肆，而性格却孤僻不与人往来。重庆的李太守做寿，绅士们准备做个屏风表示祝贺，李公说："就拿张白纸请龚先生写张字画就很满足了。"晴皋这时在城里坐馆教书，听到这件事，就预先躲避到乡下去，过了一个月再回来，这时寿期已经过去了。太守对晴皋十分景仰，亲自登门拜访，晴皋却不与见面。事后乘太守不在府里才去回拜，太守也无可奈何。后来晴皋到河北任知县。两年后积蓄了一点养老费，就急忙告退回乡。为自己营造了个墓穴，在山冈上放了块石头，横写五个大字：“龚晴皋之墓”。

姜 桂

姜桂，字芳垂，别号古砚道人。清江苏吴县（今苏州）人，原籍山东莱阳。姜实节孙女，张景蕉聘妻，未嫁张卒，遂不再嫁。通经书，工诗，画山水，善用渴笔燥墨皴擦，气韵疏秀。又精花鸟画。曾仿元人笔意画小幅山水，题记说：“仿元人惜墨法，惟旧纸得墨始有气韵，佳纸难觅，大幅更罕。兹帧细洁又平拓者再，而纸性猝难融化，浅深浓淡，颇费经营，而笔不达意，欲貌似古人而不可得，多愧多愧。”

古砚道人[①]

闺秀姜桂，字芳华，号古砚道人，莱阳行人垓之曾孙女[②]，孝廉本渭季女也。许字张氏子，未婚婿卒，欲自经；父母许以守节，乃不死。通经，善画山水。自题小幅云：“暖风晴日值良辰，窗外梅花数点新。更想林泉清淑致，山光树色写初春。”忠节之裔，女子亦矫矫如是，可谓不愧家风矣。

①古砚道人：选自清王培荀《乡园忆旧录》。题目为译者所加。②行人：古官名。掌朝觐聘问。明代设行人司，复有行人之官。掌传旨、册封等事。

才女姜桂，字芳华，别号古砚道人。莱阳县行人垓的曾孙女，举人本渭的小女儿。许配给一位姓张的公子，未结婚夫婿就死了，她想要自尽，父母答应她守节，才不死。通晓经书，善于作诗和画山水。画上有自题诗云：“暖风晴日值良辰，窗外梅花数点新。更想林泉清淑致，山光树色写初春。”忠孝节义之家的后代，即使是女子也表现得如此出色，可以说是无愧于家风了。

郑　簠

郑簠（1622—1693），字汝器，号谷口。清上元（今江苏南京）人。年轻时正值甲申之变（明朝灭亡），遂无意于功名，行医为业，布衣终生。其工书法，精于隶书，亦善篆刻。隶书取法《曹全碑》，并参以草书笔意，以洒脱见长，自成一派。其书法成就对清代碑学有承前启后的作用，成为当时隶书复兴的里程碑。清梁巘称其隶书为“一时名手”；清朱彝尊誉其隶书为“古今第一”；近人马宗霍称其隶书“殊有重名”。

“杏坛”二大字[①]

白门郑谷口簠以工汉隶名，世多珍之。康熙初间，裹粮走千里，诣阙里府[②]，遍摹汉、唐碑碣，尤酷爱党文献怀英所篆“杏坛”二大字。谷口携一毯，坐卧其下，仿临二字两月，既而叹曰：“吾终弗及也。”搨之然后归。归则尽撒去室中他物[③]，独悬二字为屏。晨夕相对，以终老焉。夫文献工篆籀，岱祠碑额亦其名迹。斯二字之妙，吾不能窥，而谷口至于仿临两月，相对终老，则其人真好奇者。以视李阳冰爱绛州《碧落碑》而寝处其傍数日不能去[④]，殆又过之矣。

①“杏坛”二大字：选自清金埴《巾箱说》。题目为译者所加。②阙里：地名。相传为春秋时孔子授徒之所，在洙泗之间。孔子时无阙里之名，其名始见于《汉书·梅福传》，至后汉始盛称孔子故里为阙里。③撒：恐是“撤”之误。④李阳冰：字少温。李白族叔。唐赵郡（今河北赵县）人。官至将作少监，乾元时为缙云县令；曾为集贤院学士。其工篆书，初学李斯《峄山碑》，深得其法，后学仲尼《吴季札墓志》，使其书法变化开阖，如虎如龙，劲利毫爽，风行雨集。曾为鲁公颜真卿所书之碑多题其额，相得益彰，为后世所称道。《碧落碑》：唐碑。唐总章三年，高祖子韩王元嘉四男为母房太妃所立。原在绛州龙兴宫，宫有碧落尊像。绛州：州名。春秋为晋地。今属山西省，即新绛县。

南京的郑簠，别号谷口，以擅长汉隶出名，他的作品，为世人所爱重。康熙初年，谷口带着干粮，跑上千把里路，到山东阙里孔庙去临摹汉、唐时的碑刻，尤其喜欢党文献（怀英）所篆写的“杏坛”三大字。谷口带着一张毡子，坐卧在坛下，把二字临摹了两个月，接着叹息道：“我到底比不上啊！”把二字搨下来后才离开。回到家里，把室内别的东西都撤掉，只挂上“杏坛”二字在屏风上。早晚相对，终生不改。再说那个党怀英，擅长篆籀，泰山上的碑额，也是他的手笔。至于“杏坛”二字究竟有多么好，我看不出来，而谷口竟然临摹了两个月，可见他是个特别好奇的人。拿谷口来比李阳冰喜欢绛州的《碧落碑》而在碑旁躺了数日的情况，真是有过之而无不及。

误学汉碑[①]

汉碑八分书，岁久类多剥蚀，后人辄效碑上字，作剥蚀状，此病自元人作俑。至本朝谷口郑簠尤甚。何义门尝言[②]：“谷口八分书，近日江以南颇重之，然如人体患恶疮，甚可憎疾。”家次山为余述之[③]，余因笑曰：“若然，则彼重之者，亦大类嗜痂矣[④]。”

①误学汉碑：选自清王应奎《柳南续笔》。②何义门：何焯（1661—1722），字屺瞻，号义门，晚号茶仙。江苏长洲人。性颖异，读书数行并下，康熙四十二年（1703）赐举人，又赐进士，官至编修。后因飞语收系，尽籍其邸中书以进，帝览之曰：“是固读书种

子也，而其中曾无失职觖望语。”又见其草稿有辞吴县令馈金，益异之，乃尽还其书，罪止解官，乃参书局，卒，赠侍讲学士，赐金存恤其孤。焯为学长于考订，论文与方苞异趣。著作有《义门读书记》六卷等。③次山：即王玖，清江苏常熟人，字次峰，号二痴，别号海嵎山樵，王翚的曾孙。他接受家传，善画山水。少年时又曾拜黄鼎为师，获得王氏作画的诀窍。④嗜痂：南朝宋刘穆之孙邕嗜食疮痂，以为味似鳆鱼。后因称怪僻的嗜好为嗜痂。

汉碑上的八分体字，时代一久风化剥蚀，后人常仿效碑上的字，作剥蚀的样子，这种毛病从元代人开始，到清代的郑谷口就特别厉害。何义门曾说：“谷口的八分书，近来江南的人很看重它，不过这就像人生了毒疮，是一种很讨厌的毛病。”我们家的次山对我讲了这件事，我就笑笑说：“如果真是这样，那么他们所看重的，不就和嗜痂一样吗？”

王士祯

王士祯（1634—1711），卒后，因避清世宗雍正帝（胤祯）讳，追改士正。乾隆时又改回士祯。字子真，又字贻上。号阮亭、渔洋山人。清新城（今属山东）人。顺治十五年（1658）进士，历任扬州推官、户部郎中，官至刑部尚书。幼年聪慧，能诗善文，七岁能作草书。礼贤下士，尤喜奖掖后进。博学好古，善鉴别书画、鼎彝之属，亦精篆刻。诗为一代宗工，与朱彝尊称南北二大宗，号“南朱北王”。其书法上溯晋唐，深得其法，既有褚遂良之风韵，又有“二王”之神气。宋荦在《西坡类稿》中称其：“书法高秀似晋人。”王士祯认为传世书迹不可太多，有求书者，其一般让弟子代为，只有几个好友索书，才亲笔为之。其手迹多藏之或毁而弃之，不留于世。

姚伯右画梅[①]

姚翼字伯右[②]，工画梅，又取钟山梅瓣粘于便面，以笔添枝干其上，极有生韵，时号姚梅，人多效为之。渠丘张杞园（贞）孔目仿作甚工[③]。

①姚伯右画梅：选自清王士祯《香祖笔记》。题目为译者所加。②姚翼：又叫“姚若翼”，清江苏江宁（今南京）人，字伯右，号寒玉，明代画梅名家姚履后裔。工诗，不多作，而词意隽美。擅长画墨笔梅花，在家传技法的基础上，有所变化。所画梅花，纵横曲折，疏密大小，意匠经营，绝不重复，说明他对于梅花的真实形态，有极深刻的体会。人们称为“姚梅”。秦祖永看到他许多小幅，认为“笔情潇洒，逸韵动人”，在墨梅的技术方面，有独特的风格。③渠丘：春秋莒地。在山东安丘县南一里许。孔目：为明清两代翰林院的低级办事员，属文案之类。

姚翼字伯右，擅长画梅花，同时还拿钟山上的梅瓣粘贴在扇子上，用笔添画上枝干，极其生动有趣，当时人叫作“姚梅”，许多人都模仿着做。渠丘的张杞园模仿得最像。

张瑶星题画[1]

张瑶星题程青谿侍郎（正揆）画云：“唐六如画学周东村，不啻过之，只为胸中多数百卷书耳。”予评陈户部子文（奕禧）书品，亦如此。

①张瑶星题画：选自清王士祯《香祖笔记》。题目为译者所加。

张瑶星为程青谿侍郎（正揆）的画写题记，说：“唐六如的画是学周东村的，不只是超过了东村，就是因为比东村多读了数百卷书呢。”我评陈户部子文（奕禧）的书法，也这样说。

诗文书画，皆以人重[1]

予尝谓诗文书画，皆以人重，苏、黄遗墨，流传至今者，一字兼金；章惇、京、卞，岂不工书，后人粪土视之，一钱不值，所谓三代之直道也[2]。永叔有言，古之人率皆能书，独其人之贤者传遂远，使颜鲁公书虽不工，后世见者必宝之。非独书也，诗文之属，莫不皆然。

①诗文书画，皆以人重：选自清王士祯《香祖笔记》。题目为译者所加。②直道：正直之道。

我曾经说过，诗文书画，都是因作者是谁才值得重视与否的，苏轼、黄庭坚留下来的书画，流传到今天的，一字价值千金；章惇、蔡京、蔡卞，字写得不是不好，后来人却把它当作粪土一样看待，一文不值，这是自古以来的硬道理。欧阳修说过，从前的人大都能写得一手好字，只有那些为人正派的人才流芳百世，假如颜鲁公书法不好，后人见了也一定会如获至宝。不光是字是如此，诗文之类莫不如此。

特健药[①]

《辍耕录》言[②]："或题画曰特健药，不喻其义。"予因思昔人如秦少游观《辋川图》而愈疾，而黄大痴、曹云西、沈石田、文衡山辈皆工画，皆享大年，人谓是烟云供养，则特健药之名，不亦宜乎。

①特健药：选自清王士祯《香祖笔记》。题目为译者所加。②《辍耕录》：明陶宗仪撰。三十卷。宗仪，浙江天台人，故载元末江浙事详。间附书画文艺考证，亦以精当著称。

《辍耕录》说："有人说画是'特健药'，不知道是什么意思。"我因此就想到前辈如秦少游观看《辋川图》而病愈，还有黄大痴、曹云西、沈石田、文衡山这些人都善画，皆享有高寿，人们分析说这是由于“烟云供养”，这样看来，特健药的名称不是也很适当吗？

徐　照

徐照，当是清人，生平不详。

徐瘦生[①]

吾里徐瘦生茂才照[②]，工书，喜为诗。家贫，授徒自给。中年后，绝意进取，课读之暇，兀坐高吟，怡然自得。尝题联斋壁云：“志不求荣，满架图书成小隐；身难近俗，一夜风月伴孤吟。”诗稿甚富，殁后皆散佚无存。

①徐瘦生：选自清陆以湉《冷庐杂识》。②吾里：陆以湉，浙江桐乡人。故“吾里”即指桐乡。

桐乡人徐瘦生秀才（照），擅长书法，喜欢作诗。家境贫苦，靠教书生活。中年以后，无意于科考，课读之余，独坐吟诗，自得其乐。曾经在书房的墙壁上写了一副对联：“志不求荣，满架图书成小隐；身难近俗，一夜风月伴孤吟。”诗作很多，死后全都散佚。

黄协埙

黄协埙，清人，生平不详。

图章[1]

凡日用图章，总以稳切新颖为妙。唐六如之“江南第一风流才子”，袁子才之“钱塘苏小是乡亲”，佳话千秋，后人无敢学步。兴化郑板桥未第时，薄游扬州，人无识者，既贵复来，则持金帛乞书画者，户外屦恒满，因自镌一印曰：“二十年前旧板桥[2]”。昆山徐朗斋尝应试白下，夜宿妓家，三场不到，及阅落卷，则首二场，主司已拟中元[3]。因刻图章曰：“下第江南第一人”。此皆游戏之中，寓感愤之意者也。近见王瘦石所用，为“天壤王郎”，又李君某所用，为“短李”，则切其姓也。予曾有一印曰：“我是个多愁多病身”。语虽不伦，然于近时景况，颇为切合。（徐某参加的是乡试，就是考举人，第一名称解元。从图章上的文字观察，估计应该是内定为解元。）

①图章：选自清黄协埙《锄经书舍零墨》。②二十年前旧板桥：清王士祯《香祖笔记》卷五：“《丹铅录》云：‘《丽情集》载湖州

妓周德华者，刘采春女也，唱刘梦得《柳枝词》云云。此诗甚佳，而刘集不载。’余按此乃白乐天诗，诗本六句，非绝句，题乃《板桥》，非《柳枝》。盖唐乐部所歌，多剪裁四句歌之……白诗云‘梁苑城西三十里，一渠春水柳千条。若为此路今重过，二十年前旧板桥。曾与美人桥上别，更无消息到今朝。’板桥在今汴梁城西三十里中牟之东，唐人小说载板桥三娘子事即此，与谢玄晖之新林浦板桥异地而同名也。升庵博极群书，岂未睹《长庆集》者，而亦有此误耶？”③中元：朝廷科举考试，乡试、会试、殿试都是第一名，叫三元，即解元、会元、状元。明时又以殿试的前三名为三中。

凡是日常用的图章，都以贴切新奇为好。唐六如的“江南第一风流才子”，袁子才的“钱塘苏小是乡亲”，佳话流传，后人不敢仿效。兴化县的郑板桥未考取进士时，到扬州旅游，无人认识，做了官后再来，就有人拿了金钱纸张前来请他写字画画，门庭若市，于是就刻了枚印章叫“二十年前旧板桥”。昆山的徐郎斋在南京参加考试，夜里宿在青楼上，第三场未曾赶到，等落榜看到自己的答卷，原来主考官是想定他为第一名的。于是就刻了枚图章曰：“下第江南第一人”。这些都是寓感愤于游戏之作的。近来看到王瘦石所用的“天壤王郎”，还有李君某所用的是“短李”，都是切合姓氏的。我曾经刻过一枚印章是：“我是个多愁多病身”。话虽有点不伦不类，但是对照近来的状况，也很适合。

张　敔

张敔（1734—1803），字虎人，又字茝园，一作芷图。号雪鸿，又号木者，晚年号止止道人。清安徽桐城人，家居江苏江宁（今南京）。乾隆二十七年（1762）举人，官房山（今属北京）知县。资质聪敏，性情豪迈，富有文艺天才，工诗文书画，通音律歌曲，能刻印章。书法擅长篆、隶、飞白各体，画则山水、人物、花鸟、虫鱼，或白描、或设色，都十分精彩。好饮酒听歌，酒酣兴发，继笔挥洒，墨汁淋漓，顷刻成十数幅。中年后，不为陈规旧矩所束缚。能画肖像画，曾画《杂剧》三十四幅。相传他能用左手、竹箸、指头等来作书和绘画，掌握着多种多样的技巧。

张氏三绝①

张雪鸿敔，原籍江南。游山东假商籍举乡试，为县令。工画，得之天性。幼从师读，顽跳，师以指点其额呵斥之，即窃绘为图，神情逼肖。长工花卉翎毛，生趣满纸。居济南，来游我淄，所遗墨迹甚多。性潇洒，遇权贵则意气亢傲。在京师友人处，有达官来，避入内室。达官见壁上悬雪鸿画，甚爱重，托主人代索，饵以重金。雪鸿闻之，大怒不应。为令时，藩宪面索其画，诺之，迟久不纳。一日，入省谒见，藩宪曰："公画如此难求？"作而曰："朝廷令职来作官，不命职来作画。"上官唯唯谢焉。后以冒籍罢官。画荷花十二幅，兴思不属。奴子磨墨满巨缸，命以履投其中，任意涂纸，横斜狼藉，浓淡不一。乃就墨渖点染，俯仰偏侧，舒卷尽致。杂以花实，缀以蒲菰，有若天然，自谓生平得意之笔。盖极力摹拟，终属人为，此则有因物付物，不以心稽之录，非深于画理者不知，非深于文字禅者亦不知也[②]。又善双钩字，笔意纵横曲折，极其飞舞，胸有成字，走笔摄取，文与可所谓兔起鹘落，稍纵即逝者。弟兄三人：敫工文，敉善书，敔妙于画，称为三绝。

①张氏三绝：选自清王培荀《乡园忆旧录》。题目为译者所加。

②文字禅：以诗文参悟禅理。

张雪鸿，名敔，原籍在江南。到山东后借用历城的户籍考中了举人，因此做了县官。擅长绘画，天生有这种爱好。小时候跟老师读书，一味的顽皮捣乱，老师指着他的额角责骂他，就偷偷地画了一张画，维妙维肖。长大后善于画花卉鸟兽，生趣盎然。先是住在济南，后来到了淄州，所以留下来的作品很多。性格洒脱，遇到权贵就志高气扬。在北京朋友家里，有达官前来，他就避入内室。达官看到壁上挂着雪鸿的画，十分喜欢，托主人代为索取，说愿支付高价。雪鸿听了，大怒不肯答应。做县官时，藩台当面向他要画，答应着，却迟迟不画。有一天，上省城拜见藩台，藩台说："你的画如此难求？"雪鸿恼火说："朝廷叫我来做官，不是叫我来画画。"藩台也只能支支吾吾表示抱歉。后来因为冒籍的事罢了官。曾画荷花十二幅，由于思想不能集中，仆人磨好了一大缸墨，就叫将鞋子丢在里面，随便涂抹，直的横的，很不整齐，浓的淡的，也不统一。然后就着墨汁加以修改，高的低的，展示得十分到位。中间夹杂着花朵，添上了蒲菰，好像真的一样，自以为是生平最得意的作品。因为用力模仿，到底是人为的东西，这画却是从天然到天然，不受心的约束，这是非对画有很深造诣的人不知道，非能以诗文参悟禅理的人也不明白。还善作双钩字，笔势纵横曲折，轻松自如，胸有成字，走笔而成，文与可所谓兔起鹘落，稍纵即逝就是指此而言啊。弟兄三人，敭擅长作文，敉擅长书法，敔擅长绘画，时人称为三绝。

潘祖荫

潘祖荫，清潘曾绶子，字伯寅，号郑盦。幼好学，涉猎百家。喜收藏，储金石甚富。咸丰进士。官至工部尚书。好士重贤而性坦率，治事勤，日寅而起，至官署恒在人先。舆马甚俭，同僚笑之，弗计也。卒谥文勤。有滂喜斋《功顺堂丛书》。

潘文勤收藏金石[1]

江苏潘文勤公，收藏金石甚多，屋五楹充牣其中[2]。殁后，人有欲售之者，夫人曰："先大夫一生所爱护，手泽摩挲，不忍使之散佚也。"噫！夫人可谓贤矣。

①潘文勤收藏金石：选自清继昌《行素斋杂记》。题目为译者所加。金石：金指钟鼎之属，石指碑碣之属。②牣：盈满。牣通"韧"。

江苏潘祖荫，收藏着大量的金石古董，满满的堆积了五大间屋子。去世后，有人想要变卖这些古董，潘夫人说："先夫一生所爱的就是这些古董，亲手把玩爱不释手，我不忍心让它散佚！"啊呀，夫人真可以说是贤慧了！

嵇　璜

嵇璜，字尚佐，一字黼庭，晚号拙修。清嵇曾筠子，雍正间以大臣子弟一体会试，登进士。乾隆间历任南河、东河道总督。兼兵部尚书。莅任后，裁壩夫，裁堤柳，除垫崖、贴坡诸弊，官至文渊阁大学士。卒谥文恭。

嵇文恭逸事[1]

钱氏《纪事稿》，尝因东皋书扇，记及嵇文恭逸事云："嵇公与和珅同在政府[2]，一日乞书楹帖。公受其纸，归，乃召翰林甲乙数人者饮于堂。童子彭寿请曰："研墨已得矣。"公叱之曰："吾方有客，尔何言。"客请其故而曰："吾侪正乐观公之用笔以为法也。"公遂对客书之，甫半而彭寿覆其墨。公起诟让之，客为请乃已。明日，谢珅曰："徒败公佳纸。"盖彭寿覆墨，公所教也。甲乙数人，皆珅门下士，使亲见之言于珅，以为信也。

①嵇文恭逸事：选自清陈康祺《郎潜纪闻三笔》。题目为译者所加。②政府：唐宋时称宰相治理政务的处所为政府。

钱氏在《纪事稿》里，曾经因为东皋画扇面的事，附带写到嵇文恭轶事说：嵇公与和珅同在政府。有一天，和珅请嵇公写副对联，嵇公收下了他的纸，回到家里，就召集翰林甲乙几个人在厅堂上饮酒。书童彭寿催促道："墨已经磨好了。"嵇公呵叱道："我正好有客人在，你唠叨什么！"客人问明情况后说："我们正想从嵇公秉笔写字中学到一些方法呢。"嵇公就当着客人的面写起字来。刚写到一半，彭寿却把墨缸打翻了。嵇公站起身来责备彭寿，幸亏有客人劝解才罢休。第二天，嵇公向和珅道歉，说："白白地糟塌了您的好纸了。"

原来彭寿打翻墨缸，是嵇公预先教他这样做的。而甲乙几个人，都是和珅的门下客，嵇公是要让他们以亲眼目睹的事去告诉和珅，使和珅信以为真。

郑士芳

郑士芳，字兰坡，号柳泉，一作柳田。清山东历城（今济南）人。少年时家境十分贫乏，入乡塾读书，父死，即无力继续。改学画，恃以为生。所画山水，笔意超逸。曾为陈鸿寿作《水西感旧图》，为阮元所称赞。又善画花卉，求他作画的人很多，纸绢经常堆集，不能清偿，桂馥因写“逋画轩”的匾额赠送给他。子谟，字小痴，得家传，亦能画山水。

郑柳田①

郑柳田，历城人，忘其名。幼贫无恒业，买市中观音像临摹，鬻以自给。张雪鸿见之，喜其笔意越俗，招之学画，遂以画名。山水苍郁，兼工白描人物，晚年声价益重。尝见其《铸错图》，引笔如铁线，一伟丈夫执错审颇，英气勃勃。为高子固白摹写照，取其意不取形似也。又为高杏江写乞儿，执瓢兀立，衣服蓝缕，而意态杰傲，则老笔纵横矣。其子号小痴，亦工画，而气韵生动不逮乃父。

①郑柳田：选自清王培荀《乡园忆旧录》。

郑柳田，山东济南人，忘记了他的名字。幼年贫穷，无固定职业，从街上买来了一幅观音大士像，临摹了卖钱生活。张雪鸿看到了，觉得他的画与众不同，就招他为徒弟，就这样出了名。他能画山水风景，还能白描人物，晚年声誉更高。我曾见过他的一幅《铸错图》，线条细得像铁丝：一个壮汉拿着错刀在审视有无偏颇之处，一付英气勃勃的姿态。他替高子固画过一幅肖像，是画其神而不是画其形。又替高杏江画过一幅乞儿图：乞儿手执瓢站在一旁，衣衫褴褛，而态度杰傲。此图显示出他的笔力老练到挥洒自如的地步。他的儿子别号小痴，也擅长绘画，不过在气韵生动上不及乃父。

叶金书

叶金书，字素庵。清浙江仁和（今杭州）人。道光年间举人。工诗文，善画花卉，尤长墨梅。家贫，在北京以卖文为生，惜中年而殁。

叶素庵[1]

仁和叶素庵孝廉金书，才华富赡，工书画，善吟咏。家贫，鬻文京师以养亲。中年殂谢，士林惜之。尝赠余扇头墨梅，题诗一绝云："风雪漫天腊正残，一枝素萼独凌寒。拈毫写出清癯骨，未许人间俗眼看。"今已为友人携去，每诵遗什，辄为惘然。

①叶素庵：选自清陆以湉《冷庐杂识》。

杭州叶素庵举人，极具知识才华，擅长书画，善于作诗填词。家境贫困，在北京以卖文所得奉养双亲。中年谢世，朋友们十分惋惜。他曾经送过我一把扇子，画上墨梅，还题绝句一首："风雪漫天腊正残，一枝素萼独凌寒。拈毫写出清癯骨，未许人间俗眼看。"如今被一个朋友拿去，每次念到故人的这首诗，常有一种失落感。

陈嘉乐

陈嘉乐，字子显，号东原。清山东历城（今济南）人。擅长画山水，学王原祁。朱文震仿吴伟业《画中九友歌》作《画中十哲歌》，道及陈氏的诗句为“陈生市隐同卖浆，鹊华山色归湖乡”。据诗意，陈氏当系经营商业者。

用笔老横，力破边幅[①]

历城陈嘉乐，乾隆间以画名，皇九子从之学画。见其所画屏帏，用笔老横，力破边幅，非时下描头画角、规规于死格局者。殁后，其子食贫，萧然自得。皇九子嘱山东巡抚求其旧画，抚军使首县某往问。吾淄高君薰谋与之善，至其家，问令来何事，语之故，且云已辞却。高君曰：“吾见所存尚有，何不献之？可得厚赠。”勃然曰：“先人手泽，方欲收买以归，何云献耶？”是时，缾告米罄，尚未举火。

①用笔老横，力破边幅：选自清王培荀《乡园忆旧录》。题目为译者所加。

济南人陈嘉乐，是乾隆年间的著名画家，皇九子曾经向他学画。看他所画的屏风之类，用笔老辣，有力破边框之势，不是如今描头画角、墨守陈规的人可比。死后，他的儿子过着饥寒的生活，但依旧自得其乐。皇九子嘱咐山东巡抚收购他的绘画，巡抚叫首县的县令具体办这件事。我们淄川的高薰谋君与其子友善，到了他家，问县令来有什么事。其子把情况说明，并且说：“我已经回复掉了。”高君说：“我看见你这里还有保存的，为什么不献出去？可以得到优厚报酬的啊。”其子突然发怒道：“先人的遗物，正想收藏还来不及，说什么献不献的！”而这时，他家里的米桶已经空空，连饭也没法煮呢。

某　生

某生，当是清代人，生平不详。

《举案齐眉图》①

有某生女及笄，不置一物。其人善画，止作《举案齐眉图》一幅②，题诗于上云：“婚姻几见斗奢华，金屋银屏众漫夸。转眼十年人事变，妆奁卖与别人家。”手携其女以适其夫。噫！如诗所云，吾眼见多矣。大抵天道恶盈，银屏金屋，何如裙布钗荆？《齐眉》一画，足当百万妆钱矣。

①《举案齐眉图》：选自清金埴《不下带编》。题目为译者所加。②举案齐眉：案，即椀、盘；或谓指盛食品的托盘。旧时用以形容夫妻相敬如宾。

有个人的女儿到了要出嫁的时候，没有妆奁。此人善画，只画了一幅《举案齐眉图》作为陪嫁，还在图上题了一首诗："婚姻几见斗奢华，金屋银屏众漫夸。转眼十年人事变，妆奁卖与别人家。"牵着女儿的手去到夫家。唉！像诗中所说的那种情况，我见得多了。大概天意讨厌富贵，银屏金屋的豪华生活，怎比得上裙布荆钗的平凡日子？一幅《举案齐眉图》，足可以抵得上百万嫁妆钱了！

赵香海

赵香海，当是清代人，生平不详。

赵氏余风[①]

博山赵香海，秋谷之族子也[②]。画山水擅名，笔力苍劲，气局宏深，如处洪荒之世，山石草木，迥非人境。偶写水，则波涛回旋激宕，似有雷霆之声。于诗品中，可云积健为雄。世间观画者多喜细润，此派遂少赏识。子睢，山水变而苍润蓊蔚，多墨少笔。赵氏自清沚、秋谷两先生后，多习诗画，渐染余风。某族某游金、焦两山，归而绘为横幅，风帆往来，大江中两点青螺，一高秀，一横卧嵚崎[③]。吾尝谓南方江中有金、焦，吾东陆地有鹊、华，可称鲁、卫。

①赵氏余风：选自清王培荀《乡园忆旧录》。题目为译者所加。

②秋谷：赵执信，字伸符，号秋谷。晚号饴山老人。清益都人。康熙

进士，官右赞善。以国恤时燕饮观《长生殿》剧，违制去官，年未三十。工诗，以思路劖刻为主。卒年八十有三，所著曰《因园集》《饴山文集》。③嵚崎：高峻貌。

博山人赵香海，是赵执信同族兄弟之子。以画山水出名，笔力苍老有力，气度格局恢宏，如身处洪荒时代，山石草木，都不是人世间所有。偶尔画水，波浪洄旋激荡，仿佛还有雷暴的声音。在诗品中，可以说是最雄伟矫健的。世人看画大多喜欢细腻滋润，像香海这样的作品就很难得到赏识。他儿子赵睢画的山水就变得苍润蓬勃，墨多笔少了。赵氏从清沚、秋谷两位先生之后，大多学习诗画，接受了前辈风气。某个同族的人游玩金、焦二山，回来后画了幅横披，船只往来，大江中两粒青螺，一个高峻秀丽，一个横卧嵚崎。我曾说南方江中有金、焦二山，我们山东陆地上有鹊、华二山，可以说是乃兄乃弟了。

铁　保

铁保（1752—1824），栋鄂氏，字冶亭，又字铁卿，号梅庵。清满洲正黄旗人。乾隆三十七年（1772）进士，官至两江总督、吏部尚书。工行楷书，得晋唐人笔意，与翁方纲、成亲王（永瑆）、刘墉被称为“翁铁成刘”四大家。有时画梅花，以书法笔势勾写，

疏秀可观。又工吟咏。所刻《惟清斋帖》，
艺林宝之。有《惟清斋全集》《白山诗介》
《淮上题襟集》。

师弟合作[①]

川东道嵩舆九先生龄，善书，著有笔记，人称“简古”。先娶长中堂女，继娶铁制府冶亭（保）之女。二公先后官山东巡抚。铁制府以书名，诗亦专门，家学渐染，舆九先生夫人亦精翰墨。先生游济南，居甥馆[②]，明湖、趵突之胜，屐齿所经，言之历历。冶亭制府官山东，时在辛酉、壬戌间。门下士九省主考、七省学院，一时称盛。山东学史刘金门夫子[③]，亦制府门生也。师弟同游明湖，共成一联云：“四面荷花三面柳，一城山色半城湖。”不可移置他处，制府书之，刻石以志。舆九先生观察东川，荀两为属吏。子慧成，号裕庭，丙申进士，总督南河。先生今告退矣。

①师弟合作：选自清王培荀《听雨楼随笔》。题目为译者所加。②甥馆：女婿的居处。③刘金门：刘凤诰，清萍乡人，字承牧，号金门。乾隆进士。官至吏部右侍郎，降编修。著有《存悔斋集》。

川东道嵩舆九先生名龄，擅长书法，著有笔记，人称“简古”，先娶长中堂的女儿，后娶铁制府冶亭（保）的女儿。长中堂和冶亭制府先后任山东巡抚。铁制府以书法出名，诗也专长，受了家庭的影响，舆九先生的夫人也精通翰墨。先生游济南，住在婿家，大明湖、趵突泉这些名胜古迹，不仅到过，还说起来头头是道。冶亭制府之任山东巡抚，时间在辛酉、壬戌（1801、1802）之间。他的门生有九人是省主考、七人掌省学政，当时没人比得上他的荣耀。山东学史刘金门先生，也是冶亭制府的学生。师弟同游大明湖，二人合作做了一副对联云："四面荷花三面柳，一城山色半城湖。"确切得无法移用别处，冶亭制府写下来，还刻在碑上，作为留念。舆九先生观察川东时，我两度是他属下。公子慧成，别号裕庭，丙申年进士，曾任江南河道总督。舆九先生现在也已经告老了。

张　庚

张庚（1685—1760），原名焘，字浦三，又字浦山，别号瓜田逸史、白苧村桑者、弥伽居士。清浙江秀水（今嘉兴）人。幼年孤贫，母金氏为人缝制衣裳，抚养成立。雍正十三年（1735），荐应博学鸿词科试。与钱陈群家为近亲。少时与钱维城、钱载等均从陈群母陈书学习绘画。又工诗文。所画山水，追摹董源、巨然、黄公望诸家笔意，气韵沉郁丰蔚，深得用笔之法。又善用白描法画工细人物。此外，他的写意花卉，近似陈淳。著有《国朝画征录》。

《画征录》[①]

张浦山《画征录》，载山东善画者：胶州法黄石若真[②]，山水笔有奇趣。钟锷[③]，字一士，益都人。官至观察。画山水，宗王右丞。焦秉贞[④]，济宁人，钦天监五官正。人物位置，自远而近，由大而小，不爽毫发，盖西洋画法也。《御制耕织图》，秉贞奉诏作，村落风景，田家作苦，曲尽其致。镂版以赐臣僚。冷枚即焦秉贞弟子也，胶州人，尤工仕女。周之恒[⑤]，字月如，临清人。官江西参政，后移家江浦，工八分书。朱竹垞称之能诗善山水，曹侍郎《洁躬倦圃十二景》是其所图。之恒，侍郎门下士也。朱虚，字若虚，号介庵，别号梦栩道人，官肃州副使。工山水，有名。《图绘宝鉴续纂》云：钟锷，丘壑严整，位置得宜。朱虚，字介庵。曹州人。顺治十三年进士，官参政。善画山水，落笔萧疏，脱略蹊径[⑥]。

①《画征录》：选自清王培荀《乡园忆旧录》。题目为译者所加。②法黄石：法若真（1613—1696），字汉儒，号黄石，又号黄山，别号小珠山人。清山东胶州人。顺治三年（1646），康熙十八年（1679）两次应博学鸿词科考试，官安徽布政使。工诗，长于行草书，更善画山水。③钟锷：一作“谔”。字一士。山东益都人。明崇祯十六年（1643）进士，降清，官道员。画山水，师法王维，丘壑布置，严密精整。④焦秉贞：字尔正。清山东济宁人。通天文历算之学，康熙时官钦天监五官正。又因长于绘画人物及界画楼阁，被任命

为“内廷供奉”。⑤周之恒：字月如。清山东临清人。康熙时官江西参政，移居江浦。善写隶体字，能作诗，擅长画山水、人物小景。⑥脱略：轻漫，不拘。

张浦山的《画征录》，记载着山东的画家：胶州的法若真，号黄石，山水画风格奇特。钟锷，字一士，益都人，官至道员。他画山水，是学王维的。焦秉贞，济宁人，任钦天监五官正。画人物位置，自远而近，由大而小，不差分毫，这是学习西洋画的结果。那幅《御制耕织图》，是奉皇帝之命作的，画中的乡村风景，农民劳苦，表现得细致深刻。后来刻板印刷，赐给群臣。冷枚是秉贞的学生，胶州人，特别善于画美人。周子恒，字月如，临清人。初任江西参政，后来移居江浦，擅长作八分书。朱竹垞称赞他能诗善于画山水，曹侍郎的《洁躬倦圃十二景》，也是子恒所画。之恒系侍郎的属下。朱虚，字若虚，号介庵，别号梦栩道人，任肃州副使。善画山水，颇有声名。《图画宝鉴续纂》说：钟锷，丘壑严整，位置得宜。朱虚，字介庵，曹州人。顺治十三年（1656）进士，官至参政。善于画山水，落笔萧疏，不按常规。

张伴鹤

张伴鹤，清代人，生平不详。

张中发[1]

张伴鹤先生，少保张公至发兄。虽居朱门，而有高尚之志。以文酒自放，好擘窠大书[2]，醉后，或以衣衫濡墨，或以履投墨缸中，乘兴大书，淋漓奇伟，观者骇视。所题祠观匾额最多，及今暗败，或新之，辄无真气。余游济南，西郭僻巷中胜地曰黑龙潭。其左，潭水沉沉，渺然有江湖之趣。祠三楹，匾上四金字“蛟蟠狮蹲”，是先生笔迹。闻当日游此大醉，适剥石榴，即以皮蘸墨书此。

①张中发：选自清王培荀《乡园忆旧录》。②擘窠：指大字。原指篆刻印章时分格，以便匀排。后通称大字为擘窠书。

张伴鹤先生，是少保张至发的哥哥。虽然出身名门望族，却有清高的志向。喜欢作文饮酒，爱写擘窠大字，喝醉后，有时拿衣服蘸墨，或者将鞋子丢在墨缸中，趁着兴致涂抹一通，让看的人煞是惊奇。为祠堂庙宇题的匾额很多，到如今褪色破损，有的加以修缮，常常失去了原来的神气。我游济南，城西僻巷中有名胜叫黑龙潭，在它的左边，潭水黑沉沉的，渺渺茫茫的很有点到了大江大湖的趣味。祠堂三间，匾额上写着“蛟蟠狮蹲”四个金字，就是先生的手笔。听说他当时到此游玩，已经喝得大醉，刚好剥石榴，就拿石榴皮蘸着墨写了这块匾额。

历城杨姓

历城杨姓，清代人，生平不详。

杨兰[1]

历城杨姓，善画兰，人谓之杨兰，忘其名。于蒲台赵氏处见小幅仅三四叶，幽静娟妙，如有清芬袭人，斯真所谓春兰者。他人横披直抹，乱叶丛杂，花不胜数，所画皆蕙耳[2]，殊少空谷美人之致[3]。

①杨兰：选自清王培荀《乡园忆旧录》。②蕙：即蕙兰，简称蕙。兰的一种，与草兰相似而瘦，春暮开花，一茎开花八九朵，香次于兰。③空谷美人：比喻兰花。

历城有个姓杨的人，善于画兰花，人称为“杨兰”，倒把他的名字忘掉了。我在蒲台赵氏那里见到过一小幅画，只有三四瓣叶子，幽静美妙，好像有一股清香向人袭来，这真是所说的春兰啊。别人横披直抹，舌瓣丛杂，花朵无数，画的都是蕙罢了，很少有“空谷美人”的样子。

毕海生

毕海生，清代人，生平不详。

临关羽像[1]

吾邑毕海生，画山水秀润，亦未名家。见所临吴道子关侯像迥与众殊。像为骑马，马昂首迎面而来，风鬃雾鬣，蓬蓬勃勃。侯端坐提刀，神威凛然，只露半身。乃知古人布置自别。惜未见吴之真迹为何如也。济南北极庙后壁，旧传真武像为吴道子笔[2]，俗工墁而新之，真迹自此湮矣！

①临关羽像：选自清王培荀《乡园忆旧录》。题目为译者所加。②真武：传说中北方之神。玄武，本为北方七宿之神。七宿中虚危两宿，形似龟蛇，因称玄武。玄，龟；武，蛇。清讳“玄”字，因称真武。

我们县里有个叫毕海生的人，能画秀丽的山水画，不过没有成名。我曾见过他临摹的吴道子的关公像，跟普通的很不相同。画中的关公骑在马上，马仰起头迎面过来，蓬松的鬃毛在风中抖动，神气十足。关公端坐在马上，手执大刀，威严得很，画的只有半个身子。由此可以知道古人的命意布局与后人不同。可惜不曾见到吴道子的真迹。济南北极庙后面墙壁上画的，从前传说那个真武像就是吴道子的手笔，可惜经过拙劣的工匠的修缮，真迹从此就湮没了！

陈　书

陈书（1660—1736），字复庵，号上元弟子，晚年号南楼老人，钱纶光之妻，刑部侍郎陈群之母。清浙江秀水（今嘉兴）人。画山水、人物、花鸟、草虫，“笔力老健，风神简古”。翁鹤庵赞叹以为用笔类似陈淳，而遒逸过之。早年家贫，画观世音、关羽、吕洞宾等像以维持生活。次子界，侄孙元昌、维城，侄曾孙载，都接受她的传授，各有成就。秦祖永见到她的作品，称赞为“用笔用墨，深得古人三昧，颇无胭脂之习”。故宫博物院绘画馆曾展出她画的《桃竹八哥图》扇页，可供参考。

《南楼老人画册》①

禾中钱文端公母陈太夫人②，节艺双绝，鬻画养亲，世所称南楼老人也。文端既贵，尝以其画册十帧进呈御览，一帧画一鱼、一黑犬，一帧画一蜨未入花丛时，一帧画一虾、一蟹、一小鱼，一帧花篮，一帧大柏，一帧梅花仙女，一帧修篁茂林，一帧杨梅、枇杷、二桃，一帧喜雀，一帧萝蔔、白菜，皆清华名贵，秀溢人寰。每帧有其夫钱纶光廉江先生题诗二句。乾隆三十一年，高宗于每帧题七绝一首，并御题一跋于后，发还。文端公及其子侍郎汝诚，各作十诗恭和元韵，而侍郎详跋于后，以详庆幸。逮乾隆四十七年，文端父子皆没，高宗因阅钱选所画犬鸟③，偶忆陈太夫人原册，遣人至浙，取至京师，再呈乙览④，复御制七律一首，长跋一帧，仍归钱氏。

①《南楼老人画册》：选自清陈康祺《郎潜纪闻三笔》。题目为译者所加。②钱文端公：即钱陈群（1686—1774），浙江嘉兴人，字主敬，号香树，又号集斋。别号柘南居士。康熙六十年（1721）进士，官至刑部侍郎，谥文端。工诗能文。幼年得母陈书教导，亦能画花木，但不多作，因之不以画名。张廷济曾藏有他给卢见曾画的松树图轴。③钱选：清浙江余姚人，字咸三，号一青。工诗，不事雕琢，通俗易解。长于画，不拘一体，笔墨变化多趣。乾隆间，名重一时。④乙览：相传唐文宗曾对左右说："若不甲夜视事，乙夜观书，何以为人君耶？"见唐苏鄂《杜阳杂编》中。以后称皇帝阅览文书为乙览。

嘉兴钱陈群的母亲陈太夫人，德艺双绝，卖画养亲，世称南楼老人。陈群考中进士做官以后，曾将他母亲画的十幅画呈上给皇帝看，一幅画一条鱼、一只黑狗，一幅画一只蝴蝶在花旁飞舞，一幅画一只虾、一只蟹、一条小鱼，一幅画一只花篮，一幅画一棵大柏树，一幅画梅花仙女，一幅画密林修竹，一幅画杨梅、枇杷、两颗桃子，一幅画一只喜鹊，一幅画萝卜、白菜，全都清华高贵，世上少有。每幅画都有她丈夫纶光先生题的诗两句。乾隆三十一年（1766），乾隆皇帝在每幅画上题上七绝一首，并且御笔写一篇跋文在后边，发还给陈群。陈群及儿子汝诚，每人又做诗十首，敬和御诗原韵，而汝诚在末了还写了一篇后记，详细地说明了这件可喜可贺的事。到了乾隆四十七年（1782），陈群父子都已亡故，乾隆皇帝因为看了钱选画的犬鸟图，偶尔想起了陈太夫人的画册，派人到浙江来取去观看，又御笔写了七律一首，长跋一篇，仍旧发还给钱家。

王刺史

王刺史，清代人，生平不详

“王欧阳”①

滨州王刺史者②，中州老孝廉也。政治、文章，可称双美。尤工书法，专摩欧阳询而得其奥，人咸以“王欧阳”称之。案牍劳形，无暇握管，而求书者不绝，思一替人不可得。某科，奉调入帘③，荐卷多合典试之意。偶阅一卷，文不甚出色，字画笔笔欧阳，爱之甚，忘其有誊录也④；力荐，而中在本房之末⑤。草榜已定，专候揭晓。众房官闲聚一堂，各言所取之文，王公笑而不言。人问之，对曰：“诸公所取为人，老王所取为己。我取某号，书法逼真欧阳，与我无二。得此代笔门生，甚可喜也。”或诘之曰：“此生必公所素识者。”曰：“否！吾于卷中美其书法也。”诘之曰：“公所见者硃卷耶[6]？墨卷耶？”乃悟字为誊录笔，而悔荐中之误，思欲别取一卷，陈于主试。主试曰：“子爱字之佳，遂忘为誊录，荐而取之，亦生之先人积德所致。既定矣，勿庸更换。”比榜发，生入谒，始知省会大族一佳公子。次年，王致仕。生会试归，延居其宅，起居饮食，无不周备，并出赀复招昔之誊录者，同养于室，代公笔墨之劳，乐不可支。每谓人曰：“我今得享此福者，得力于‘欧阳’耳！”

①王欧阳：选自清王培荀《乡园忆旧录》。题目为译者所加。②滨州：五代周置。宋曰滨州勃海郡。金曰滨州。明属山东济南府。③帘：即帘官。宋以来科举制度，凡乡会试同考官名帘官。④誊录：自真宗祥符八年（1015）置誊录院，先是乡，会试考生试卷交由封印官糊名封卷。至仁宗时，为防止笔迹有弊，进一步规定试卷交誊录所用硃笔誊写，以誊本送交考官评阅。明、清乡会试皆沿宋制。⑤房：即房官。科举时代，乡会试的同考官分房批阅考卷，称房考官，简称房官。⑥硃卷：明、清科举制度，乡、会试卷考生用墨笔书写叫墨卷，然后再由专门誊录的人用硃笔誊写，不书姓名，只编号码，使阅卷者不能识认笔迹，谓之硃卷。

滨州的王刺史，是河南省的一个老孝廉。做官写文章都是好手。尤其擅长书法，专门模仿欧阳询的书体，而且获得了欧阳的奥妙，人都称他为“王欧阳”。公事繁忙，没时间握笔，而求他写字的人络绎不绝，想找个人代笔又找不到。某年科考，老王奉命调去做帘官。推荐的试卷大都是合乎主考官的心意的。偶然看到一份考卷，文章不怎么出色，字却写得笔笔都像欧阳，高兴之余，竟忘了有誊录这回事；于是竭力推荐，就取在本房之末。初榜已经定下来，只等揭晓。众房官休息时聚在一起闲聊，每个人谈到所取的人的文章，老王笑笑不说话。有人问他，他说："诸位所取是为别人，我取是为了我自己。我取某号，书法极像欧阳，与我没什么两样。我能得此人作为门生，是一桩极可喜的事。"有人问道："此生必定是你素来相识的。"说："不，我是从卷子中欣赏到他的书法。"又问："你所见的是硃卷呢？还是墨卷？"这时老王才想到誊录这回事，后悔推荐有失误，想要另取一卷，就向主考官说明情况。主考官说："你爱他字写得好，就忘记了有誊录这回事，如果真的取了，也是该生祖上积德所致。既然已经确定，不必再改变。"等到发榜，该生来拜谒老王，才知道是省城里一个大族的优秀子弟。第二年，老王退休离任，那个考生参加会试回来，就把老王请到家里，起居饮食，服侍得周周全全，并且出钱把当年的誊录者叫来，让他们同住一室，替老王代笔，使得老王乐不可支。老王每次对人说："我今天能享此清福，全靠'欧阳'啊！"

龙仲房

龙仲房，名骧，字仲房。清江西永新人。精通音律，更擅长绘画，以画牛著名。相传他经常跑到牛栏里，观察体验牛的种种生活形态，甚至匍伏在地上，摹仿牛的角斗、饮水、眠云、望月等不同姿势。由于他这样深入生活、刻苦钻研，因此能够把牛的体态和神情描写得惟妙惟肖。又曾于月夜观察梅花，有所领会，就伸纸濡墨，振笔挥洒，顷刻数幅，晚年遂又以梅驰名。

梅谱近在庭树间①

吾友龙仲房，闻雪湖有《梅谱》，游湖涉越而求之。至则雪湖死已久矣。询于吴人曰："雪湖画梅有谱，在乎？"吴人误听以为画眉也，对曰："然，有之。西湖李四娘画眉标新出异，为谱十种，三吴所共赏也。"仲房大喜，即往西湖寻访李四娘，沿门遍叩，三日不见。忽见湖上竹门自启，有妪出迎，曰："妾在是矣。"及入，问之。笑曰："妾乃官媒李四娘，有求媒者即与话媒，不知梅也。"仲房丧志归家。岁云暮矣，闷坐中庭。值庭梅初放，雪月交映，梅影在地。幽特拗崛，清白简傲，横斜倾侧之态，宛然如画。坐卧其下，忽跃起大呼，伸纸振笔，一挥数幅，曰："得之矣。"于是仲房之梅遂冠江右。

①梅谱近在庭树间：选自明贺子翼《水田居激书》。题目为译者所加。

我的朋友龙仲房，听说刘雪湖画梅花有本《梅谱》，就从西湖赶到绍兴去访求。他到了绍兴，刘雪湖已经去世好久了。他再向杭州人打听："刘雪湖画得一笔好梅花，可有《梅谱》留下来吗？"那个人听错了，只当他问的是关于描画眉毛的事呢！便回答说："不错，倒是有的。西湖李四娘画眉画得新奇出色，有《眉谱》十种，是浙江、江苏一带的人们都很欣赏的。"仲房高兴极了，就到西湖上来寻访李四娘。他沿街一家家地打听，好多天也没找到。只见湖边上一处竹篱笆门忽然打开，有个老奶奶出来接待，嘴里答应道："我就住在这里。"他进门询问《梅谱》，那老奶奶笑眯眯地说："我是官媒李四娘，谁要我给做媒，我就给他话媒，我不知道什么梅花呀。"仲房扫兴回家。残冬腊月到了，他闷闷不乐地坐在院子里，恰好院子里的梅树刚刚开花，雪花月色互相映照，梅花的影子落在地面上，幽雅奇特，枝丫拗曲，清白疏朗，横斜倾欹的姿态，活像是一幅画稿。仲房坐着躺着反复赏玩，忽然高兴地跳起身来大声呼叫。马上铺开纸张，挥动画笔，一口气画出了好几幅，还说："我找到《梅谱》了。"从此以后，仲房画的梅花就在江西一带数第一。

徐昭华

徐昭华，字伊璧。清浙江上虞人。喜植兰，因号兰痴。适诸暨骆氏。母商景徽，姨母商景兰俱工吟咏。昭华幼年濡染，遂能诗词，亦工书法。善画山水及花草，尤工画蝶。其师毛奇龄曾写《观昭华画幛诗》云："书传王逸少，画类管夫人。紫水和泥染，青山带露皴。蝶衣联绣褶，花片滴朱唇。阁上烟云晓，阶前草木春。"

画蝶诗[①]

始宁徐仲山女昭华，闺秀也，谒予为师，请试题。会昭华画蝶工甚，遂命题画蝶五绝，限东韵。昭华立成云："蛱蝶翻飞去，翩跹彩笔中。羞杀东园蝶，翾翾满绿丛[②]。"诵之，一座惊叹。

①画蝶诗：选自清毛奇龄《西河诗话》。题目为译者所加。②翾翾：飞翔。

上虞县徐仲山的女儿昭华，是一个有才有德的女子，拜我做老师，要我命题让她考一考。正好昭华是个画蝴蝶能手，我就用《题画蝶五绝》作为题目，限定东韵。昭华立即做成了，诗云："蛱蝶翻飞去，翩跹彩笔中。羞杀东园蝶，翾翾满绿丛。"把诗朗诵一遍，在座的人都惊讶赞叹。

王端淑

王端淑，字玉映，别号映然子。清山阴（今浙江绍兴）人。王思任（季重）之女，杭州丁肇圣之妻。博学，工诗文，善书画，特别擅长画花卉，结构疏落有致，用笔苍老秀润。思任非常喜爱，称“吾有八男不如一女”。清顺治帝听到她的声名，想仿效汉班昭入宫教授的故事，召她进宫。端淑推辞不就。

惭谢不已[①]

王端淑，字玉映，号映然，山阴人。思任女，聪颖绝伦，工诗善画，父亲怜特甚。尝曰：“吾有八男，不如一女。”后毛奇龄选《越中闺秀诗》，不及端淑，乃贻以诗云：“王嫱岂必无颜色，其奈毛君笔下何！”奇龄惭谢不已。顺治中，欲援曹大家故事[②]，延入禁中教后妃，映然力辞之。

①惭谢不已：选自清陶元藻《越画见闻》。题目为译者所加。②曹大家故事：曹大家，即班昭（约49—约120），东汉才女。一名姬，字惠班。扶风安陵（今陕西咸阳东北）人。班彪之女，班固之妹。班

固死时，所撰《汉书》的八表及《天文志》遗稿散乱，未完成。她奉命与马续共同续撰。《汉书》初出，读者多不通晓，她又教授马融等诵读。和帝时，常出入宫廷，担任皇后和妃嫔的教师。以其夫为曹世叔，被称为“曹大家”。著有《东征赋》《女诫》七篇等。

王端淑，字玉映，号映然，山阴人。她是王思任的女儿，聪明透顶，作诗画画都很擅长，父亲特别宠爱。思任曾经说过：“我有八个儿子，比不上一个女儿。”后来，毛奇龄编选《越中闺秀诗》，不曾把端淑的诗选进去，端淑就送了他一首诗，其中有这样两句：“王嫱岂必无颜色，其奈毛君笔下何！”毛奇龄感到惭愧，连连表示歉意。顺治年间（1644—1661），朝廷想要引用汉代班昭的故事，把端淑请到宫里去，教皇后妃嫔等读书，端淑竭力推辞。

画中人

画中人，明末人，生平不详。

小幅挂轴[①]

吴惠叔携一小幅挂轴，纸色似百年外物，云得之长椿寺市上，笔墨草略，半以淡墨扫烟霭，半作水纹，中惟一小舟，一女子坐篷下，一女子摇橹而已。右角浓墨写一诗曰：“沙鸥同住水云乡，不记荷花几度香。颇怪麻姑太多事[②]，犹知人世有沧桑。”款曰：“画中人自画并题。”无年月，无印记，或以为仙笔，然女仙手迹，人何自得之？或以为游女[③]，又不应作此世外语。疑是明末女冠[④]，避兵于渔庄蟹舍，自作此图，无旧人跋语[⑤]，亦难确信。惠叔索题，余无从着笔，置数日还之。惠叔殁于蜀中，此画不知今在否也。

①小幅挂轴：选自清纪昀《阅微草堂笔记》。题目为译者所加。②麻姑：中国古代神话中的女仙。葛洪《神仙传》说她为建昌人，修道牟州东南姑余山。东汉桓帝时应王方平之召，降于蔡经家，年十八九，能掷米成珠。自言曾见东海三次变为桑田，蓬莱之水也浅于旧时，或许又将变为平地。后世遂以“沧海桑田”比喻变化之巨大。诗意谓人居水云乡，不知岁月的过去。甚怪麻姑太多事，仍关心人世的变化。③游女：出游的女子。④女冠：女道士。⑤旧人：即“前人”。

吴惠叔拿来一小幅挂轴，从纸色看好像是百年前的东西，说是从长椿寺的集市上买来。笔墨粗糙简略，一半用淡墨画出烟雾，一半画作水的波纹，中间只有一条小船，有一个女子坐在船篷底下，一个女子摇着橹罢了。右边的角儿上用浓墨写着一首诗，诗云：“沙鸥同住水云乡，不记荷花几度香。颇怪麻姑太多事，犹知人世有沧桑。”署款是“画中人自画并题。”没有写上年月，没有盖上印章，有人以为是女仙的手笔，然而人又怎么能得到它呢？有人以为是出游的女子，但也不可能用这种超出尘世的语调。怀疑是明朝末年的女道士，为了躲避兵灾，住在渔庄蟹舍，就画了这幅画，不过没有前人的跋语，也未必靠得住。惠叔要我为它题一首诗，我也无从落笔，放了几天就还给他。惠叔死在四川，这幅画现在不知道还存在否？

张在辛

张在辛（1651—？），字卯君，又字兔公，号柏庭，又号子舆。清山东安丘人。康熙十一年（1672）贡生。精篆隶书，为郑簠弟子，兼长绘画。著有《隶法琐言》。

字岂可如此写[1]

初拜郑先生[2]，即命余执笔作字，才下得一笔，即曰："字岂可如此写。"因自就坐，取笔搦管，作御敌状，半日一画，每成一字必气喘数刻。始知前辈成名，原非偶然。

①字岂可如此写：选自清张在辛《隶法琐言》。题目为译者所加。②郑先生：即郑簠，字谷口，江宁人。精于医，工隶书。朱竹垞有诗记其事。

我第一次拜见郑先生，他就叫我拿笔写字，我刚写了一笔，他就说："字哪里能这样写。"就自己坐下来提笔写给我看，就像临阵对敌似的，半天工夫才写上一笔，每写一个字，必定气喘吁吁好一会。我这才明白老一辈人的成名成家都不是一朝一夕的事。

高凤翰

高凤翰（1683—1748），字西园，号南村，晚号南阜山人。清山东胶州人。其性情豪迈，才华横溢，工书法，善篆刻，能绘画，精鉴赏，好诗文。幼承家学，弱冠之年即临书不辍，有“笔陈横扫千人军”之誉。雍正三年（1725）赴京应贤良方正试，考列一等。先后任安徽歙县县尉、休宁县令、绩溪知县。乾隆二年（1737）因受卢见曾案牵连，遭谗罢官，流寓扬州。五十五岁时，右手偏痹，遂以左手作书画，更号“尚左生”“丁巳残人”“老痹”等。其书长于隶、草书。隶法宗汉人，草书飞动有趣。绘画长于山水、花卉，不拘法度，别具一格。与郑板桥、金冬心、高翔、李晴江、边寿民等书画名家结为挚友，常以诗文交往、诗文赠答。其书画风格，入扬州画派，作品与“扬州八怪”并称。亦喜好收藏，尤嗜砚，收藏千余方，并刻成《南阜研史》四册。清郑燮赠诗曰：“西园左笔寿门书，海内朋友索向余，短札长笺都去尽，老大赝作亦无

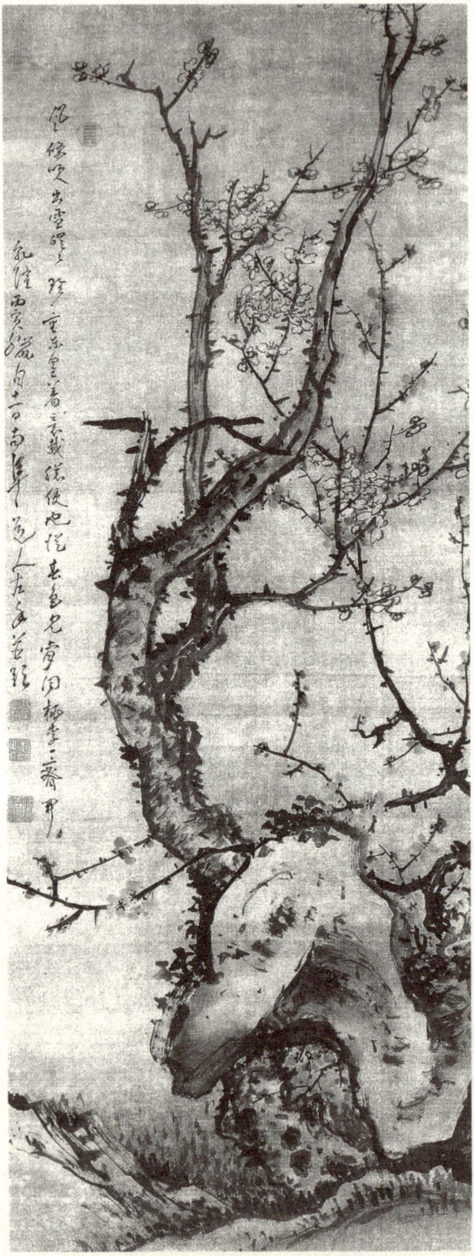

高凤翰《梅石图》

余。”著有《砚史》《南阜山人全集》等。

轶事[①]

高西园曾梦一客来谒，名刺为“司马相如”[②]，惊怪而寤，莫悟何祥。越数日，无意得司马相如一玉印，古泽斑驳，篆法精妙，真昆吾刀刻也[③]。恒佩之不去身，非至亲暱者不能一见。官盐场时，德州卢丈雅雨为两淮运使[④]，闻有是印，燕见时偶索观之。西园离席半跪，正色启曰：“凤翰一生结客，所有皆可与朋友共，其不可共者惟二物，此印及山妻也。”卢丈笑遣之曰：“谁夺尔物者，何痴乃尔耶？”西园画品极高，晚得末疾，右臂偏枯，乃以左臂挥毫，虽生硬倔强，乃弥有别趣。诗格亦脱洒，虽托迹微官，蹉跎以殁，在近时士大夫间，犹能追前辈风流也。

①轶事：选自清纪昀《阅微草堂笔记》。题目为译者所加。②司马相如：汉武帝时文人，以写赋出名。③昆吾刀：传说中刻玉的宝刀。④卢雅雨（1690—1768）：字抱孙，号澹园，又号雅雨山人。清德州人。康熙六十年（1721）进士，出知四川洪雅县。乾隆间，官至两淮盐运使。著有《雅雨堂诗文》及《塞外集》。

高西园曾经梦见有个客人来拜见，名片上写的是“司马相如”。他感到非常奇怪，梦就惊醒了，也不知道这预兆着什么？过了几天，无意中得到了司马相如的一颗玉印，古气斑驳，篆刻精巧，真的是用昆吾刀刊刻的。他常把它带在身边，除了极亲近的人难得一见。在盐场任职时，德州的卢老先生雅雨为两淮运使，听见高西园有这颗玉印，在一次酒宴上说要看一看，高西园连忙站起身来，半跪着认真地对卢老说；“凤翰一生结交朋友，只要有的，都可以与朋友共享，只有两样东西不能共享，就是这颗玉印和家里的贱内。”卢老先生一边把玉印还给高西园，一边笑着说：“谁夺你的东西来，竟紧张成这个样子？”西园的画风格极高，晚年患风瘫病，右臂动弹不得，就用左手作画，虽然生硬不听使唤，却别有一番意趣。写的诗也很潇洒，虽然寄身下僚，一世碌碌无为，但在近代的文人墨客中，也只有他还可以追踪古人的流风余韵。

笃于师友[①]

靳秋水，章丘人，善丹青，来吾邑学博高公署[②]。是时高公子西园年方童稚，亦学画，同榻卧起最久。晚年重逢，西园追感是游，置酒与饮，作长歌赠之，云：“荒村落日风萧骚，隔篱人语闻嘈嘈。苍茫起立问谁者，济南故人釁山樵。（此指长白釁堂岭，非淄之釁山）釁山樵客丹青手，半生老笔驱山走。有时得酒气尤豪，一泼寻常墨数斗。”形容秋水之画，并其意气写出。西园在济南，渔洋先生病，遗嘱命往新城拜画像，受赐书，时康熙辛卯也。西园遂称私淑门人[③]。元旦悬画像拜祭，见绕屋梅花有欲放者，怅然作诗，云：“半生画里见羹墙[④]，今夕炉添柏子香。万顷梅花香雪海，定知烟水梦渔洋。”西园性情豪迈，而平生笃于师友如此。

①笃于师友：选自清王培荀《乡园忆旧录》。②学博：清代对州县“学官”之别称。③私淑：未得身受其教而宗仰其人为私淑。④羹墙：《后汉书·李固传》：“昔尧殂之后，舜仰慕三年，坐则见尧于墙，食则睹尧于羹，斯所谓聿追来孝，不失臣子之节者。”后因以羹墙为思慕之词。

靳秋水，山东章丘人，擅长绘画，曾来我县学官高公的衙署居住。当时高公子西园还是个孩子，也学习绘画，与秋水同起同卧很长一段时间。晚年重逢，西园颇念旧情，备了酒与他同饮，还写了篇长诗送给他。诗云：“荒村落日风萧骚，隔篱人语闻嘈嘈。苍茫起立问谁者，济南故人鬣山樵。鬣山樵客丹青手，半生老笔驱山走。有时得酒气尤豪，一泼寻常墨数斗。”形容秋山的绘画，同时还把他的豪迈意气刻画殆尽。西园在济南，渔洋先生病重，遗嘱叫他到新城拜见画像，接受遗书，这是康熙辛卯（1711）那年的事。因此西园自称是渔洋先生的私淑弟子，有一年元旦挂起老师的画像来祭拜，见屋子四周的梅花含苞欲放，就悲伤地作诗道：“半生画里见羹墙，今夕炉添柏子香。万顷梅花香雪海，定知烟水梦渔洋。”西园秉性豪迈，而一生对于师友却是那么情深意厚。

李子隆

李子隆，字兰斋。清湖南芷江人。能画人物、山水、花鸟。喜好画李铁拐像，以此得名。

卖画[1]

李子隆，字兰斋，乾隆初之芷江人。耽笔墨，喜画拐仙，山水、翎毛犹其余事。家故贫，口不言钱。囊空，即洒墨数幅，命小童携至街头卖之。尝自诵唐伯虎诗云："闲来写幅丹青卖，不用人间作孽钱。"

①卖画：选自清徐珂《清稗类钞》。题目为译者所加。

李子隆，表字兰斋，乾隆初年湖南芷江县人。喜欢作画，尤其爱画八仙中的李铁拐，至于山水、禽鸟还是次要的本领。家境本来贫寒，可是嘴里从不提"钱"一字。手头拮据时，就作画几幅，叫书童拿到街上出售。平常喜欢朗诵唐伯虎的两句诗："闲来写幅丹青卖，不用人间作孽钱。"

周　璕

周璕（1649—1729），字昆来，号嵩山。清江苏江宁人，原籍河南商丘。善画人物、花草、龙马，以画龙最有名。为人性情豪迈，擅长武技。康熙时，与甘凤池等称为"侠客"。

张庚评论其画龙技法曰："烘染云雾，几至百遍，浅深远近，蒸蒸霭霭，殊是悦目。画龙以云胜得矣，但烘染太过，非大雅也。"其现存作品中《铁骝图》《墨龙图》藏南京博物馆。河南新乡博物馆亦藏其《墨龙图》大中堂一幅。

画龙[①]

周璕，字昆来，江宁人，善丹青。康熙时，以画龙著名，洗染云雾几至百遍。尝游武昌，以所画张于黄鹤楼，标其价曰银一百两。臬司某登楼见之[②]，赏玩不置，曰："诚须一百两。"昆来即卷而赠之，曰："某非必欲得百金也，聊以觇世眼耳。公能识之，是某之知己也，当为知己赠。"由是遂知名。

①画龙：选自清徐珂《清稗类钞》。题目为译者所加。②臬司：即"按察司"。清代属于各省总督、巡抚，为正三品官。清末改称提法使，简称臬司。

周璕，表字昆来，江苏江宁县人；擅长绘画。康熙年间，以画龙出名。他作画非常仔细认真，光渲染云雾几乎要达到一百次。他曾经旅游到武昌，把所画的一幅龙挂在黄鹤楼上，标价是白银一百两。有某提法使上楼来见了这幅画，喜欢得不忍放手，说："真的值一百两？"昆来当即把画卷起来送给他，说："我不是一定要得到一百两银子，只是想试一试世人的目光罢了。你能识得这幅画的好处，就是我的知己了，我应当向知己赠送这幅画。”从这以后，周昆来的绘画就被世人所瞩目。

郑 燮

郑燮（1693—1765），字克柔，号板桥。清江苏扬州兴化人。乾隆元年（1736）进士，官山东潍县等县知县。幼年家境贫寒，四岁丧母，由乳母费氏抚育。他认为“大丈夫”要“立功天地”“滋养生民”，要和“民间痛痒相关”，并且把农民列为“天地间第一等人”。潍县闹灾荒，擅自发仓粮平粜，赈济灾民，被罢职处分。郑板桥作为“扬州八怪”成员之一，常被人首选提到。他最擅长画兰竹，又工画石。张庚称赞说：“兰叶尤妙，焦墨挥毫，以草书中之中竖，长撇运之，多不乱，少不疏，脱尽时习，秀劲绝伦。”他的字，综合隶楷的笔意和体势，自称为“六分书”。蒋心余赠送他诗说：“板桥作字如写兰，波磔奇古形翩翩；板桥写兰如作字，秀叶疏花见姿致。”他作画虽然不肯为陈规旧矩所束缚，主张要独立创造，发挥自己的个性，但也并不是完全排斥优良传统，而凭空捏造。他曾说：

“郑所南（思肖）、陈古白（元素）两先生善画兰竹，燮未尝学之。徐文长（渭）、高且园（其佩）两先生不甚画兰竹，而燮时时学之弗辍，尽师其意，不在迹象间也。文长、且园才横而笔豪，而燮亦有倔强不驯之气，所以不谋而合。”还有，当时有位云南和尚白丁，到扬州画了些兰竹，笔意也很豪放，人们谣传郑板桥的画是学他的，板桥就说：“石涛和尚客吾扬州数十年，见其兰幅极多，亦极妙，学一半，撇一半，未尝全学，实不能全学，亦不必全学也。诗曰：十分学七要抛三，各自灵苗各自探，当面石涛还不学，何能万里学云南！”

二十年前旧板桥[①]

郑燮，字克柔，号板桥，清兴化人。进士，官知县。宰范时，有富家欲逐一贫婿，以千金为宰寿。燮收其女为义女，复潜蓄其婿在署中，及女入拜见，燮出金合卺[②]，令其挽车同归。时称盛德。后以报灾事忤大吏，罢归乡里。往来扬州，有“二十年前旧板桥”印章。与公唱和甚多。著有《板桥诗词钞》及《家书》《小唱》。工画竹，以八分书与楷书相杂[③]，自成一派。今山东潍县人多效其体。

①二十年前旧板桥：选自清李斗《扬州画舫录》。题目为译者所加。②合卺：旧时婚礼饮交杯酒。③八分书：汉字书体名，又称“八

郑燮《兰竹石图》

分”。字体似隶而体势多波磔。相传为秦时上谷人王次仲所造。

郑燮，表字克柔，别号板桥，江苏兴化县人。进士出身，曾任知县官。在范县任上，有富户想要赖婚（赶走穷女婿），用一笔巨款献给知县郑燮。郑燮把富户的女儿认作义女，一边又私下把富户的女婿藏在县衙内，等到义女拜见义父时，郑燮又拿出钱来为义女操办婚事，并且让新婚夫妇坐着车子同回故里。这件事很为当时人们所称颂。后来因为县里发生饥荒，郑燮为民请赈，得罪了上司，就丢职回家。他来往于兴化与扬州之间，他有颗闲章刻着“二十年前旧板桥”。与他一起吟诗作对的文人很多。著作有《板桥诗词钞》及《家书》《小唱》。擅长画竹，书法采取八分书与楷书相和合的办法，自成一格。现在山东潍县人还喜欢学习他这种写法。

画竹无师承[1]

余家有茅屋二间，南面种竹。夏日新篁初放，绿阴照人，置一小榻其中，甚凉适也。秋冬之际，取围屏骨子断去两头，横安以为窗棂，用匀薄洁白之纸糊之，风和日暖，冻蝇触窗纸上鼕鼕作小鼓声，于是一片竹影零乱，岂非天然图画乎？凡吾画竹，无所师承，多得于纸窗粉壁、日光月影中耳。

①画竹无师承：选自郑板桥《题画》竹柏第一则。题目为译者所加。

我家有茅草屋两间，南边种上竹子。夏天新竹刚长成，绿阴一片教人喜欢，放一张竹榻在那里乘凉，十分凉爽舒适。秋末冬初，拿一个围屏框子截掉两头，横放着当作窗架，用匀薄洁白的纸糊在它上头，风和日暖，快要冻僵的苍蝇撞在“窗纸”上发出鼕鼕的打鼓声；同时也映衬出竹影婆娑的景象，难道这不是天然图画吗？我每次画竹，不是由哪个师父传授，多数是从纸窗或粉壁、日光或月影中看来。

板桥自嘲诗[①]

兴化郑板桥明府燮[②]，少贫，尝为蒙师。既达，作诗自嘲云：“教馆原来是下流，傍人门户过春秋。半饥半饱清闲客，无锁无枷自在囚。课少父兄嫌懒惰，功多子弟结冤仇。而今幸作青云客[③]，遮却当年一半羞。”

①板桥自嘲诗：选自朱克敬《雨窗消意录》。题目为译者所加。②明府：汉魏以来对太守牧尹，皆称府君，或明府君，省称明府。后指县令。③青云客：世称进士登科为青云士。

兴化人郑板桥明府燮，年轻时很贫穷，曾经当过儿童的启蒙老师。中举以后，做了一首自嘲诗：“教馆原来是下流，傍人门户过春秋。半饥半饱清闲客，无锁无枷自在囚。课少父兄嫌懒惰，功多子弟结冤仇。而今幸作青云客，遮却当年一半羞。”

通率诡诞[1]

郑板桥大令通率诡诞[2]，书画多奇气，世咸以才人目之。读其集中家书数篇，语语真挚，肝肺槎牙[3]，跃然纸上，非骚人墨客比也。板桥少孤寒，赖乳母费抚养得活，值岁饥，费晨负入市，以一钱易饼置其手，始治他事。板桥既入官，有诗云："食禄千万钟，不如饼在手。平生所负恩，岂独一乳母。"令人不堪卒读。

①通率诡诞：选自清陈康祺《郎潜记闻初笔》。题目为译者所加。②大令：古时县官多称令。后以大令为对县官的敬称。通率：旷达坦率。③槎牙：错杂不齐貌。

郑板桥大令旷达坦率，无论作书绘画，多有奇特的构想，世人都把他作为才子看待。读他文集中的几篇家书，真是字字真挚，心里想的，都生动地写在纸上，不是一般的所谓文人墨客好比。板桥从小孤苦贫穷，全靠乳母费氏抚养长大，遇到饥荒年头，费氏一早背着他到街上去，用一文钱买一个饼给他拿在手里，然后再干别的活。板桥做了官以后，曾作诗道："食禄千万钟，不如饼在手。平生所负恩，岂独一乳母。"令人感动得没法读下去。

画必题诗[①]

先生工诗词，又喜画兰竹，画必题诗。醉后狂书，不衫不履，如醉仙步武，欹侧偏跛中自有超然出尘之致。世多仿之，如小儿把笔，不值一噱。尝画盆兰送孙峨山先生归里，兼题诗云："宿草栽培数十年，根深叶老倍鲜妍。而今归到山中去，满眼名葩是后贤。"确切不可移易。时雍正三年也。后十三年，复过德州，峨山年八十二矣。子十一人，孙、曾林立，并见五世孙。复出旧图索题，板桥走笔题云："载得盆兰返故乡，天家雨露郁苍苍。今朝满把兰牙茁，又喜山中气候长。"风流佳话，为吾乡添一故实。一日肩舆出门，群丐环跪；问何为，曰求赏画。即画《乞儿图》掷之。意态各殊，皆具生趣，丐欢跃拾去，易酒共饮。先生爱才士，惟恶富豪，见监生辄骂"驼钱驴"，[②]或足踏其冠。好乘骡，调帘入省[③]，以封条贴骡鞍，任诞多此类。而善于为政，岁饥，修城濬河，民得勿馁。告归扬州，四壁萧然，不废丝竹，作《扬州》诗云："千家养女先教曲，十里栽花当种田。"贫甚，潍士民敛金往馈。诗词家书，皆手书雕板。寄弟书，语语切要，有圣贤语，无语录气。世以狂目先生，不知先生者也。先生友，如吾东高凤翰，江南李鱓，皆同调。

①画必题诗：选自清王培荀《乡园忆旧录》。题目为译者所加。

②监生：明清入国子监就读者，统称监生。清代监生有恩监、荫监、

优监、例监之别。乾隆以后监生，多指由捐纳而得，并不入监就读。所以郑板燮骂为“驼钱驴”。③调帘入省：奉命调至省内当帘官。宋以来科举制度，凡乡会试同考官为名帘官；阅卷诸官名内帘，弥封收掌等官名外帘，皆不得出堂帘之外，统称帘官。

板桥先生擅长作诗填词，又善于画兰画竹，画又一定题上诗。酒喝醉后狂乱写字，不衫不履，好像醉仙走路，歪歪斜斜中却有不同凡俗的风姿。别人常常学着他，就像小孩子握笔，不值得一笑。曾经画一幅盆兰给退休回乡的孙峨山先生，还题诗云：“宿草栽培数十年，根深叶老倍鲜妍。而今归到山中去，满眼名葩是后贤。”真是确切得没法改动。当时是雍正三年（1725）。十三年后，再过德州，峨山已经八十三岁，儿子十一人，孙子、曾孙更是不少，还见到了第五代孙。峨山再拿出那张画来请板桥题诗，先生很快写道：“载得盆兰返故乡，天家雨露郁苍苍。今朝满地兰牙茁，又喜山中气候长。”这一文坛佳话，为我乡又增加了一件足以效法的故事。有一天先生坐轿子出门，许多乞丐围着他跪在地上；问这是为什么？答说：“请给我们一张图画。”先生立即画了张《乞儿图》丢给他们。图中的乞丐各个神态不一，极其生动有趣，乞丐们高兴地拾了去，卖钱换酒喝个痛快。先生爱惜读书人，只是厌恶那些有钱有势的富豪，见了监生就骂“驼钱驴”，有时用脚践踏他们的帽子。喜欢乘骡，有一次奉命入省任帘官，就拿封条贴骡鞍上，放纵任性大多如此。但是他善于做官，遇到饥荒，修葺城池，疏浚河道，使老百姓不致饿死。罢官回到扬州，虽然家徒四壁，却还是丝竹弹唱自得其乐，作《扬州》诗云：“千家养女先教曲，十里栽花当种田。”贫困之极，潍县的民众就募钱送给他。所作的诗词和家书，都亲自写了刻印成书。寄给弟弟的信，句句切要，有如出圣贤之口，无道学家的谰调。世人拿狂看先生，是不了解先生的缘故。先生的朋友，如我们山东的高凤翰，江苏的李复堂，都是同一风格的人。

自定润格[①]

大幅六两，中幅四两，小幅二两。书条对联一两，扇子斗方五钱。凡送礼物食物，总不如白银为妙。公之所送未必弟之所好也。送现银则中心喜乐，书画皆佳。礼物既属纠缠，赊欠尤为赖账。年老神倦，不能陪诸君子作无益语言也。“画竹多于买竹钱，纸高六尺价三千。任渠话旧道亲戚，只当秋风过耳边。”

①自定润格：选自清叶廷琯《鸥波渔话》。

大幅六两银子，中幅四两银子，小幅二两银子。写条幅对联一两银子，扇子斗方五钱银子。凡是送礼物食品，总不如白银来得佳妙。老兄送的，未必就是小弟要的。送现银我心中快乐，字画也写得好。礼物好比纠缠，赊欠等于赖账。老年人缺少精神，不能陪诸位多费口舌。“画竹多于买竹钱，纸高六尺价三千。任渠话旧道亲戚，只当秋风过耳边。”

印章[①]

印章以切为佳。钱塘袁简斋太史枚之“三十七岁致仕”，萧山汪龙庄大令辉祖之“双节母儿”，语最新确。他若兴化郑板桥大令燮之“康熙秀才雍正举人乾隆进士”，衍圣公孔庆镕之“九岁朝天子”，则自述其遭遇也。归安孙太史辰东之“其于人也，为寡发，为广颡，为多白眼”，则自道其形状也。钱塘陈云伯大令文述之“团扇诗人”，则以团扇诗受知于阮学使也。至如杨铁崖之“湖山风月福人之印”，唐六如之“江南第一风流才子”，魏叔子之“乾坤一布衣”，则尤显著于世，非此三人，要皆不能当也。

①印章：选自清陆以湉《冷庐杂识》。

印章要切合实际就好。钱塘袁枚的“三十七岁致仕”，萧山汪辉祖的“双节母儿”，话最清新确切。其他如郑板桥的“康熙秀才雍正举人乾隆进士”，孔庆镕的“九岁朝天子”，却是自叙他们的经历了。归安孙辰东的“其于人也，为寡发，为广颡，为多白眼”，却是自己介绍自己的状貌了。至于如杨铁崖的“湖山风月福人之印”，唐伯虎的“江南第一风流才子”，魏禧的“乾坤一布衣”，就尤其名闻天下了，除他们三人之外，谁都当不起这些称号。

梁同书

梁同书（1723—1815），字元颖，号山舟，晚号石翁，又称新吾长翁。清浙江钱塘（今杭州）人。乾隆壬申（1752）特赐进士。官至翰林院侍讲。天性好书，幼能作擘窠大字。书初学赵、颜、柳，中年取法米、苏。其倡导用羊毫笔，并长于大字，愈大愈佳，颇为苍劲，观者莫不称叹。书名远播域外，日本、朝鲜诸国，均以重金求其书法。当时与刘墉、翁方纲、王文治齐名，合称“清四家”。清钱林《文献征存录》说：“同书善鉴别前人手迹，过眼辄判其真伪，耄年能作蝇头楷书，精力过人。尝得元人贯酸斋书‘山舟’二字署其斋，杭人妇女、童子无不知山舟先生善书者。”清徐珂在《清稗类钞》中说：“山舟学士书法名播中外，论者谓刘文清朴而少姿；王梦楼艳而无骨；翁覃溪临摹三唐，面目仅存；汪时斋谨守家风，典型犹在；惟梁兼数人之长。”著有《频罗庵论书》《直语补正》《频罗庵书画跋》等。

频罗庵主[①]

释氏呼木瓜曰“频罗”。吾家堂前有一株，盖前代树也。山舟学士因自号频罗庵主。公性淡荣利，且自以鲠介不谐于俗，丁艰后，遂引疾不出。乾隆二十五年，孝圣宪皇后八旬万寿[②]，公入都祝厘，迎驾次，上顾见曰：“汝来乎？”公奏曰：“臣足疾未痊，祝圣母万寿后即回籍。”时太仆陈句山先生与公同列，退而诧谓公曰：“顷上方向用，何自退若是？”公曰：“实有足疾，何敢欺也。”时陈以恩重不得乞身，故送公之行，有句云：“莫怪老羸慵折柳，对君惭汗出如浆。”纪实也。五十五年，祝高庙八旬万寿[③]，有劝公必谒时相者。公毅然不顾，即日出都。

①频罗庵主：选自清梁绍壬《两般秋雨庵随笔》。②孝圣宪皇后：乾隆的母亲。③高庙：即乾隆帝。

佛教把木瓜叫作“频罗”。我家厅堂前面有一株，是前辈留下来的树。山舟学士因此就自称“频罗庵主”。学士生性澹泊，名利不太关心，而且一向正直不迁就俗情，父母亲去世后，就借病辞官隐居。乾隆二十五年（1760），孝圣宪皇后八十寿辰，学士进京去祝贺，在朝见皇帝时，皇帝见到学士就说：“你来了吗？”学士回答道：“臣足疾还未痊愈，祝圣母万寿后就回到老家去。”当时太仆陈句山先生与学士在一

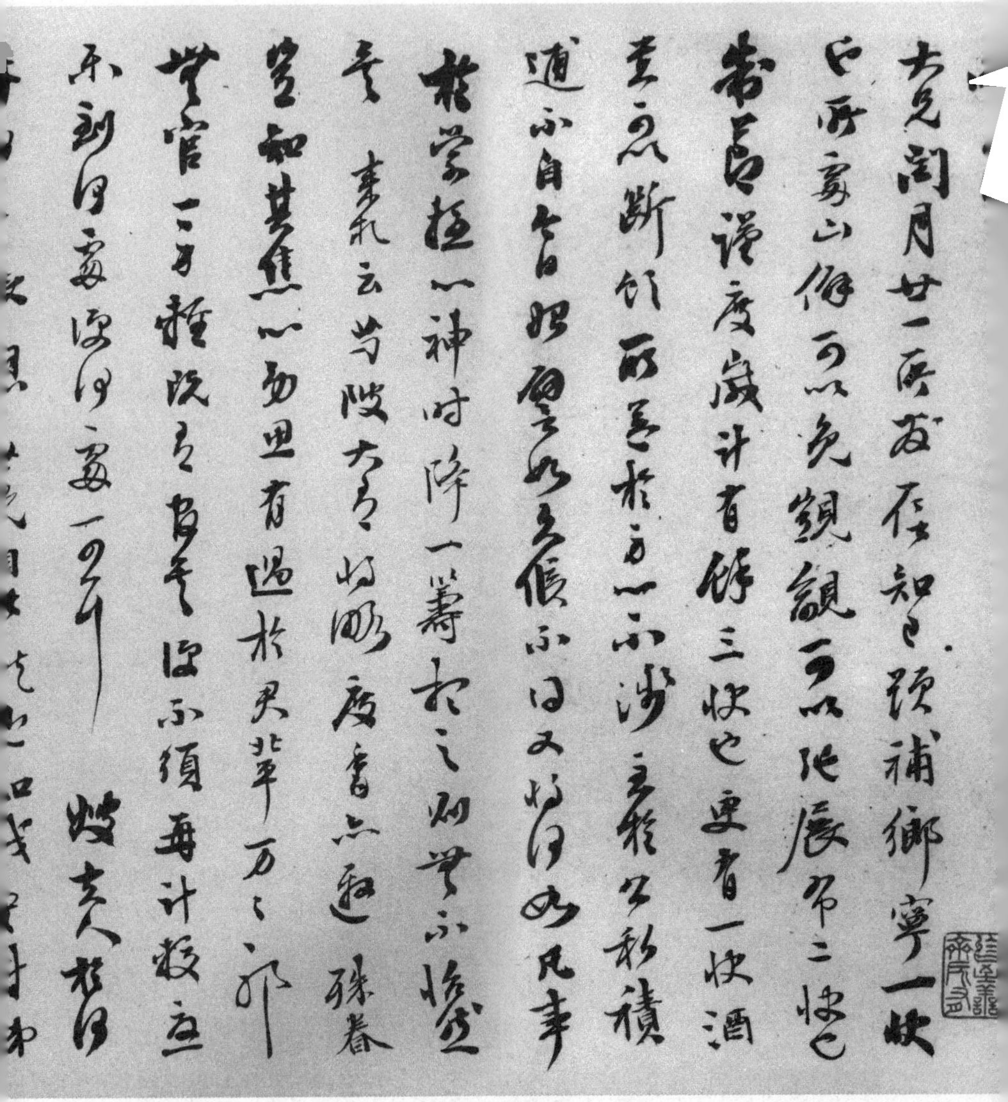

梁同书《致冶泉尺牍》

起，退朝后觉得奇怪问学士道："刚才皇上好像有重用你的意思，你何故就这样推却了？"学士说："我的确脚有病，怎么敢欺骗呢。"当时陈先生也有引退的意思，只因皇恩浩大不好启齿罢了。所以在送学士的诗中有这样两句云："莫怪老羸慵折柳，对君惭汗出如浆。"是纪实不是空话。乾隆五十五年（1790），祝贺皇帝八十寿辰，有人劝学士去拜见当时的宰相。学士坚决不听，当天就离京南下。

南梁北孔[①]

曲阜孔谷园先生（继涑），刻《玉虹楼鉴真帖》数十卷。先生之书，瓣香天瓶居士[②]。高庙东巡，临书以进。上熟视曰："好像张照。"同时梁文山明府巘亦学张书，故世有南梁北孔之目。今人以南梁为山舟学士，误矣。

①南梁北孔：选自清梁绍壬《两般秋雨庵随笔》。②瓣香：古以拈香一瓣，表示对他人的敬仰，称瓣香。

曲阜孔谷园先生（继涑），出版过《玉虹楼鉴真帖》几十卷。先生的书法，是学习天瓶居士张照的。乾隆皇帝巡视山东时，孔先生有字幅呈上。皇帝看了好久后说："很像张照的字体。"与此同时，安徽亳县的梁巘（字文山）也是学张照的，所以世人有"南梁北孔"的说法。现在有人把"南梁"说成是山舟学士，是错误的。

频罗庵诗[1]

山舟学士以书名海内，而诗为所掩。然一篇之成，名流脍炙，隽词独绝，逸趣横生。洪稚存太史评其诗如“山半钟鱼，响参天籁”是也。公尝曰：“吾已为人役书，那堪更为人役诗。”因不尝作。公又自言：“吾诗无所师承。”而许周生驾部独谓其瓣香丹渊[2]，学士亦以为知言也。

①频罗庵诗：选自清梁绍壬《两般秋雨庵随笔》。②驾部：官职名。掌舆辇、传乘、邮驿、厩牧之事。丹渊：待查。

山舟学士以书法名闻全国，而诗名就被它掩盖。不过一篇诗做成，立即就被人传诵，以为字字玑珠，既飘逸，又风趣。洪稚存太史评论他的诗说，像古刹钟声、木鱼声那样，响彻云霄。学士曾经说过：“我已经做了别人的书奴，哪里还能再做别人的诗奴。”所以诗不多作。学士还说：“我做诗并不是哪个老师所教。”只有许周生驾部说是倾向于丹渊，学士也以为话说得不错。

嗜枇杷[1]

梁山舟嗜枇杷。每过金陵，必假馆其孙女王氏，求书者踵集。其孙女买枇杷数百枚，以大盘盛之，献诸先生座右，先将笔墨及求书各纸陈其侧。先生见之大喜，遂命其孙女侍侧磨墨，且啖且书，枇杷啖毕而书完矣。

①嗜枇杷：选自清甘熙《白下琐言》。题目为译者所加。

梁山舟喜欢吃枇杷，每次路过金陵一定寄宿在嫁到王家的孙女儿那里；要求他写字的人就接踵而来。他的孙女儿就买枇杷几百颗，用大盘子装了，捧到先生座位旁，而且把笔墨以及要求写字的各种纸头也放在旁边。先生见了枇杷大为高兴，就叫他的孙女儿陪在身旁磨墨，他一边吃枇杷一边写字，枇杷吃尽字也就写完了。

逸事二则[①]

梁侍讲幼时，其父文庄相国犹未达也[②]。居凤凰山麓，夫人夜织，儿嬉于旁，虎突入户，夫人惊绝，侍讲戏如故。问之，曰："有大兽来，四顾而去。"山舟侍讲书名压一代，性独孤僻，作书喜用许虚白纸，夏岐山、潘岳南笔，刻石必陈云杓、陈如冈、冯鸣和。后虚白斋纸盛行，冯、潘、夏、陈，因以致富。

①逸事二则：选自清陈康祺《郎潜纪闻二笔》。题目为译者所加。②文庄相国：即梁思正。余未详。

梁山舟幼小时，他父亲文庄相国还未发达。住在杭州凤凰山脚，夫人在夜里织布，孩子在一旁玩耍，一只老虎突然闯进门来，夫人吓得昏倒，山舟却照样玩耍着。问他，答道："有一只大野兽进来，向四周看了看又出去了。"山舟的书法名满天下，性格却特别孤僻，写字喜欢用许虚白的纸，夏岐山、潘岳南的笔，刻石一定得找陈云杓、陈如冈、冯鸣和不可。后来虚白斋纸畅销，冯、潘、夏、陈，也因此成了富翁。

自创笔饮[①]

文房佳供，以锡或磁为之，用以养笔者，世皆称为笔插，实笔饮也，倡自梁山舟学士。学士工书负重名，以毛颖染墨后[②]，一经燥枯，便不适用，爰出新意，掾锡方二寸余[③]，高如之，面设四穿，大小各二，以受卓笔。中容水数合[④]，使得上润毛颖，不至渐濡而止，名曰笔饮。学士自造铭以宠之。

①自创笔饮：选自清陈康祺《郎潜纪闻二笔》。题目为译者所加。②毛颖：笔的代名词。③掾：打造。④合：量词。十合为一升。

书房里的上好用品，用锡或磁做成，用来养笔的，大家都叫作笔插，实在就是笔饮。这用具是由梁山舟创始的。山舟擅长书法，又十分出名，拿笔蘸墨后，一旦枯燥，就不适用，于是别出心裁，用锡打造了一个二寸见方，差不多高，盖上有四个孔，大小各二，用来插笔的器具。这器具中装水数合，使笔保持滋润，又不至于沾湿为止，名叫笔饮。这是山舟自己发明的，还题上铭文表示宠爱。

书名远播[①]

梁山舟学士书名满天下，求书者纸日数束。尝言古善书皆有代者，我独无，盖不欲以伪欺人也。其诚笃如此。时日本国有王子好书，以其书介舶商求公评定。琉球生自太学归国，踵公门乞一见。公以无相见仪却之。其人太息曰："来时国王命必一见公而归，今不得见奈何。"因丐公书一纸，曰："持是以复国王耳。"其名盛又如此。

①书名远播：选自清陈康祺《郎潜纪闻三笔》。题目为译者所加。

梁山舟的书法名满天下，求他写字的纸每天有数捆之多。他曾说古代善于书法的人都有代笔，只有我没有，因为我不想拿假的欺骗别人。他的诚实往往如此。当时日本国有个王子爱好书法，曾经将他的字通过商人来请求山舟评定。琉球有个留学生在回国前，上门来求见山舟一面。山舟以找不到相见时该遵守的礼仪规矩加以拒绝。那人叹息道："这是我来时国王吩咐的，如今见不到先生使我十分为难。"因此就求山舟写了一幅字回去，说："这样就可以复命了。"山舟的书名又是如此之大。

梁同书别号之由来[①]

梁同书，字元颖，浙江钱塘人。父官宰相，同书独恬静向学，工书，书名闻海外，日本、琉球争购其书。同书作字，必用许氏虚白斋纸，求字者争购之，许氏以富。同书生平不近妇人，娶妻别室而居，朔望会于中堂，交揖而退。尝得元人手书“山舟”二字，取以为号，遂以号行。

①梁同书别号之由来：选自清朱克敬《儒林琐记》。题目为译者所加。

梁同书，字元颖，浙江钱塘（今浙江杭州）人。父亲做过宰相，但同书却恬静好学，善于书法，书名传播海外，日本、琉球的人都抢着购买其手笔。同书写字，一定要用许氏虚白斋的纸，求他写字的人就都争相购买，许家因此成了富翁。同书一生不好女色，娶了妻却不同室而居，每月初一、十五在厅堂相会，行过礼后就走开。曾经得到元代人亲笔写的“山舟”二字，就用它作为自己的别号，这别号为世人所熟知。

黄梅桥[①]

黄梅桥先生彬，外舅铁年先生胞弟也。钱塘诸生，久困棘闱[2]，四旬外以瞽废。记某年太翁晴江先生卒，山舟学士赙赠，其时仓卒，未有谢柬，梅桥先生自以素笺书之。学士见而藏诸箧中，谓壬曰："我生平睹临松雪书者多矣，未见有如此神似者，汝辈学赵字，以此为金科玉律可也。"梅桥先生今将六旬，尚无恙，居武林门外之夹城巷。

①黄梅桥：选自清梁绍壬《两般秋雨庵随笔》。题目为译者所加。②棘闱：又叫棘院。科举时代的试院，四周种荆棘，以防止考生作弊。故称棘闱或棘院。

黄梅桥先生名彬，是岳父铁年先生的胞弟，钱塘县秀才，科考屡试不第，四十岁后双目失明。记得有一年曾祖晴江先生去世，山舟学士送了礼，时间匆忙，未备有谢帖，梅桥先生就用白纸写了一张。学士见了就把它藏在箱子里，对我（绍壬）说："我平生看到过临摹赵孟頫的字多了，不曾见有学得如此出神入化的，你们学赵字，就拿它作为榜样吧。"梅桥先生今已近六十，还健在，家居于武林门外之夹城巷。

金　农

金农（1687—1764），字寿门，号冬心，又号稽留山民。清钱塘（今属杭州）人。布衣，晚寓扬州，以书画自给。工诗，嗜奇好古，藏金石文字甚富。书得古趣，在隶楷之间，画以梅花及佛像为最工。早年努力读书，喜欢研求古代文物，收藏金石文学极为丰富。中年喜欢旅行，遍游南北，饱览山水名胜，他的诗文书画，都有创造性的成就；诗文虽然没有什么鸿篇巨制，多数是铭、赞、题跋一类的小品，但也绝没有无病呻吟的浮词空话。书法虽是取法吴《天发神谶碑》，但变化成为另一种意态。他自己叫作“漆书”。据说他到五十岁时，才开始作画，一下笔就有独创的意境，不同于一般。他的作品敢于突破当时画坛上死摹古人的“正统派”的藩篱，主张“目无古人，不求形似”。他这种“人贵自主”“不为屈，不为辱”的倔强态度，受到人们的尊敬。他与郑燮、汪士慎、黄慎、高翔、李鱓、李方膺等因绘画风格趋向一致，被时人称为“扬州八怪”。

画竹[①]

冬心先生年逾六十，始学画竹，前贤竹派不知有人，宅东西种植修篁，约千万计，先生即以为师。

①画竹：选自清金农《冬心先生题画记》。题目为译者所加。

冬心先生年龄超过六十岁，才开始学习画竹。他不知道前辈画家中有谁画竹画得最好；他在屋边种了许多修竹，大约有成千上万株，画竹时就拿它们做榜样。

同能不如独诣[1]

先民有言："同能不如独诣。"又曰："众毁不如独赏。"独诣可求于己，独赏罕逢其人。予于画竹亦然。不趋时流，不干名誉，丛篁一枝，出之灵府[2]。清风满林，惟许白练雀飞来相对夫[3]。

①同能不如独诣：选自清金农《冬心先生题画记》。题目为译者所加。②灵府：精神之宅。指心。③白练雀：即百灵鸟。

古人说："跟别人一样好，不如一枝独秀。"又说："一窝风反对，不如单独赏识。"一枝独秀的境界可以由自己努力去获得，与众不同的知音者就很难碰到。我对于画竹也有同样的体会。不赶时髦，不想讨好，成片竹林或单独一枝竹，都是从心灵深处设想出来。清风吹满竹林，只允许百灵鸟飞来和它作伴。

题画诗[1]

题画之诗，全要逸趣横生，国朝以金冬心先生农为最。其题画马诗云："芳信传来第几番[2]，双蹄踏遍杏花繁。怪他蹀躞春风里，骑过吾家两状元。"盖一谓金公德瑛，一谓金公甡也。因马而思及状元，奇矣；因状元而附入作者，更奇。又有题老马诗云："玉辔金鞯锦作鞍，嘶风啸月渡桑干。而今衰草斜阳里，只作牛羊一例看。"言之呜咽。又有李鱓者，善画，与冬心先生齐名。画水仙一帧，题诗云："绝世风姿陈妙常[③]，绝无脂粉杜兰香[④]。最天然处难描画，愁煞苏州陆子纲。"别有风趣，可想其人韵致。

①题画诗：选自清梁绍壬《两般秋雨庵随笔》。②芳信：即花信。春季有二十四番花信风。③陈妙常：宋女贞观尼。姿色出群，诗文俊雅，尤工音律。张孝祥授临江令，途宿女贞观，以词调之，不从。后与孝祥友潘法成潜通。法成密告孝祥，孝祥以计断为夫妇。④杜兰香：神话中的仙女名。

题画的诗，全要能够逸趣横生，我朝以金冬心先生（农）为最有名。他题画马诗云："芳信传来第几番，双蹄踏遍杏花繁。怪他蹀躞春风里，骑过吾家两状元。"这里一个是说金德瑛，一个是说金甡。由马而想到状元，是够奇特了；由状元而拉进了作者，就更奇特了。又有题老马诗云："玉辔金鞯锦作鞍，嘶风啸月渡桑干。而今衰草斜阳里，只作牛羊一例看。"说得令人凄然欲涕。另有李鱓的人，也擅长绘画，与冬心先生同样出名。曾画水仙一幅，题诗道："绝世风姿陈妙常，绝无脂粉杜兰香。最天然处难描画，愁煞苏州陆子纲。"别有一番情趣，可以想见他的风格怀抱。

为某商解围[①]

钱塘金寿门农客扬州，诸鹾商慕其名，竞相延致。一日，有某商宴客于平山堂，金首坐，席间以古人诗句“飞红”为觞政[②]。次至某商，苦思未得，众客将议罚，商曰：“得之矣：柳絮飞来片片红。”一座哗然，笑其杜撰。金独曰：“此元人咏平山堂诗也。引用綦切。”众请其全篇，金诵之曰：“廿四桥边廿四风，凭阑犹忆旧江东。夕阳返照桃花渡，柳絮飞来片片红。”众皆服金博洽。其实乃金口占此诗，为某商解围耳。商大喜，越日，以千金馈之。

①为某商解围：选自清朱克敬《雨窗消意录》。题目为译者所加。②觞政：宴会中行酒令。

钱塘金寿门（农）在扬州作客，那些盐商仰慕他的大名，都争着来邀请他。有一天，有个盐商在平山堂设宴请客，请金农坐上席。在宴饮之际，大家以“飞红”二字行酒令。轮到商人某，怎么也想不出，大家正要罚他酒的时候，商人某说：“有了！‘柳絮飞来片片红’。”全座人都起哄，笑他出于杜撰。只有金农说：“这是元代人咏平山堂的诗。他引用得很确切。”大家要求把整首诗说出来。金农就念道：“廿四桥边廿四风，凭阑犹忆旧江东。夕阳返照桃花渡，柳絮飞来片片红。”大家都佩服金农的博闻强记。其实，这是金农随口胡诌的，替商人某解围罢了。商人某非常高兴，第二天就拿了大笔的钱来报答他。

杨　芝

杨芝，清浙江钱塘（今杭州）人。善画人物、仙佛、鬼判，笔力雄健纵放。特别长于作巨幅，愈大愈妙。曾在西湖天竺寺作《观音像》壁画，惜后毁于火。又苏州玄妙观毗罗阁上也有他画的《刘海蟾像》。由于他不善作小幅，所以流传甚少。

愈大愈妙①

杨芝，钱塘人。善画人物仙佛鬼判，雄健纵恣，不假思索，援笔立成，特长于寻丈大体，愈大愈妙。西湖天竺寺壁观世音像，其手笔也，惜不戒于火。芝尝自言曰："安得三十丈大壁，磨墨一缸，以田家除场大帚蘸之，乘快马以扫数笔，庶几手臂方舒而心胸以畅也。"第不善作小幅，故流传绝少。

①愈大愈妙：选自清徐珂《清稗类钞》。题目为译者所加。

杨芝是钱塘人。他擅长画人物、仙佛、鬼判，笔势雄健有力，挥洒自如，构思敏捷，举笔就成。尤其以画八尺到一丈的大幅见长，愈大愈好。西湖天竺寺壁上的观世音菩萨像，就是他亲手所画，可惜毁于火了。杨芝曾经自己说过："哪里能够有三十丈长的一堵墙壁，墨磨上一大缸，用农家清扫稻场的大扫帚蘸了墨，坐着快马扫它几下，这样才差不多能够使我的手臂轻松、心胸舒畅呢！"但是不善于作小幅画，所以流传下来的作品就很少。

徐　蓉

徐蓉，清人。籍贯不详。文三郎之妻，善画兰竹、梅花。文以家贫，为米汉雯家担水夫，行三，名不详，人以"三郎"呼之，极文雅不俗。

两素扇[①]

米侍讲汉雯言：前令建昌，县署有水夫文三郎者[②]，颇文雅不类俗人。米谢事居南昌，三郎亦随侍。一日见家僮辈两素扇，一画梅，一画兰竹，又书唐人绝句两首。问之，即文三郎妻徐蓉所作，年才二十三。

①两素扇：选自清王渔洋《池北偶谈》。题目为译者所加。②建

昌县：即今江西永修县。

据侍讲米汉雯说：以前他做建昌县官时，官署里有个挑水工名叫文三郎的，人长得相当斯文，不像一般的僮仆。汉雯辞官退隐住在南昌，三郎也跟着服侍他。有一天，汉雯看见家里的仆人拿着两把绢扇，一把画梅，一把画兰花与竹，那上面还题着唐人绝句两首。问他们，才知道是文三郎的妻子徐蓉的作品，徐蓉年纪只有二十三岁。

雪蓑道人

雪蓑道人，明末清初人。巴中尝有雪蓑道人，诗文奇妙，无尘俗语。尝揭联于室曰："雪里披蓑，寒动一天星斗；云间补纳，暖回大地山河。"

大寿字①

雪蓑道人，不知何许人？遨游吾淄，能写大字径丈，小亦径二三尺。青州衡王诞日②，道人于南山摩崖，书大寿字，刻成，横画间可卧一人。至今如故，不知其何以书也。

①大寿字：选自清王培荀《听雨楼随笔》。题目为译者所加。②

青州：古九州之一。指今山东省渤海以西、泰山以南广大地区。

雪蓑道人，不知道他是哪里人？到我们山东旅游的时候，大家都知道他能够写直径一丈的大字，小一点的直径也有二三尺。青州衡王做生日那天，在南山的石崖上写一个大寿字，后来雕刻好了，两横之间可以躺得下一个人。这个大寿字现在还存在，不知道人当时是怎么写的？

丁　敬

丁敬（1695—1765），字敬身，号钝丁，晚号龙泓山人。清浙江钱塘（今杭州）人。能诗，善长篇。好金石，穷岩绝壁，手自摹拓。篆刻力追秦汉，开浙江派之先河，为西泠八家之首。著有《武林金石录》等。

拓碑入空山[①]

丁敬字敬身，号龙泓山人，又号钝丁，仁和人。少不喜治举子业[②]，沉酣穿穴于古人之书。然家贫甚，二亲皆年高，日买米以供甘旨，左手操釜鬵[③]，右手挟书。户外之屦，问字与请籴者半。往往杖策怀干粮独游空山，经过一古寺一荒茔，即婆娑其间，少有所得，若载七宝装以归[④]。西湖四山之中，多

丁敬《铁肩妙手联语》

有游人所未至者。一日，周走南北两峰，径入深处，有事于摩拓，突有一虎肩摩而过，山之人踉跄迸散，敬身不知也。著有《西湖金石文字录》，工分隶⑤，精篆刻印章，集古今大成，开宗浙派，不轻为人作。今西泠印社有敬身石刻像。

①拓碑入空山：选自近人胡寄凡《西湖新志》。题目为译者所加。②举子业：科举时代称应试八股文为举子业。③釜鬵：泛指釜甑等炊具。④七宝装：佛家语。意为七种珍贵的宝物。⑤分隶：书体名。即“八分体”与“隶体”。

丁敬，表字敬身，别号龙泓山人，另一个别号为钝丁，是浙江仁和县人。年青时不喜欢搞八股文，而好诵读古代人经书，敬身家业贫困，父母亲都已年老，每日籴米供养二老，左手操劳炊事，右手还拿着书。穿了鞋子出门，不是去向别人请教学问，就是求别人卖给他粮食。他常常拄着拐杖带着干粮独自到深山里去游览，经过一座古寺或一座荒坟，就徘徊不忍离开。稍微有点收获，就像得到了金银宝贝一般回来。西湖四周的高山当中，多有游人不曾到的荒僻处。有一天，他走遍了南高峰与北高峰，一直跑到深山里去拓碑，突然有一只老虎从他身边擦肩过去，山里的居民都跌跌冲冲赶快逃散，而敬身却没有觉察。著作有《西湖金石文字录》；擅长八分体与隶体，篆刻印章最是精妙，综合了古代和现在的优点，开创了浙江篆刻艺术的一大流派；只是不肯轻易替人篆刻。现在西泠印社里还保留着丁敬身的一座石刻肖像。

陈　崧

陈崧，字寿山。清安徽天长人。专长画松，更以大幅见魄力。

夕照五松[1]

寿山，名崧，天长人。游楚不遇，入都卖画作生涯。笔多匠气，观之令人胸次作恶，故其画恒为市廛商贩及胥掾家所宝。骚坛艺苑之士，莫有持缣素乞其挥洒者。独夕照五松，离奇夭矫，苍翠浓郁，恍闻谡谡涛声起檐际，而置身千岩万壑间。余每入寺，必瞻玩移晷不忍去[2]。寺僧为余言："寿山作画时值长夏，解衣裸体，酌巨觥连饮，磨墨贮瓦瓯，睥睨久之，然后累几而上，皴擦勾斫[3]，飒飒有声。晌午天大雨倾注，若黄河乍泻，千珠万珠，跳掷阶下，庭水积尺许。雨霁而画毕，夕阳犹在高舂也[4]。"殆古人所谓"胸有成稿，意在笔先"者乎？

①夕照五松：选自清俞蛟《梦厂杂著》。题目为译者所加。②移晷：犹移日。晷，日影。移晷，又叫移日，日影移动，言时间长久。③皴擦勾斫：四种中国画技法。④高舂：指傍晚时候。

陈寿山，单名一个崧字，安徽人。遨游湖南湖北，找不到赏识的人，来到北京，以卖画为生。作品含有俗气，看了令人心中不快，所以他的画只能为街上的商贩和衙门里的吏胥所赏识。文坛艺林的人，没有拿了白绢请他作画的。只有“夕照五松”，奇幻矫健，苍翠浓郁，仿佛听到谡谡的波浪声从屋檐边响起，仿佛置身在千岩万壑中似的。我每次走进夕照寺，一定观看多时也舍不得离开。寺里的和尚告诉我：“寿山画这幅画时正当夏天，他脱掉衣服裸着身子，用大杯子接连喝酒，磨墨用钵头盛着，斜着眼睛看了好久，然后叠起小桌子爬上去，皴呀，擦呀，勾呀，斫呀，发出飒飒的响声。到了中午，天下起倾盆大雨，好像黄河突然奔泻下来，千珠万粒，跳掷在阶檐下面，院子里的水积了尺把高。一会儿雨过天晴，寿山的画也画好了，就要落山的太阳正照在山顶上。”这不是古人所说的“胸有成稿，意在笔先”吗？

僧明中

僧明中，大概为清代人，生平不详。

南屏僧[1]

净慈寺主讲明中（大恒）[2]。善诗画，画笔雅近井西老人，诗五言特隽。《过平和桥》云：“鱼虾争小市，鸡犬乱孤村。”《雨中送客》云：“落花成小劫，流水悟前因。”皆不愧高人吐属。示寂时寿五十八。辞世偈曰：“五十八年一报周，谢家活计一时收。披蓑赤脚千峰去，不问芦塘旧钓舟。”继之者曰让山（篆玉）。工隶字。五言句云：“凉话竟忘久，松风不断吹。”是真得静中三昧者。又继之者曰主云（际祥）。工画淡墨山水。今主席者曰松光（了义）。善鼓琴饮酒，画山水，兼工小诗。此外则有万峰庵之小颠，尤能以游戏具神通者。得毋南屏屡得诗僧，其泉石秀灵有以致之欤？

①南屏僧：选自清梁绍壬《两般秋雨庵随笔》。②主讲：主持寺院的和尚，与下文“主席”意义相同。

净慈寺的当家和尚明中（大恒），善于作诗画画，画的作风接近井西老人，诗以五言写得特别好。《过平和桥》写道：“鱼虾争小市，鸡犬乱孤村。”《雨中送客》写道：“落花成小劫，流水悟前因。”都不愧是遗世独立者所说的话。死时五十八岁。去世时留下颂词说：“五十八年一报周，谢家活计一时收。披蓑赤脚千峰去，不问芦塘旧钓舟。”接替他的和尚叫让山（篆玉）。擅长作隶书。五言诗有这样的句子：“凉话竟忘久，松风不断吹。”是一个真能领略静中之趣的人。再一个继承人是主云（际祥）。善于用淡墨画山水。如今的主持人叫松光（了义）。善于弹琴饮酒，画山水之外，还是写小诗的能手。此外还有万峰庵的小颠，尤其是个能以游戏笔墨大显神通的人。南屏之所以屡屡出现诗僧，难道不是那里泉石的灵秀之气在起作用吗？

达　受

达受（1791—1858），俗姓姚，字六舟，又字秋楫，号寒泉，别号南屏退焦叟。清浙江海昌白马庙僧，后主持西湖净慈寺。酷好文艺及考订古代文物，有广博艺术才能，能吟咏，工书篆隶体字及刻印，又精于摹搨古器物，能具备各器全形，阴阳虚实，无不逼真。善画花卉，笔墨纵逸，有徐渭风韵。嘉、道间，结交公卿、士大夫，声名甚盛，阮元称之为“金石僧”。曾于手拓古代铜器中，画折枝花卉，创意新颖别致。秦祖永称赞说：“简淡超脱，古趣盎然……真绝技也。”曾藏有唐代怀素和尚小草书《千字文》真迹，因自号小绿天庵主。

金石僧[①]

杭州近日诗僧，首称海宁六舟（达受），工草书墨梅，尤精金石篆刻。得怀素大小草书《千字文》墨迹，钩摹上石，赋诗纪之，有“自喜不贪缸面酒[②]，莫教萧翼赚兰亭”之句。阮文达公称为金石僧。江夏陈芝楣中丞銮，尝延主吴门沧浪亭畔大云庵，婺源齐梅麓太守彦槐赠以联云："中丞教作沧浪主，相国呼为金石僧。"后又主西湖南屏方丈，厌酬应之烦，退居海宁白马庙，吟讽自得，人皆重之。

①金石僧：选自清桐西漫士《听雨闲谈》。题目为译者所加。②缸面酒：初熟的酒。唐张彦远《书法要寻》："唐太宗使萧翼求《兰亭》真迹于辨才，辨才一见，款密留宿，设缸面酒……"这两句诗是说，我不喝酒，萧翼也甭想从我这里骗走《兰亭》的真迹。

杭州近来能作诗的和尚，首先应当推海宁的六舟（达受），他擅长草书墨梅，尤其精通金石篆刻。得到唐朝人怀素写的大小草字《千字文》，摹刻在石头上，还做了首诗记载这件事情，其中有"自喜不贪缸面酒，莫教萧翼赚兰亭"的句子。阮文达公把他叫做"金石僧"。江夏中丞陈芝楣名銮曾经请他主持苏州沧浪亭边的大云庵，婺源太守齐梅麓彦槐送了他一副对联，写的是："中丞教作沧浪主；相国呼为金石僧。"后来，他又到西湖上主持南屏寺（即净慈寺），讨厌应酬的麻烦，就退隐到海宁的白马庙，做做诗自得其乐，人们对他都很尊重。

尤 荫

尤荫（1732—1812），字贡夫，一字贡父，号水村，别号半湾诗老、半人。清江苏仪征人。乾隆三十年（1765），宗室礼亲王聘为门客，能诗，善画山水、花鸟，更擅长画竹，尽管用墨浓厚深重，但用笔却活泼生动，能够表现出风吹雨打中竹枝摇曳的姿态。他对于宋代文（与可）、苏（轼）画竹的技法有着深厚的体会。他曾收藏宋代周种送给苏轼的石铫（石制水壶）。后来他把这件古物献给清“内府”，并且画了许多《石铫图》送给朋友们作为纪念，江南一带流传的很多。有一幅是用赭色画出一个椭圆形有提梁的水壶，在壶的中央插着一枝墨干红萼的梅花。他这一新颖题材开启了后来摹拓古代铜器，配上些花枝的，所谓“博古图”的先河。晚年因为家境贫寒，倚仗着卖画来维持生活，也很受欢迎，例如扬州盐运使曾宾客就作诗称赞说五十年来只有尤荫和钱载、泮莲巢、罗聘称得起是画家。

尤水村[①]

尤水村，名荫，仪征人，善画事，诗宗放翁。弱冠入都，往返辽、沈数千里，有《出塞诗》一卷，皆苍凉吊古之作。袁简斋太史曾序而行之。先生性放旷，不屑小节。用浓墨作墨竹，琅玕百尺，颇有凌云之势，时人多珍重之。名与王梦楼相埒[②]。晚年寄迹释道，精熟内典[③]，年八十余卒。

①尤水村：选自清桐西漫士《听雨闲谈》。题目为译者所加。②王梦楼：即王文治，字禹卿，号梦楼。清丹徒人。善作诗文书画，为“清四家”之一。③内典：佛教徒称佛经为内典。

尤水村，名叫荫，江苏仪征人，擅长绘画，做诗崇尚陆游。成年后到北京，曾长途奔波在辽宁、沈阳之间，写有《出塞诗》一卷，内容不外乎吊古，情调有点悲凉。袁枚曾经为它作序而刊行。先生性格豪放，不拘小节。画竹喜欢用浓墨，挺拔的枝干，很有点直上云霄的气势，被当时的人所珍重。名气可以与王文治相比。晚年与方外人士常有来往，还熟悉精通佛经，享年八十余岁。

量　云

量云，清人，生平不详。

莲衣僧[①]

莲衣僧量云，楚人，少习儒业，晚投空门，爱西湖之胜，栖止涌金门外之灵芝寺，署所居曰“未篩室”。音玉泉司马德布为题联云：“结屋古城下；洗钵清溪傍。”莲衣工书，亦能诗，尝自题其像，有“快意事教来日少，故人坟比远山多”之句。

①量云：选自清桐西漫士《听雨闲谈》。题目为译者所加。

莲衣和尚量云，湖北人，年轻时学习孔、孟之道，晚年削发为僧，喜欢西湖的优美风景，住在涌金门外面的灵芝寺里，把居住的屋子取名为未簖室。音玉泉司马德布替他题了一副对联，说：“结屋古城下；洗钵清溪傍。”莲衣善于书法，也能够做诗，曾经替自己的画像题了一首诗，有“快意事教来日少，故人坟比远山多”这样的句子。

永　瑆

永瑆（1752—1823），字镜泉，号少庵，别号诒晋斋主人。清满洲人。高宗弘历第十一子，乾隆五十四年（1789）封成亲王，谥哲。其自幼专精书法，深得古人用笔之意，博涉诸家，兼擅各体，几十年临池无间，朝臣文字之工书者，罕出其右。曾书《裕陵圣德神功碑》。书法名重当时，与刘墉、翁方纲、铁保并称清中期四大书家。家藏书画极丰，刻有《诒晋斋法帖》。其书宗法赵孟頫、欧阳询两家，擅长行、楷书。风格兼有赵的秀整和欧的劲健。清礼亲王昭在《啸亭杂录》中称，士大夫能得其片纸只字，“重若珍宝”，“论者谓国朝自王若霖下，一人而已。”著有《诒晋斋集》《仓龙集》。

永瑆善书[①]

成亲王以善书著名，所谓诒晋斋主人是也。一日趋朝，有侍卫以一箑相求。王命仆从收之，顾而微哂。诘旦，还其箑。侍卫喜逾望，展视，则横书三字曰："你也配。"王有洁癖，居恒明窗净几，不染纤尘。其作书也，根王蒂赵[②]，卓然自成一家。雅喜临池，若宿墨劣缣，避之若浼。一时海内风行，有必欲得之心，有必不可得之势。盖实有不可与寻常书家同年语，其矜贵有如此者。

①永瑆善书：选自清李伯元《南亭随笔》。②根王蒂赵：根是王羲之的，蒂是赵孟頫的。意即书法是学习王羲之、赵孟頫的。

成亲王永瑆以擅长书法著名。所谓"诒晋斋主人"就是他。有一天上朝去，有一个宫廷侍卫拿了把扇子请他写字，他一边叫随从人员把扇子收下，一边看着那侍卫发笑。第二天早晨，将这扇子还给那侍卫，侍卫喜出望外，摊开扇子一看，却横写着三个字："你也配。"成亲王爱清洁成癖，平常住处总是打扫得干干净净，不沾染一点灰尘。他写的字，以王羲之、赵孟頫作为榜样，不过有他自己独特的风格。很喜欢写字，如果是隔夜磨的墨汁、粗糙的纸张，就像躲避污秽的东西那样。有个时期，国内很看重他的字，人们下决心要得到它写的字，却又有绝对得不到它的情势。因为他和平常书法家不一样，对书法的爱惜和贵重就是这个样子。

郎葆辰

郎葆辰（1763—1839），初名福延，又名遂锋，字文台，号苏门，晚年称桃花山人。清安吉（今属浙江）人。嘉庆丁巳（1797）进士，工诗古文辞，善书画，评论家说，他的写生画，是师法青藤（徐渭）、白阳（陈淳）两家的。画蟹如生，有“郎蟹”之目。

郎蟹[①]

安吉郎苏门观察葆辰，画蟹入神品，人皆宝贵之，称为郎蟹。自题诗亦多佳者，录其七绝二首云：“秋来不减持螯兴，愿学东坡守戒难。聊借砚池无数墨，写生且作放生看。”“橙黄桔绿稻花疏，盃酒双螯小醉余。若使季鹰知此味[②]，秋来应不忆鲈鱼。”

①郎蟹：选自清桐西漫士《听雨闲谈》。题目为译者所加。②季鹰：晋张翰，字季鹰，善属文，齐王司马冏召为大司马东曹掾。时政事混乱，翰为避祸，急欲南归，乃托辞见秋风起，思故乡菰菜、莼羹、鲈鱼脍，辞官归吴。

安吉人郎苏门观察，名葆辰，画蟹达到出神入化的地步，人们对他画的蟹都非常珍惜宝贵，叫做“郎蟹”。他常在画上题诗，有写得很好的，抄录他的七言绝句两首：“秋来不减持螯兴，愿学东坡守戒难。聊借砚池无数墨，写生且作放生看。”“橙黄桔绿稻花疏，盃酒双螯小醉余。若使季鹰知此味，秋来应不忆鲈鱼。”

吴大澂

吴大澂（1835—1902），字清卿，号恒轩。清吴县（今属江苏）人。精鉴别，喜收藏金石。同治初年，客沪，入萍花社书画会。七年（1868），以进士入词林。官至湖南巡抚。光绪甲申中日之役，督师无功，获谴回籍，主讲龙门书院。幼工篆书，中年以后，又参以古籀文，兼长刻印绘事，花卉、山水，用笔秀逸，书卷气盎然。尝仿恽南田山水花卉册及临黄小松访碑图，尤妙。

判事用大篆[①]

吴县吴清卿中丞大澂，工篆籀[②]。官翰林，尝书《五经》《说文》。平时作札与人，均用古篆。其师潘文勤得之最多[③]，不半年，成四巨册。一日，谒文勤，坐甫定，即言曰："老弟以后写信，还宜稍从潦草。我半年付裱，所费已不赀矣。"越数日，复柬之曰："老弟古文大篆，精妙无比，俯首下拜，必传必传。兄不能也。"出而抚湘，有时判事亦书大篆，胥吏不能识，往往奉牍进质，乃手讲指画以告之。又能画山水，逼真戴文节④。其秀润处，有过之无不及。

①判事用大篆：选自清徐珂《清稗类钞》。题目为译者所加。②篆籀：汉字书体之一。大篆、小篆统称篆书；大篆一名为籀。③潘文勤：即潘祖荫。字伯寅，卒谥文勤，江苏吴县人。喜收藏，储金石甚富。④戴文节：即戴熙，字鹿床，号醇士，卒谥文节。钱塘（今杭州）人。诗书画并有名于时，画尤入神品。

吴县吴大澂中丞擅长写篆体字，在翰林院时曾经用篆体写了《五经》《说文解字》。就是平常给人写信，也都用篆字。他的老师潘祖荫收到这样的信最多，不到半年，积成了厚厚的四本。有一天，大澂拜见潘先生，刚坐下，潘就说："老弟以后写信，还可以稍为简单一些。我半年中拿去裱褙，为它所花的钱已经难以计算了！"过了几天，又写信给大澂说："老弟的古文大篆，美妙得无人能比，我是五体投地的佩服，一定长留世上！一定长留世上！我只有自愧不如。"后来，大澂离开京城到湖南做巡抚，有时候判案也写篆体字，弄得下面的书办等人都莫名其妙，只好捧着案卷前来询问，大澂就指手划脚讲给他们听。大澂又能画山水画，极像戴醇士，优美出众的地方，往往超过了戴。

邱天民

邱天民，字独醒。清四川曲江人。善画花鸟、人物、仙佛像，线条曲屈，结构奇突，特别擅长画虎。

画虎[①]

邱天民，字独醒，曲江诸生[②]。工画翎毛、枯木、野仙、人物，皆用臃肿怪笔。尤善画虎。尝结屋深山，观生虎形状，得其神，急返舍，取笔，就粉壁图之。犬一见，皆惊仆，为之遗矢[③]。又尝于灯下伏地作虎跳跃状，取影图之，如活虎。

①画虎：选自清徐珂《清稗类钞》。题目为译者所加。②诸生：明清时称已入学的生员为诸生，也称秀才。③遗矢：解大便。

邱天民，表字独醒，广东曲江县秀才。善于画鸟兽、枯木、野仙、人物，都采用臃肿奇特的笔法，尤其擅长画老虎。他曾经在深山里造了间屋子居住，观察活老虎的形状，一有心得体会，就立即跑回屋子，拿起笔，把它画在白墙壁上。狗一见都吓得倒在地上，甚至吓出了大便。另一次，他曾在灯下伏在地上学老虎跳跃的样子，把影子画下来，简直就像一只活老虎。

汪　痴

汪痴，清人。籍贯不详，有人说是安徽歙县人。自称“痴丐”，在常熟市中乞食，忽歌忽哭，如给他一些酒食，他就从破篮子中，取出画具，写幅芦雁作为酬报。他的作品能表达沙滩群雁，秋风萧飒的光景。又能作诗题画，多凄楚之音。

痴乞[①]

汪痴，不知何许人？自呼“痴乞”。尝担荷二败簏，徒跣行乞，倐歌倐哭，来市上，儿童竞投以瓦砾，笑受置簏，满则担至隙地，甃若冢然，肃拜恸哭之。或食以酒食，则启簏出画具，写芦雁以答，有平沙萧飒之致。尝题《宿雁》云：“月落平沙迥，江声带梦寒；离群谁复惜，哀响落空滩。”后不知所终。或云歙人，父本素封[②]，来虞少时，挥斥尽耳。

①痴乞：选自清鱼翼《海虞画苑略》。题目为译者所加。②素

封：无官爵封邑而拥有资财的富人。

汪痴，不知道他是哪里人？他自己叫自己是“痴乞”。他经常挑着两只破竹篓，赤着脚到处求乞，一忽儿唱歌，一忽儿哭泣。来到街上，孩子们争着向他投掷瓦块，汪痴笑着把瓦块拾进竹篓，装满后就把它挑到空地里，堆成仿佛坟墓的样子，然后对着它跪拜痛哭。有人给他喝酒吃饭，他就打开竹篓拿出画具来，画的都是芦苇寒雁，以此作为报答。看了这些画，真有身临沙滩，秋风萧飒的感觉。曾经写过一首叫《宿雁》的诗，诗是这样的：“月落平沙迴，江声带梦寒；离群谁复惜，哀响落空滩。”后来不知道他到哪里去了。有人说，他是安徽歙县人，父亲是富翁。汪痴到江苏常熟没多久，就把财产花个精光。

杨之花

杨之花，清人，生平不详。

岂能枵腹从事[①]

杨之花，山阴安昌里人。少年在京师，每闻善画者即往观之，如是者数载，因得画中三昧。而归常坐一室，槛外多植杨柳、芙蓉之属，兴会既至，即渲染，终至于寝食俱忘。然不肯为人作画，曰：“吾家贫，岂能枵腹从事哉。”故必厚致金帛，又不相促迫，方得其尺纸寸缣。

①岂能枵腹从事：选自清陶元藻《越画见闻》。题目为译者所加。

杨之花是山阴县安昌里人，年轻时住在北京，每次听到哪里有善于绘画的人，他就跑去观看，这样的经过几年，就学到了绘画的要诀。回到故乡以后，他常常坐在一间房子里，门外大部分种的是杨柳、芙蓉一类的花卉，兴致浓厚时，就作起画来，竟然达到废寝忘食的地步。但是他不肯轻易替人作画，说：“我家里贫穷，哪里能空着肚子画画。”所以必定要多给他银子或礼物，同时又不催得太紧，才能得到他的一小幅画。

王国夋

王国夋，字子杓。清山阴（今浙江绍兴）人。善画人物，精工细致。客居北京时，以卖画为生。他作画精细，一笔不苟，一幅画要几天功夫才能完成。有人劝他“可以敷衍应酬，不必这样地仔细”。他回答说：“我宁可贫困，也不愿意草率，败坏自己的名誉。”

不欲以率笔败吾名[①]

王子杓国夋，山阴人，旅寓京师。食贫，画人物甚工致，然非数日不能竟一幅。人劝其苟且应酬，子杓曰：“宁贫耳，不欲以率笔败吾名。”人有以多资求其画者，竟岁始成，成则又质之子钱家[②]，非后有以重资索其画者，前画弗得也。子杓卒以贫死，人始悔不早购其画，竟曰：“今欲以高资，从子钱家数数赎子杓画，何可得哉。”

①不欲以率笔败吾名：选自清周亮工《读画录》。题目为译者所加。②子钱：出借取息之钱。高利贷者称子钱家。

王子杓字国夋，山阴人，旅居北京。他很贫穷，画人物非常工整细致，但是非得几天时间画不成一幅。有人劝他将就应付，他说：“宁可贫穷，不愿拿粗制滥造的作品毁坏我的名声。”有人肯出高价买子杓的画，而画要年把时间才能画好，画好后又抵押到放高利贷的人那里去，非得找到再有肯出更高价钱买他画的人，以前那张画是得不到的。子杓终于在贫穷中死去。这时候，人们才懊悔不该不早点买他的画，甚至说：“现在即使想要出高价从高利贷者那里一次次赎出子杓的画来，也已经不可能了！”

邵　华

邵华，字叶闻。清浙江绍兴人。画山水，摹仿吴镇，笔力健壮，能画大幅，自号沃焦山人。

邵镬焦[1]

邵华，字叶闻，山阴人，官县尉，曾摄令篆。画山水酷嗜梅道人[2]，能为寻丈巨幅，密树层峦，气势雄厚，用墨如雨云四起，满屋皆黑，对之即酷暑亦生凉。自号沃焦道人。有时饮醉，即以砚墨泼于纸上，浓作一堆，将笔钩勒，数笔便成林壑。人或嘲之曰："邵沃焦乃邵镬焦也。"叶闻闻之，笑而不怒。

①邵镬焦：选自清陶元藻《越画见闻》。题目为译者所加。②梅道人：即赵左，自号梅道人。明代松江华亭人。工画山水。苏松一派，为其首创。

邵华，字叶闻，浙江山阴人。做过县尉，还暂代县令的职务。画山水极爱梅道人的格调，他能画八尺到一丈的巨幅山水，浓密的树林，层叠的山峦，气势雄厚，看上去好像蓄积着雨的云从四面八方涌起，挂在壁上，满屋子黑洞洞的，对着它就是大热天也感到凉爽。他把自己叫做沃焦道人。有时喝醉了酒，就干脆拿砚台中的墨汁泼在纸上，浓黑地一堆，拿笔勾勒几下，就现出树林沟壑等等。人们有时讽刺他说：“邵沃焦是邵镬焦呀。”邵华听了这样的话，也只笑笑并不生气。

载　铨

载铨，清皇族。在亲贵中，颇有风雅名，喜吟咏，绘画，好蓄瓷器。卓星槎所藏之扇，骨镌“道光戊申夏行有恒堂制”字样，亦定府自造之品。

《息肩图》[①]

华阳卓君星槎[②]，道、咸朝大学士文端公秉恬曾孙也，藏箑一柄，为定郡王载铨赠诸文端者。绘《息肩图》，载铨作园叟状，倚花担而立，旁以竹石点缀，笔致颇生动。载铨自为诗七首，暨友朋和韵诸诗，以细楷录箑上，亦颇工整。此箑有关掌故，不仅可作骨董观也。载铨甚为道光帝所倚信，居要津。及咸丰帝嗣位，宠眷渐衰。载铨觖望[③]，因绘《行乐图》二，一为《曳车图》，作一叟曳车状；一即《息肩图》，寓尽瘁事国，今得卸责，亦牢骚之意。自为诗题之，索知交题和，并仿绘箑上，兼录唱和之作，分赠和者。文端有和诗，故亦获赠。本曳车、息肩各一柄，今仅存其一矣。

①《息肩图》：选自近代徐凌霄、徐一士《凌霄一士随笔》。题目为译者所加。②华阳：县名。今属四川省。③觖望：因不满而怨恨。

华阳县人卓星槎，是道光、咸丰年间大学士文端公秉恬的曾孙，珍藏着一把扇子，是定郡王载铨送给文端公的。上面画的是《息肩图》，载铨作种园的老农模样，靠花担站立着，旁边点缀着竹子石块，画得颇为生动。载铨自己写诗七首，还有朋友的那些和诗，都用小楷写在扇上，一笔不苟。这把扇有好些故事，不仅仅是古董而已。载铨很受道光皇帝的器重，官居要职。等到咸丰皇帝继位，宠爱的程度逐渐衰落。载铨因为不满而怨恨，所以就画了两幅行乐图，一幅是《曳车图》，画作一个老人拉着车；一幅就是《息肩图》，都含有为国家尽心竭力，到头来落到这般下场，很有发牢骚的意思。载铨自己题诗在扇上，再请朋友题和，然后照样画成图，把和诗写在扇上，分别赠送和诗者。文端有和诗，所以也有赠送。本来有两把，一把曳车，一把息肩，现在只剩下一把了。

彭玉麟

彭玉麟（1816—1890），字雪岑，号雪琴，晚年号退省庵主人。清湖南衡阳人。咸丰间洪杨军起，曾国藩治水军于衡阳，玉麟与杨岳斌分统之。官至兵部尚书，卒谥刚直。工诗、行、草书，体势连绵峭拔。喜好画墨笔梅花，笔力沉厚，但缺乏清疏秀雅的气韵。他一生画梅花，不下万幅，在每幅画上都钤盖“一生知己是梅花”“伤心人别有怀抱”等印章，相传是纪念他少年时爱恋的女子梅姑的。他的作品中较好的据说是由幕客黎姓代笔。黎在所画梅树的老干上，作“虎头皴”来做记号。如石钟山房石刻彭氏梅花，就是这样。

梅花重于人命①

彭刚直善画梅花。其带长江水师时，人多往求画梅，一概允之。然随意应酬，亦无不为世珍重也。其后画梅愈多，声价益重。有某哨弁，往往假刚直名号私画梅花多幅，向人求售，人不疑其非真笔，亦尝以重价相购。一日，刚直至某处，见悬挂己画梅花甚多。细阅之，皆非己之真笔，力诘主人促言假托之人。主人不敢隐，遂具以购置来源相告。刚直大怒，回营即传假托之某弁重诘，随即将某弁及同谋二人分别杀割。一时传者，莫不嗤其视梅花重于人命。

①梅花重于人命：选自清李伯元《南亭随笔》。题目为译者所改。

彭刚直擅长画梅花，他在做长江水师统领时，人们常请他作画，有求必应。即使是随意应酬之作，无不为世人所看重。后来画得多了，名声价值自然增加。有一个属下的军官常常冒刚直的名字画了好多幅梅花，卖给别人，买的人也不怀疑它不是真的，也愿以拿高价收买。有一天，刚直到一个地方，看见悬挂着不少自己画的梅花，仔细一看，却不是自己的手笔。竭力追问店主冒笔的人是谁？店主不敢隐瞒，就把画的来源说了出来。刚直一听大怒，回营后就把那个冒名的军官找来再三盘问，并且将他与同伙一起杀死。一时间议论纷纷，没有不讥笑他把梅花看得比人性命还重的。

画梅之故①

彭（玉麟）妻某氏名梅，不得于姑。公恐拂慈母之心，迫令大归②。后以抑郁而亡。彭知之大痛，缘是终身不娶。画梅之故，所以报其铁骨冰心也。

①画梅之故：选自清李伯元《南亭随笔》。②大归：已嫁妇女归娘家后不再回夫家。即俗所谓被休。

彭玉麟的妻子名梅，得不到婆婆的欢心。彭玉麟怕违背母亲的意愿，就把妻子休了。后来他妻子就因为这件事悒郁不欢而死。彭玉麟知道了大为悲痛，因此一生不再续娶。所以爱画梅花，就是为了报答她这种至死不渝的坚贞的爱情。

“十分春色梦江南”①

彭刚直公善画梅。先芝田伯任江南尚衣②，曾索其一帧。先伯捐馆舍，收藏书画均散佚，此帧已不存，只依稀记得题诗有“十分春色梦江南”句耳。闻刚直每画梅，必题一诗，绝句居多，此帧亦七绝一首。

①十分春色梦江南：选自清继昌《行素斋杂记》。题目为译者所加。②尚衣：官名。掌管帝王衣服。明设尚衣监，由宦官担任。清不设，惟苏州、杭州、江宁三织造，因掌管督造皇帝衣服，俗也通称尚衣。

彭玉麟擅长画梅。已故芝田伯担任江南尚衣时，曾要到过一幅。伯父去世后，收藏的书画都已散佚，这一幅也不例外。我只记得题画诗中有“十分春色梦江南”这样一句。听说玉麟每次画梅，必定题诗一首，以绝句居多数，这一幅也是一首七绝。

翁同龢

翁同龢（1830—1904），字叔平，又字声甫，号笙龢，晚年号瓶庐，又号松禅。清

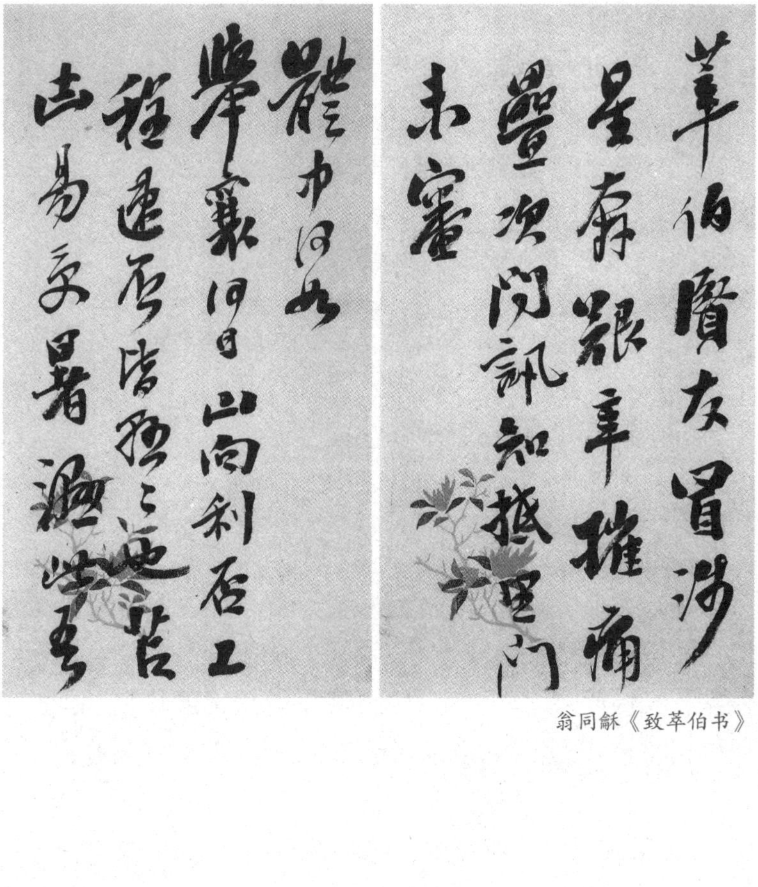

翁同龢《致苹伯书》

江苏常熟人。大学士翁心存之子。咸丰六年（1856）进士第一（状元），官吏户部尚书、军机大臣、协办大学士。光绪十四年戊戌政变被指为“帝党”，革职回乡。擅长书法，早年学欧（阳询）、苏（轼），中年专心摹拟颜（真卿）体，有极深功力，晚年好临写汉隶。他的字小至蝇头，大而盈丈，笔力遒劲刚健，意态沉雄跌宕，为清末书家第一。政治生活失败后，隐居虞山，偶作山水、花草等小品，虽不甚遵守画家法度，而笔力劲健，气势纵横，极有意趣。

巧却求书[1]

翁叔平相国同龢书法冠绝一时。居京师，索书者户限为穿。相国苦之。某京卿持团扇乞书，相国大书“山穷水尽”四字，某惭而毁之。盖其人久无差缺，境况萧条，方以事干求。相国遂不假思索，以此四字辱之，且以抵制后来者。

①巧却求书：选自清陈灨一《甘簃随笔》。

翁同龢相国的书法超过同时代的人，住在北京的时候，请他写字的人踏坏了门槛。相国为这件事感到苦恼。有一京官拿了把团扇来请相国写字，相国就在扇上写了“山穷水尽”四个字，此京官感到惭愧，就把扇子扯碎了。因为他长久没有得到差遣，境况冷落，正在多方求取。相国就不假思索地写了这四个字侮辱他，也想以此抵制别的那些请托者。

性好书画[1]

翁常熟协揆，性好书画，收藏甚富。又好游山水，每当春秋佳日，休沐之暇，辄单车匹马往西山古刹，流连竟日而返。

①性好书画：选自清继昌《行素斋杂记》。题目为译者所加。②协揆：协办。揆，即揆席，百揆之位。谓宰相。③休沐：官吏休息沐浴。指例假。

翁同龢副相，生性爱好书画，收藏也很丰富。同时喜欢游览山水，每当风物宜人的春秋两季，遇到节假日，总是单车匹马到西山的古寺中去游玩，总要玩上一整天才回府。

任　颐

任颐（1840—1896），清浙江绍兴人，字伯年，善画人物、花鸟、走兽，于肖像画更有特长。他较任熊晚生二十年，较任熏晚五年，由于同乡里并同在上海卖画，二人的艺术对他具有深切的影响。树立新颖的写实作风，成为他们之间共同的特色。他曾给他的好友、名画家吴昌硕画题为“寒酸尉”的小像，抓住吴氏做安吉县令拜客回来的一刹那之神情，刻画出吴氏“为五斗米折腰”的无可奈何的内心活动。这是任伯年为怀才不遇的好友抱不平，而“聊以解嘲”。任伯年能创造出这样传神的作品，是由于他自幼年习画即用心观察人物不同的面貌和神态，成名后仍不间断地在生活中学习。如吴昌硕曾发现他蹲在屋瓦上对着打架的猫出神。他还常爱到上海邑庙得意楼喝茶，凭栏看楼下的羊群。他的花鸟走兽画也和人物画一样能够运用坚劲轻快的线条和概括集中的方法，来创造出意趣新颖、神完气足的作品。显得那么别致。色彩的运用，浓艳而轻倩。

龙湫旧隐小像[①]

各省书画家以技鸣沪上者，不下百余人。其尤著者，书家如沈共之之小篆，徐袖海之汉隶，吴菊潭、金吉石之小楷，杨壎伯、苏稼秋、卫铸生之行押书[②]；画家如吴公寿、杨南湖之山水，钱吉生、任阜长、任伯年、张志瀛之人物，张志祥、韦子钧之花鸟，李仙根之传神[③]，类皆芳誉遥驰，几穿户限。屠估俗子，得其片纸以为荣。然佳者未必著名，著名者未必定佳。一人赞扬，众口阿附。沪俗无风雅气，即此可见一斑矣。伯年亦善写照，用没骨法分点面目[④]，远视之，弈弈如生。惟自秘其技，非知己者不轻易挥毫。尝见其图龙湫旧隐小像，浓墨淋漓，丰采毕露，虽仅有半面缘者，一见即能辨认，亦一奇也。

①龙湫旧隐小像：选自清黄埙《淞南梦影录》。龙湫旧隐：即“龙湫主人”，为清李天植的别号。平湖人，字因仲，学者称蜃园先生。明崇祯举人，性萧散。绝意仕进。尝诲学者曰：“无欲则心清，心清则识朗，识朗则力坚。”子观卒，痛自刻责，改名确，字潜夫，自号龙湫山人。国变后，卖文织筐屦以佐食。以羸饿死。所著《蜃园集》，已佚。惟续修《乍浦九山志》，世有传本。②行押书：待查。③传神：肖像画的传统名称。也叫传真、写照、写真。④没骨法：即“没骨画”。国画花鸟的一种画法，绘时布彩肖物，不用双钩，类似今之水彩画。创始于宋徐崇嗣。

各省书画家凭技术在上海呼号的，不会少于一百多人。其中特别著名的，书法家如沈共之的小篆，徐袖海的汉隶，吴菊潭、金吉石的小楷，杨壎伯、苏稼秋、卫铸生的行押书；画家如吴公寿、杨南湖的山水，钱吉生、任阜长、任伯年、张志瀛的人物，张志祥、韦子钧的花鸟，李仙根的肖像，大多美名远播，门槛踏破。一般平民百姓，得到他们的片纸只字以为光荣。其实，真正的艺术家不一定出名，出名的不一定就是艺术家。一个人说好，大家都同声说好。上海的风俗并不风雅，仅此一点可以举一反三。任伯年也善于写真，用没骨画法画出颜面双目，远远看去，就像活人一样。只是轻易不肯出手，除非极其要好的人。我曾经看见他为龙湫旧隐画的一幅小像，浓墨淋漓，丰采毕露，即使对画中人不很熟悉的人，一见这张小像，就能立刻辨认出来，也是不可多得的杰作。

陆润庠

陆润庠（1841—1915），字凤石。清末江苏元和（今苏州）人。同治状元。曾任国子监祭酒。后历官工部尚书、吏部尚书、协办大学士等。工书法。

善书误游[①]

陆凤石相国润庠，于辛亥之春乞假回籍扫墓。常登虎丘之阜，顾景怡然。因思西湖之胜，不禁神往。迨祭扫事竣，遂有武林之行。至，则驻节杨庄。庄为杨杏城先生所建筑。时其兄味春先生官浙，与相国有师生谊，故奉招相国居焉。相国以书法名天下，人每得其零篇碎简而宝藏之。是以人求之者众，大有“山阴道上，应接不暇”之势。一日，相国正挥毫，忽掷笔叹曰：“余此行为游览六桥、三竺，岂为佣书？索者曷不稍体谅耶！”某君曰：“大度如相国，是曷不能容？”相国笑曰：“谚谓‘宰相肚里好撑船’。予腹殊小，不能容船之游行也。”言已大笑，某君亦笑。

①善书误游：选自清陈灨一《甘簃随笔》。

宰相陆润庠凤石，辛亥那年春天请假回苏州扫墓，曾爬上虎丘山的山冈，看四周的景色感到心旷神怡。因而想到杭州西湖的美丽，不禁为它所吸引。等到扫完了墓，就去杭州游玩。到了杭州，就住在西湖边的杨庄。杨庄是杨杏城先生所建筑，当时他的哥哥味春先生在浙江做官，与陆相有师生的关系，所以就请他到那里去住。陆相擅长书法天下闻名，人们只要得到片纸只字都没有不把它看成是宝贝收藏的。因此请他写字的人很多，大有“山阴道上，应接不暇”的样子。有一天，陆相正在握笔写字，忽然丢了笔叹息道：“我这次来杭州，目的是游玩六条桥、三天竺，哪里是为了卖字而来？那些人为什么不体谅我的苦衷呢！”有个先生说：“宽宏大量如相国，有什么不能容忍的？”陆相笑着说：“俗语说‘宰相肚里好撑船’。我的肚皮很小，容不下船在里面撑来撑去啊！”说罢大笑，那个先生也笑。

何孝廉

何孝廉，清人，生平不详。

题画[①]

粤中何孝廉，善丹青，好诙谐。有以团扇属书。何执笔画蝴蝶，作翩翩状；下写一猫，目眈眈然，欲上扑蝶。题云：

“有客问于猫曰：‘猫捕鼠，职也，奚为舍鼠而扑蝶耶？’猫曰：‘吾性嗜鱼，见了蝴蝶，便有崩沙过河之想。’”盖粤俗于蝶之小者呼为“崩沙”，又天寒以鱼肉薄切放于沸鼎，即取出，呼为“崩沙过河”。

①题画：选自清李伯元《南亭随笔》。

广东何孝廉，擅长绘画，好开玩笑。有人拿团扇请他作画。孝廉拿起笔来画了一只蝴蝶，像在翩翩飞舞。下面又画了一只猫，目光眈眈，像是要扑上去抓蝴蝶的样子。还题了几句话：“有人问猫道：‘猫捉老鼠，职责所在；为什么抛开老鼠去扑蝴蝶呢？’猫回答说：‘我生性喜欢吃鱼，见了蝴蝶，便觉得像是崩沙过河的样子。’”这是因为广东人习惯，把小蝴蝶叫作“崩沙”。同时，天寒时拿鱼肉切作薄片，放在滚水中一涮，立即取出，叫作“崩沙过河”。

熊景星

熊景星，字伯晴，号笛江，一作荻江，别号潒道人。清广东南海（今广州）人。嘉庆二十一年（1816）举人，官开建训导。为人倜傥，年少时，有志功名，于骑射武技，无不研求，而终困微官，遂专心于文艺。书法正楷学颜、柳，行草仿李邕、米芾。画山水，取法吴镇、沈周。谢兰生称赞他的笔墨“质朴苍劲，力透纸背”。他论画说：“笔不重不奇，墨不厚不深。古人挥毫落纸必用浓墨，故垂之数百年，吴、沈诸公流传杰作，墨气如新，正为此耳。”又工诗文，曾与谭莹、谢兰生同修《南海县志》。所作《归云拥树图》，深厚苍润，自具风格，有影印本，足资印证。

闻者绝倒[①]

熊荻江（景星），一字伯晴，广东南海人。举人，工画山水，声誉颇重。凡有求者，必须润笔，砚田丰稔，则朗吟唐六如句云：“闲来写幅青山卖，不使人间造孽钱。”比年求者稀少，又朗吟六如句云：“湖上水田人不要，谁来买我画中山。”闻者绝倒，载《桐阴清话》。

①闻者绝倒：选自清张鸣珂《寒松阁谈艺琐录》。题目为译者所加。

熊荻江字景星，另一个表字叫伯晴，广东南海县人。举人出身，擅长画山水，名气很大。凡是有人请他画画，都必须付报酬，画画收入丰富，就高声诵读唐伯虎的诗句云：“闲来写幅青山卖，不使人间造孽钱。”近年来请他画画的人不多，他又朗诵起唐伯虎的另两句诗来：“湖上水田人不要，谁来买我画中山。”听的人没有不笑得前仰后合的。所有这些都来自《桐阴清话》的记载。

冯世定

冯世定（？—1894），清代人。

石壁署款①

冯世定，山阴人，字黔夫，善山水，每署款，必在石壁上，语人曰："此摩崖也②，若空处即天，岂可写字。"语奇而确，人无以难，为之首肯。

①石壁署款：选自清张鸣珂《寒松阁谈艺录》。题目为译者所加。②摩崖：在山崖石壁上所刻的铭功、纪事等文字，称摩崖。

冯世定是山阴人，表字黔夫，擅长山水画，他每次绘画题字，总是在画的石壁上面。他对别人说："这就是摩崖啊！如果题在空白处，空白处就是天空，怎么能写字呢？"话语虽然奇特，却很确实，别人没法反驳，只有点头同意。

吴昌硕

吴昌硕（1844—1927），原名俊，改俊卿，初字香朴，更字昌硕，又字仓石。别号缶庐、苦铁。斋署破荷、老缶、老仓、大聋等。七十岁后以字行。浙江安吉人。清末秀才，曾任江苏安东（今涟水）知县，后寓居苏州和上海。工诗文、长书法、擅绘画。书法楷、草、隶、篆皆能，尤长篆书和治印。其幼时清苦，求学迫切，无钱买纸笔，即以秃毛败笔，蘸清水于砖上习字，在砖上篆刻。其书法，初学徐三庚，继学吴熙载，并上溯秦汉晋唐。楷书从颜真卿入，又取法钟繇；隶书以《汉祀三公山禅》为主，遍习汉碑；行书初学王铎，后冶欧、米于一炉；篆书多攻，石鼓、玺印、封泥无不涉猎。晚年以篆隶笔法作狂草，苍劲雄浑，对近世书法有重大影响。其篆书凝练遒劲，气度恢宏，符铸称其“自出新意，前无古人”。其篆刻，融皖、浙诸家与汉印之精华，蔚为一代宗师。1913年受邀担任西泠印社首任社长。其三十岁后始作画，以写意花卉、蔬菜为主，山水、人物亦偶一为之。画作深厚苍劲，色酣墨饱，别开新貌，是“海上画派”之杰出代表。系我国综合艺术的集大成者。著有《缶庐集》《缶庐印存》等。

一月安东令[1]

吴仓石俊卿，一字昌硕，号缶庐，又号苦铁。安吉人，诸生，以丞尉仕江苏，旋升县令。曾权安东，有小印曰“一月安东令”。性孤冷，工诗，能篆籀及金石刻。又喜作画，天真烂漫，在青藤、雪个间。时杨藐翁在吴门，折节称弟子[2]。又与吴愙斋中丞善，见闻日广，而气韵益超。

①一月安东令：选自清张鸣珂《寒松阁谈艺琐录》。题目为译者所加。②折节：屈己下人，降低身分。

吴仓石（俊卿），另一个名字叫昌硕，别号缶庐，又叫苦铁。浙江安吉县人，以诸生的身份在江苏做过丞尉，不久升为县令。曾经代理过安东县令，时间很短，所以有一颗闲章叫“一月安东令”。性格孤僻冷漠，擅长作诗，能够篆刻。还喜欢绘画，天真烂漫，格调在徐渭、朱耷之间。当时杨藐翁住在苏州，昌硕愿以学生的身份拜见他。同时，与吴愙斋中丞的关系也很好，见识日益增加，对诗文字画的领会也随之提高。

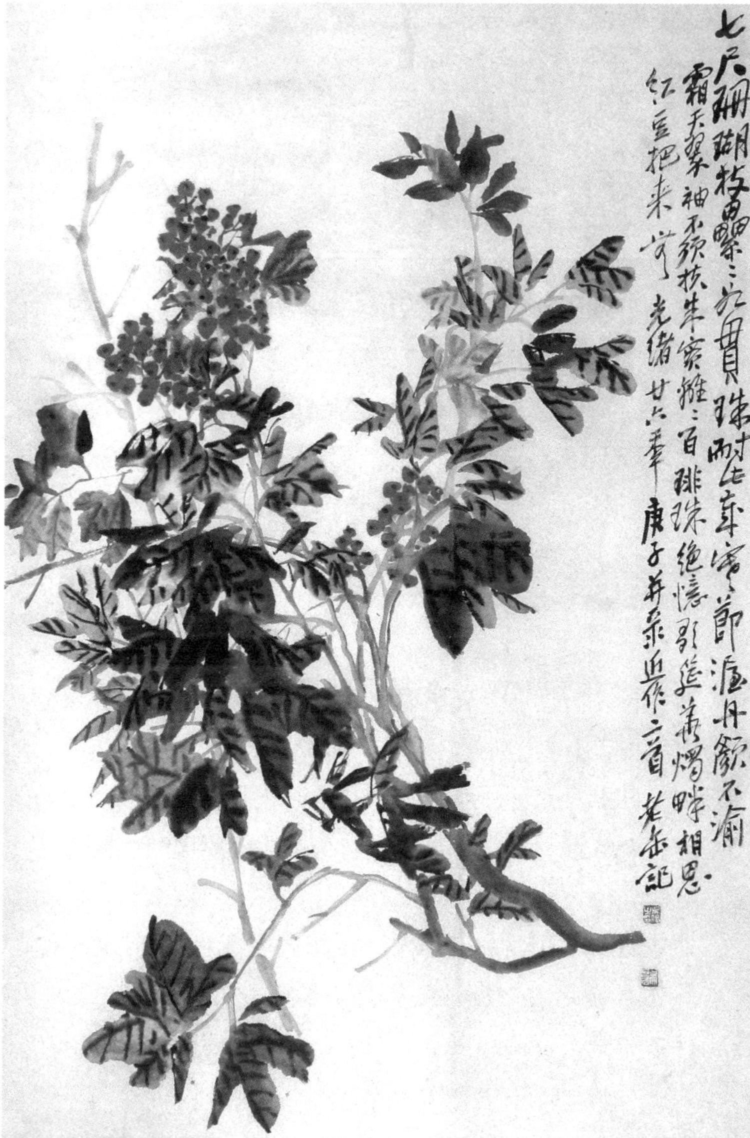

吴昌硕《七尺珊瑚枝》

西泠印社[1]

安吉吴昌硕老人之花卉，寥寥数笔，雄奇奔放，不可一世。尤为日本人所赏，故多从海外来求。又长刻印，苍劲古雅，得者亦珍如拱璧。

尝与山阴吴隐、仁和叶为铭等创西泠印社[2]。日本人赠以铜像，即藏于印社小龙泓洞中，额曰“金仙阅世”，亦可与湖山并传不朽矣。

①西泠印社：作者佚名。

浙江省安吉县人士吴昌硕老先生画的花卉，简简单单的几笔，笔触雄奇有力，不拘一格，当时没有谁能够比得上的。他的画很受日本人爱赏，所以常常从海外来收购。他的图章也刻得精彩，老练健劲，古雅可爱，得到的人看得比特大圆玉还贵重。

他曾经约同山阴人吴隐，仁和人叶为铭等创设西泠印社。日本人送给他一座他的铜像，就保存在印社的小泓龙洞里，挂了一块“金仙阅世”的匾额，这也可以跟西湖的湖山并传不朽了。

征引书目

1. ［北朝齐］颜之推《颜氏家训》。上海中华书局据抱经堂本校刊。

2. ［南朝宋］刘义庆《世说新语》。吉林教育出版社，1989年7月版。

3. 《晋书·王羲之传》。中华书局，1974年11月版。

4. ［唐］张彦远《历代名画记》。贵州人民出版社，2009年3月版。

5. ［宋］罗大经《鹤林玉露》。中华书局出版，1983年8月版。

6. ［宋］《宣和画谱》。江苏美术出版社，2007年6月版。

7. ［宋］郭若虚《图画见闻志》。《丛书集成初编》，1935年—1938年上海商务印书馆出版。

8. ［宋］黄休复《益州名画录》。人民美术出版社，1964年版。

9. ［宋］王闢之《渑水燕谈录》。浙江古籍出版社，1984年5月版。

10. ［宋］欧阳修《归田录》。商务印书馆，1919年5月版。

11. ［宋］沈括《梦溪笔谈》。中华书局，2009年10月北京版。

12. ［宋］何薳《春渚纪闻》。中华书局，1983年1月版。

13. ［宋］邓椿《画继》。《中华印刷通史》，印刷工业版社，1999年9月版。

14. ［宋］曾敏行《独醒杂志》。上海古籍出版社，1986年6月版。

15. ［宋］陆游《老学庵笔记》。商务印书馆，1919年7月版。

16. ［宋］洪迈《夷坚志》。中华书局，1981年10月版。

17. ［宋］岳珂《桯史》。录自《历代小说笔记选》，上海书店，

1983年8月版。
18. ［宋］惠洪《冷斋夜话》。中华书局出版，1988年7月版。
19. ［宋］周密《癸辛杂志》。中华书局出版，1988年1月版。
20. ［宋］俞文豹《吹剑录》。《中国音乐简史》，上海音乐出版社，2007年9月版。
21. ［元］夏文彦《图画宝鉴》。神州国光社印行，1929年版。
22. 《宋史・文艺六》。中华书局，1977年11月版。
23. ［明］张岱《夜航船》。浙江古籍出版社，1987年2月版。
24. ［明］张岱《陶庵梦忆》。上海杂志公司，1936年2月版。
25. ［明］张岱《西湖梦寻》。上海杂志公司，1936年3月版。
26. ［明］曹臣《舌华录》。岳麓书社，1985年12月版。
27. ［明］焦竑《焦氏笔乘》。上海古籍出版社，1686年4月版。
28. ［明］俞允《山樵暇语》。录自《历代小说笔记选》。
29. ［明］黄淳耀《李龙眠罗汉渡江记》。录自于在春《文言散文的普通话翻译・三编》，上海教育出版社，1982年8月版。
30. ［明］李日华《六砚斋二笔》。中央书店，1936年1月版。
31. ［明］李日华《紫桃轩杂缀》。中央书店，1935年12月版。
32. ［明］田汝成《西湖游览志余》。中华书局，1958年11月版。
33. ［明］姜绍书《无声诗史》。华东师范大学出版社，2009年11月版。
34. ［元］王达善《郑所南先生传》。转引自明李诩《戒庵老人漫笔》，中华书局，1982年版。
35. ［明］王琦《寓园杂记》。录自《元明史料笔记丛刊》中华书局，1997年11月版。
36. ［明］刘昌《县笥琐探》。录自《历代小说笔记选》。
37. ［明］何良俊《四友斋丛说》。中华书局，1997年1月版。

38. ［明］陈继儒《太平清话》。录自《历代小说笔记选》。
39. ［明］许浩《复斋日记》。录自《历代小说笔记选》。
40. ［明］顾景星《白茅堂文集》。录自刘大白《故事的坛子》，上海黎明书店，1934年5月版。
41. ［明］袁宏道《徐文长传》。录自《袁宏道集笺校》，上海古籍出版社，1981年7月版。
42. ［明］王思任《刘雪湖〈梅谱〉序》。录自《王季重十种》，上海杂志公司，1936年5月版。
43. ［明］贺子翼《水田居激书》。录自周作人《秉烛后谈》，河北教育出版社，2002年1月版。
44. ［清］金埴《不下带编·巾箱说》。中华书局，1982年9月版。
45. ［清］王士祯《香祖笔记》。上海古籍出版社，1982年12月版。清王士祯《池北偶谈》。中华书局，1982年1月版。
46. ［清］纽琇《觚剩》。上海古籍出版社，1986年1月版。
47. ［清］梁章钜《浪迹丛谈》。中华书局，1981年9月版。
48. ［清］梁绍壬《两般秋雨庵随笔》。上海古籍出版社，1982年8月版。
49. ［清］王培荀《乡园忆旧录》。齐鲁书社，1993年12月版。
50. 清王培荀《听雨楼随笔》。山东大学出版社，1992年10月版。
51. ［清］厉鹗《南宋画院录》。清光绪十年（1884）竹书堂刻本。
52. ［清］桐西漫士《听雨闲谈》。上海古籍出版社，1983年6月版。
53. ［清］鱼翼《海虞画苑略》。清刻本。
54. ［清］张潮《虞初新志》。录自《历代小说笔记选》。
55. ［清］王应奎《柳南随笔》《柳南续笔》。中华书局，1983年10月版。
56. ［清］刘献廷《广阳杂记》。中华书局，1957年7月版。

57. ［清］徐珂《清稗类抄》。中华书局，1986年7月版。
58. ［清］朱彭《吴山遗事》。录自《湖山便览附西湖新志》。上海古籍出版社，1998年12月版。
59. ［清］陶元藻《越画见闻》。民国吴隐聚珍版。
60. ［清］周亮工《读画录》。清刻本。
61. ［清］青城子《亦复如是》。重庆出版社，1999年5月版。
62. ［清］朱克敬《儒林琐记·雨窗消意录》。岳麓书社，1981年7月版。
63. ［清］张庚《国朝画征录》。清同治八年（1869）刻本。
64. ［清］余怀《板桥杂记》。上海古籍出版社，2000年12月版。
65. ［清］陈康琪《郎潜纪闻初笔、二笔、三笔》。中华书局，1984年3月版。
66. ［清］李克庭《乡言解颐》。中华书局，1982年8月版。
67. ［清］继昌《行素斋杂记》。上海书店，1984年7月版。
68. ［清］袁枚《随园诗话》。人民文学出版社，1960年5月版。
69. ［清］孙彦清《寄龛丁志》。录自周作人《知堂书话》岳麓书社，1985年版。
70. ［清］黄协埙《锄经书舍零墨》。录自《历代小说笔记选》。
71. ［清］陆以湉《冷庐杂识》。中华书局，1984年1月版。
72. ［清］毛奇龄《西河诗词话》。开明书店版。
73. ［清］纪昀《阅微草堂笔记》。丁亥仲春上海广百宋斋校印。
74. ［清］张在辛《隶法琐言》。录自周作人《知堂集外文》，岳麓书社，1988年8月版。
75. ［清］李斗《扬州画舫录》。江苏广陵古籍刻印社，1984年10月版。
76. ［清］郑燮《郑板桥集》。上海古籍出版社，1962年1月版。

77. ［清］叶廷琯《鸥波渔话》。录自《历代小说笔记选》。
78. ［清］甘熙《白下琐言》。录自瞿兑之《人物风俗制度丛谈甲集》，太平书店，1945年3月版。
79. ［清］金农《冬心先生题画记》。上海美术出版社，1986年8月版。
80. ［清］俞蛟《梦厂杂著》。1998年东吴大学研究生论文发表会宣读论文。
81. ［清］张鸣珂《寒松阁谈艺录》。人民美术出版社，1988年6月版。
82. ［清］陈灨一《甘簃随笔》。中共中央党校出版社，1998年3月版。
83. ［清］李伯元《南亭随笔》。中共中央党校出版社，1998年3月版。
84. 《中国历代画家人名大辞典》。人民美术出版社，2003年12月版。
85. 《中国人名大辞典》。商务印书馆，1921年10月版。
86. 《中国画史人名大辞典》。神州国光社，1934年8月版。

跋　语

20世纪七十年代我住在富阳，看到许多人拿着钓竿往富春江边跑；鹳山脚下有一块凸出在江中的岩石，当地人叫“淇头”，这里水深百丈，原是一个钓鱼的好地方。据说当初严子陵就是在这里钓鱼的。（1956年我初到富阳，还看到路边并立着两块石碑，一块写道：“严子陵钓鱼处。”另一块写道：“禁止垂钓。”）他们用的钓竿很特别，三扎钩，钓丝也格外牢固，通称“尼龙线”；在钓竿的尾部还装有一个轮盘，使钓丝可以随意收放。如果钓丝不敷应用，人还得跟着下到江里去浮游，在经过几次拉锯式的较量之后，鱼也终于精疲力尽，这才可以慢慢将它拉到岸旁边，两手抱住它，然后一起滚上岸来。钓到的鱼一般都不小，甚至有像人那么大的。我看了也不免心动，但是这终究是学不来的。古人说：“临渊羡鱼，不如退而结网。”我结的不是鱼网，而是抄录书画家的故事。

我抄这些故事，开始只是为了好玩，因为这些书画家言行很特别，不仅言语不驯，行动怪异，就连服饰也要与众不同，别出心裁。在他们也许以为这是“不畏物议，我行我素”，而在大多数人看来，却是装模作样，故意作秀。但是后来我终于有了新的认识，我觉得他们极大多数都是一等一的秉性豁达，志趣高尚，有时候仿佛装疯卖傻，实在只是不想看到社会上的种种丑态。譬如柳公权收藏着一箱子的银杯，外面封闭得好好的，后来偶一打开，里面却已空无所有。问问保管人海鸥，海鸥说：“不知道怎么遗失了。”柳公权毫不在意笑笑说：“银杯都羽化成仙了。”又譬如有的人爱清洁过了头，就会被人说成是洁癖，米元章、倪云林就是这方面的代表。但是他们表里一致，所以他们的怪癖，是否就是他们内心厌恶世俗的一种极端的表现呢？既然不能同流合污，那就独善其身吧。“质本洁来还洁去，强于污淖陷渠沟。”最后就像作茧自裹的蚕宝宝，将清白留给人间，包括他们弥足珍贵的书画艺术品。

有一次，我给南京的世民兄写信，就把这个“新发现”告诉他。我甚至说，这是一本“特别的《圣经》”。不想他也与我有同感。后来他为我这本小书作序，还将我这番话写了进去。我现在重提这事，并不是想要回版权，而是觉得这几句话实在太重要了，不仅是我抄书的终极目的，也是我敢于向读者推荐的唯一理由。

我写不好字，也不会画画，但是我相信这些故事对学习书法、绘画的人是会有帮助的。孟子说：“大匠能与人规矩，不能使人巧。”规矩是艺术创作的一般法则，可以互相授受，父传子，师傅教徒弟，都是习以为常的事。但是巧就不一样。巧是什么呢？我一下子也说不清楚，如果定要给它一个名分，大概与风格差不多。因为它是更属于一己的东西，譬如气质，所以就没法授受。否则，李、杜家就世世代代是诗仙、诗圣，周海婴先生也不会去学化学了。当然办法还是有的，俗语说：“熟能生巧。”张在辛在《隶法琐言》中记载着这样一件事：“初拜郑先生，即命余执笔作字，才下得一笔，即曰：‘字岂可如此写。’因自就坐，取笔搦管，作御敌状，半日一画，每成一字必气喘数刻，始知前辈成名，原非偶然。”既然知道原非偶然，那就一定会锲而不舍地努力下去，功不唐捐，一般来说，成名之日也就可望而又可即了。

字有字帖，画有画谱，初学者往往从模仿入手，经过从“规矩”以达“巧”的目的。有的直接取法于自然，通称写生，如郑板桥画竹、韩幹画马、黄公望画山水就是，看似走了另一条路，其实却还不曾完全到达目的。为什么呢？因为大自然固然是个极好的范本，却也不是依样画葫芦所能完成的，至少要有所选择。日本的文学家谷崎润一郎打过一个比方：“美人的肌肤不论怎样珠圆玉润，如果把臀部和臭脚裸露在别人面前，终归是无礼之举。”拿杭州的西湖为例。如今的西湖花团锦簇，四季如春，真像“十三女儿学绣，一枝枝不教花瘦。”这样的风景固然也能吸引一部分新来乍到的游客，但是说到底还与她的本来面目有一定的距离。苏东坡有诗云：“欲把西湖比西子，淡妆浓抹总相宜。”虽然淡妆与浓抹并举，但他的本意恐怕是想告诉我们：还是淡妆的好。因为脂粉虽美，毕竟是外加的东西，不真实，也不自然。“五四”诗人刘半农有一段话，我已经引用过好几回，不过这一回还忍不住要抄一遍：

“我爱的是真山真水，无论是江南的绿畴烟雨，是燕北的古道荒村，在我看来是一样的美，只是色彩不同罢了。至于假山假水，无论做得如何工致，我看了总觉不过尔尔。因此我不大喜欢逛公园。即如北海，在公园中也可以算得数一数二的了，但在我脑筋中，总留不下一些影子，倒不如什刹海的秧田一角，陶然亭的芦荻翻风，使我想到了就不禁悠然神往。”

学习书法我不曾听说有另一条路可走，但是从“规矩”到“巧”的过程不变。刘献廷在《广阳杂记》中说：“杜移年早岁曾识王孟津，述其言曰，书法之始也难以入帖，继也难以出帖。可谓入理深谈矣。然诗文又何独不然耶？”入帖不是目的，只是一种手段；真正的目的是要培养出自己的风格——即所谓巧来。但是要有自己的风格又谈何容易！近人沈尹默先生善写米字，在别人看来，他写的字已经够好了，但是他自己还不满意，觉得不能达到“豁然贯通”的境地，所以时常向老朋友诉说，不能摆脱米的影响。这也就是说，难以出帖。

在这本小书的译注过程中，从收集材料到译注，我先后得到过好些人的帮助。在“文革”后期，学校里有过“复课闹革命”这回事，但是在此之前，教师恐怕都有过一段“王纲解纽”的经历，用当时流行的一句话来说，就是“逍遥派”。我上面说过，一下子逍遥也不是滋味，所以我不仅义务为一个工厂跑到南京、武汉、长沙、衡阳去推销千斤顶，俗称“压弗煞”，也曾两次跑到上海去找书画家故事的材料。以前我在“南大”时的老师于在春先生就在上海古籍出版社工作，而出版社里就有好些这方面的书籍。同时，在金性尧先生的指点下，我还跑到卢湾区一个原来属于教会的图书馆里去看过书。金先生后来通过几次信，而于老师却早已于二十年前去世了。接下来要感谢的是北京的陈新先生，陈先生虽然早已退休，却还在孜孜不倦地为别人审阅稿子。我跟他开玩笑，我说你这是遭到了一种奇怪的绑票了，对方不要你的钱财，只要你的知识，所以别人帮不上忙，连警察也无能为力。但是想不到我自己就是其中的“对方”之一。他在百忙中为我看过不少稿件，我在这里也只能用一句空话说声谢谢而已。至于吴世民和周勋初两位老同学，我在这里就不多说了。这本小书虽然经过不少高手的指点，但是由于我本人的浅陋，里面还一定会有不少缺点甚至错误存在，所以希望读者诸君予以指教。

孙旭升

2011年6月写于杭州